U0068255

作 者
徐魯

載不動，許多愁

——徐遲和他的同時代人

目次

載不動，許多愁
徐訏和她的同時代人

卷四

卷五

卷
一

無盡的猜想

一九九六年一月十九日這天，武漢下了一場大雪。八十二歲的徐遲，孤獨地坐在東湖路寓所那間光線黯淡的書房裡，重新修改了他翻譯的《昭明文選》裡的一篇古文〈雪賦〉。他圈圈點點地修改了很多處。看得出，他是太喜歡這篇文章了。他將文章結尾處枚乘所作的那闋短歌「白羽雖白，質以輕兮；白玉雖白，空守貞兮。未若茲雪，因時興滅」譯為：「白色的羽毛雖然很白，可它的質量太輕飄了。白玉雖然也是白的，它的貞節也是白的，卻都不如這白雪，應時而下，因時而滅。」

譯完全文，意猶未盡，他又接著在後面寫了一些文字：「……我是今天因為下了大雪，忽然想起我曾譯過這篇賦，就找出舊稿來輸入電腦，想來給它宣揚宣揚，宣揚它的獨特的文采，並讓我們感受一下痛苦的時代和時代的痛苦。當大難正在臨頭，浩禍在下降之時，只有文章能頂得住，而使風騷永存下去，來作歷史的見證。我心中想起它來，也不禁為之悲哀。……寒氣侵入我的骨髓，我如今也到了年老了，氣息奄奄，如日薄西山，譯出這種文章，也許還可以錫我以永生。」

第二天，他把這篇修改得密密麻麻的文章交給我，說：「多麼好的一篇賦，哪裡還有更好的文章呢？」然而，在文章最後，他竟赫然寫著這樣一行文字：「徐遲絕筆1996.1.19於武漢」。我吃驚地望著他，大惑不解。他說：「其實不必害怕，這一天是遲早的事……」

十天之後，一月二十九日，他又交給我一首詩，題為〈二十世紀的世紀末〉，開篇就說：「二十世紀的世紀末／這是一個相當嚴重的時刻／人類的負擔已經太重／不能不進行自然淘汰／大難已經到了眼

前／浩劫將從空中下降／並不是什麼戰爭發生／即此就證明已經改進……／唯有穩定的正確態度／才能度過這一次難關／但也只是一次化裝彩排／情況很快就可以好轉……」詩是手書的，沒有一個字的改動，十分清爽。但他說：「不要給我拋出去，你留著，以後可做個見證。」

我當時對他的「大難即將降臨」的預言是將信將疑的。我以為這都是因為他內心過於孤獨所致。事實上，他是一位浪漫的詩人，並不是一個能夠忍受孤獨和寂寞的人。但我從來沒有把他和「死」聯繫在一起，即使他的文章裡出現了「絕筆」這樣的字眼，我仍然以為，這不過是他一時的衝動和「戲筆」而已，就像他有時會說到，等寫完了什麼什麼就「封筆」一樣。我不相信，像他這樣八十多歲了還常常因為不能安心創作而苦惱的人，有一天會真的「封筆」。

然而他確實是在考慮比「封筆」更為徹底的問題了。他是一九九六年十二月十二日深夜去世的，而在差不多整整一年前——一九九五年十二月八日——他就在自己的電腦裡悄悄地寫下了一

《二十世紀的世紀末》手跡。

一九九四年九月二十六日，徐遲致本書作者信函手跡。信中討論了有關《徐遲文集》的編選問題。

份「遺囑」。這是他的親屬事後才發現的。這份遺囑裡有一條文字涉及了我，大意是說，他的十卷文集幸得徐魯協助才得以編輯完成。現在想來，我所能做到的，也只是協助他編輯文集而已，而對於他內心的一些隱秘的念頭和感受，卻並沒有真正地覺察和體會。他在寫陳景潤的那篇作品裡曾說過，要真正理解一個數學家是不容易的。同樣，要真正理解一個像徐遲這樣的詩人和智者，也是很難很難的。他內心的孤獨、痛苦和幻滅感，只有他一個人在承受。

是的，是一種沉重的「幻滅感」，正在困擾和折磨著他的晚年。一九九四年十月間，他住在深圳，十月十五日是他八十壽辰，我寫信去給他祝壽，隨信還附上了當時《世界文學》刊發的毛姆的兩篇文章〈七十述懷〉和〈七五述懷〉，我的意思是，就缺一篇〈八十述懷〉了。果然，他回信說，「我正好可以添上他未寫（或未及寫的）〈八十述懷〉了」。但他接著又說，「人老得這麼快，為始料所不及的。……我現在還能工作（寫作），別的都不能了。到失去工作能力之時，就應該退位，給後來人留下空間。近來常想到『安樂死』這個名詞，覺得很有意義。應當提倡。人代大會應當立法接受它，為它正名。……大災大

難，死人無算。人類史上已經重複了多少遍。完全可以用安樂死來處理的。……」一九九五年三月十五日，他在給我的另一封信上又説：「我近來有了一種『失落感』。向來過慣了一無所有的生活的，怎麼會有『失落感』了呢？不是什麼也沒有失落嗎？失落的只是鎖鏈而已。然而現在有『失落感』，也害怕回到武漢日子過不下去……」

他的精神裡籠罩著一種世紀末的劫難與幻滅的陰影；而他的身體，也因為過於緊張，一直處在疲憊乏力、甚至痛苦的狀態。畢竟他是一位八十多歲的老人了。他有比較嚴重的慢性支氣管炎，尤其害怕冬天的寒冷，而要在時常會停電的武漢過冬，對他來説是不可想像的；他還有高血壓，天天需要服藥；一九九六年十一月一日，他在寫給美學家賀祥麟的一封信上説：「我的病很不好，已整個一年又一個月，未能恢復，愈來愈重，沒有辦法。我已作好精神準備……因勞損過度，竟如此被動，真想不到。何日滾蛋，都不知道。你必著急，請寬鬆一點，我已看穿，聽天由命。」十一月十三日，他在寫給詩人野曼的信上又進一步説到生死問題：「生與死是兩個問題，而生死卻是一個問題。……我的病不見好，恐怕好不了啦。……且逍遙瀟灑，然後飄去太空，目的地：火星，或者木星衛星。你説多麼可喜啊！」而這個「飄去太空」的想法，

「人不知不覺就到了老年……」
一九九六年六月，徐遲在武昌東湖路寓所。

一進入二十世紀九〇年代後就在他頭腦裡形成了。一九九一年他在一封信裡就說過，「近來我在考慮，登一個記，受一些技術訓練，許能通過考試，及格了，登上一架太空梭，作太空的遨遊，飛到極遠處，然後不再回來……」一九九五年他在〈我悼念的人〉裡又寫過，「……你已過了忘川，先我而到達了彼岸。沒有什麼，我會在辦完了我這邊的這一些瑣碎的拉雜的小事情後，隨後就到的。……我們又可以一起飄蕩在雲霄間，腳踏著空虛的宇宙，作為兩個虛擬的靈魂，來談我們的空靈的詩……」在此文裡他還寫道，「劇烈，或不劇烈的痛苦，都也只是一霎耳。生死本只一霎，連宇宙也只是一霎，……這地球也只是紅塵一粒而已。」

　　一九九六年十一月二十五日，他住進了漢口同濟醫院高幹病房六樓五號病房裡。雖然這時他已經接受了中國海洋石油總公司的邀請，準備在十二月下旬或更早些時去湛江和三亞過冬，並且採訪海洋石油工業，但他的健康狀況卻沒能讓他立刻就動身離開武漢。他被困在了武漢冬天的病房裡。房間裡雖然有暖氣，但他已經失去了重新恢復健康的信心。他正在被身體的痛苦折磨著，彷彿一點力氣也沒有了。他是一個十分注重生命質量和尊嚴的人，但是現在，我覺得，病痛已經剝奪了他這一切。

　　這時候，我為山東教育出版社編選的那部六十萬字的《徐遲報告文學選》即將完工。我對他說，這部選集的壓卷之作，大概只能是寫於一九九五年的〈談夸克〉了，我覺得這篇文章代表了他晚年對高科技、對宇宙奧秘的思考興趣和所能達到的深度。他說，暫時可以用它「壓卷」，也許明年還可以寫一寫海洋石油這個題材的。除了這部書，他同時也應山東教育社之邀，為他們主編了一部反映一些中青年科學家事蹟與成就的報告文學集。出版社希望他能為這部書寫篇序言。但他把這件事情交給了我。負責這本書的編輯劉進軍大姐自始至終和我保持著聯繫，我把徐老的意思告訴了她，她也深表理解。於是，我在十一月份也把這篇代他而寫的序言完成了。在序言的第一部分裡，我把他一九九四年發表在《羊城晚報》上的〈幻滅與幻夢集〉中的「論科學」一節，「移植」了進去，其餘則都是極力模仿他的口吻和文風而寫的。在此之前，我已有過好幾次代他「捉刀」的所謂「經驗」了。在他去世前一

天，我把這篇序言加了個「科學家需要更多的知音」的標題，寄給了北京《博覽群書》雜誌的一位朋友。

十二月四日，他的〈談夸克〉中的兩節，在《人民日報》發表了，編者還配發了一篇短評，讚揚了他多年來的科學情懷。同時，他也收到了我國高能物理學家、中科院高能物理研究所所長鄭志鵬先生的一封信。〈談夸克〉發表前曾由鄭先生審閱和修正過，現在他在信上又建議徐老在文章裡增加一點關於中國「對撞機」的內容。在病房裡，徐老把鄭的信交給我，囑我代覆一信，並請鄭再提供一點對撞機方面的材料。他還在鄭先生的信紙天頭寫了一行小字：「……加作附記，刊出全文於山東出版的書末。」

十二月十一日下午，像往常一樣，除了鄭先生的信，他還交代給了我另外幾件事情：一是給廣西師大的美學家賀祥麟教授回一封信，因為賀教授在十二月十日有一封來信，對徐老的健康十分掛念，同時說到他自己的身體也「出了問題」，一下子查出了十樣病狀。徐老在賀教授的信紙天頭也寫了一行字：「請徐魯代覆輕輕安慰他一下」；二是把一部用報紙包裹得很嚴實的大部頭醫學著作交給我，讓我帶回去，並說日後可以還給這部書的作者，一位女醫生；此外還有幾頁零星的文稿，也讓我帶回去，那是他這些日子裡寫下的一點「病中隨記」。他的床頭還有一本「三聯版」的《昨日的世界》（茨威格著），是前些天他讓我給他找來的，我問這本書要不要帶回去？他說，先留在這裡吧，還要再看看。

這天下午，省作協的領導也來看望他並向他辭行，因為省作家代表團明天就要動身去北京參加作代會了。他們談了一會兒話，告辭時，我對徐老說：「我就坐他們的車回去好不好？」他說：「讓他們先走吧，你再留一會兒。」我就又陪他坐了一會兒。我問他，晚上睡覺安不安穩？他指著窗外對面那個高層建築亞洲大酒店說：「那裡整夜都是燈火閃爍的，像個星座。」又面帶憂慮地說，「三亞是很想去的，就是不知道身體能不能恢復過來。」我安慰他說：「肯定可以恢復，你不是都在考慮要帶什麼衣服去了麼！」

　　大約五點半的時候，他拉了拉我的手，說：「該回去了吧？」我起身告辭，走到門口時，又回頭向他道別，他像往常一樣，坐在那裡看著我，朝我做了個我十分熟悉的、親切的表情動作。但我怎麼也沒有想到，這一瞬間，就是他和我的永訣！當我再次看到他時，已是數日之後，在殯儀館裡，面對他安詳的遺體，而相隔於兩個世界了。

　　十二月十二日夜晚，我突然一反常態，莫名其妙地輾轉反側著，一整夜都在失眠。十三日凌晨，噩耗傳來，恍若天崩。我在電話機旁驚恐得暈厥過去。接下來的那幾個月裡，正如當時章含之大姐寫給我的一封信上說的那樣，「人生真如一場夢，至今我都弄不懂這究竟是怎麼會發生的」！

　　事後，我打開他交給我的那部用報紙包裹著的醫學著作，發現那裡面藏著他寫的一紙文字，這應該就是他的遺言了。其中寫道：「我非未來學者，但好思考未來。未來既不樂觀，又不悲觀。人類將有一場浩劫，成億的人會被淘汰，以產生新的人間，我屬於被淘汰者。……」他還寫道，「我的前景一清二楚……將軍死於戰場，學者死於書齋，我不可能了，我不認識回書齋的路線。……但死亡是一種幸福、解脫、對生命的凱旋，未來正如日月之升。」

晚年的徐遲。

他是清醒地、決然地，不想再與自己衰老的身體、反反覆覆的病痛以及這個給他帶來了沉重的幻滅感的世紀末相糾纏了。他非常明白，一個人的生命既是世間的又是超世間的，生死本只一霎耳。那個夜晚，他一定還想到過《昨日的世界》的作者——因為理想幻滅而失望於這個世界，並且毅然選擇了用自盡的方式告別人世的茨威格。於是，他走向了那個可以望得見燈光閃爍的夜空的窗戶。

當他把死亡視為「一種幸福、解脫、對生命的凱旋」時，他完成了生命和精神的最後的飛躍。他的再生已經再生。他的死亡已經不死。

南潯鎮上的老學生們，為自己的老師立起了
這座不朽的銅像。

完成的和未完成的

天才的作家和藝術家往往都是如此：他的生命和創作生涯結束了，但他的影響、他的精神，還有他的故事與傳說，卻在人間重新開始。

時間是有重量的。轉眼之間，徐遲先生離開這個世界已經十年了。十年的時間，有可能使一些作家和作品如過眼雲煙，隨風飄逝，也可能使另一些作品如同沉船一樣被重新打撈出海面，光芒重現。果然，我們看到，在這十年間，徐遲先生的許多著譯作品，如報告文學選集《哥德巴赫猜想》、散文譯著《瓦爾登湖》、長篇傳記譯著《托爾斯泰傳》等，都被重新編輯，推出了新的版本。

最近，百花文藝出版社又寄來了新版的徐遲自傳《我的文學生涯》（即原由作家出版社出版的《江南小鎮》）。使我感到欣慰，並且「與有榮焉」的是，這個版本裡穿插了幾十幅徐老各個文學時期的相關圖片。這些圖片中的一大部分，都是我在這十年間從上海圖書館、北京國家圖書館和一些友人那裡保存的各種文獻資料中查到、複製出來的，有的可能還是鮮為人知的圖片和手跡。這本新版的自傳，可以滿足十多年來許多一直在尋找《江南小鎮》的讀者朋友了。

然而，我也想到了徐遲先生留下的兩個遺憾，兩個未完成的文學工程：一是《荷馬史詩》的詩體翻譯；另一個就是多卷本回憶錄（自傳）的後半部分。

這裡只說說那未完成的回憶錄的後半部分。新中國成立以後，在一個很長的時期裡，文學從屬於政治，作家只應該為工農兵服務，任何作品，包括詩歌，都處於「無我」狀態。這種簡單而又普遍的文藝風氣，

直接導致了一大批從二三〇年代走過來的作家的無所適從和舉手無措。他們幾乎是不約而同地搖搖頭，自歎才盡，無法效命而從茲停筆，過早地終止了各自的創作生命。但也有一些作家，似乎克服了「異化」，在痛苦與困惑中走出了高爾基筆下的那個克里·薩木金式的自我天地，很快投入了新的時代當中。徐遲當屬後一類作家。他這樣說過，面對克里·薩木金這面「鏡子」，他曾經覺得，自己「也是掉在新中國裡的一個魔影」。他為此也極其困惑過。但是最終，他還是「十分認真地通過了三四年的刻骨銘心的痛苦，好不容易才克服了它，最後費盡了心血，終於使我的個人與社會、個性和共性，越來越靠近，直至後來兩者緊密地擁抱在一起，大體上達到了統一，因而取得了比較顯著的活力，取得了稍稍的心安理得和較好的成效」。這時的徐遲當然還沒有想到，再過許多年之後，他還會對此時的想法來一個「否定之否定」。

　　一九九五年，我曾有幸協助他寫作他的回憶錄的一九四九年以後部分。當時我們採用的方式是，他先簡略地口述一個大概的線索，我做筆錄，然後根據這個線索尋找和補充材料——包括查對和引述他的日記、他同期的各類作品、同時代人留下的文獻資料等——然後再經他過目和潤色，完成定稿。用這種方式，他從開國後講起，差不多即將講了「文

一九六五年出版的高爾基小說《克里·薩木金的生平》。就是這部書，使徐遲彷彿對著一面「鏡子」，看到了自己的困惑與迷惘。

革」前。然而，漸漸地，這個回憶錄越寫越艱難了。原因倒不僅僅是因為其時他在個人生活上碰上了一些麻煩，無法繼續在武漢居住，也不僅僅是因為健康的原因，最重要的因素，我以為就是，他越來越對自己自五六〇年代以來的生活、創作與追求，產生了迷惘和懷疑。已經完成的那十來萬字回憶錄中的一部分，不久就以《在共和國最初的日子裡──〈江南小鎮〉續集》為題，刊發在《江南》雜誌一九九六年第三期上。

徐遲先生把他的這種迷惘與猶疑，坦白地披露在這個「續集」的開端：「我現在只好歎歎氣，對你們說：我只是一個幻夢家而已！而如今我的幻夢全幻滅了。幻夢！幻滅？是這樣嗎？」他追問自己。雖然他是多麼不願意看到，甚至不願意相信這一切都是真的，然而他卻不能不承認了：「是這樣的！是的，你們也許還不信，我的幻夢是真的幻滅了。」他還寫道，當他寫著這個回憶錄的時刻，「我還清楚地想起，並清楚地看到我自己在那種依稀的蒙昧時代的得意洋洋的、磅礴浩蕩的情緒。多麼大的一個幻夢啊！隨著是多麼悲哀的一個幻滅！」

一九九五年二月十七日，徐遲致本書作者信函手跡。
信中反映了他晚年的生活和創作的一些狀態。

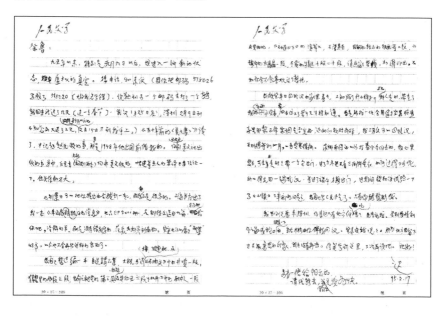

我寧願相信，正是這種越來越清晰、越來越沉重的幻滅感，才是徐遲先生後半部分回憶錄再也不能繼續寫下去的真正原因。然而在五六〇年代，他雖然有過一些克里・薩木金式的痛苦與困惑，卻還並沒有晚年的這種幻滅感。當時，他只覺得自己是一個真正的「新中國人」了。表現在創作上，他幾乎拋棄了一切屬於個人的渺小情懷的抒發，而大寫特寫起「我們這時代的人」來了。他像巴爾扎克的要求作家「應該成為時代的秘書」那樣，把自己熱情的筆觸，伸到了時代生活的最前沿，把反映新中國各個時期的經濟建設生活，反映新時代人的高昂向上、艱苦而又樂觀的奮鬥精神，視為自己創作的首要主題。就像一位評論家說過的，他不是歌唱月夜和愛情的夜鶯，而是為沸騰的工地和豪邁的建設者忘情翔舞。

茲委托徐魯同志幫助我編輯《徐遲選集》十卷本，修訂一至四卷，編定第五（散文卷）、第六（文論卷）、第七（音樂卷）第八（雜文卷）第九（自傳，即《江南小鎮》卷，第十（日記.書信卷），并協助我出版此《選集》，之此為証。

徐遲
1994年6月22日
于武漢家中

一份「委託書」的手跡。說明這位老作家考慮問題也有極其嚴謹的一面。

淺水灣的落日

每次去香港，我都會帶上香港女作家盧瑋鑾（筆名小思）教授的那本《香港文學散步》，作為我在香港遊覽的「文學地圖」。這本書原是小思一九九五年題贈給徐遲先生的，後來徐老又送給了我。再後來，我在香港的一次會議上認識了小思教授，她又在這本書上寫下了「忽睹送給徐老之書，淒然在心……」等幾句話，作為紀念。

我在香港，多次去尋覓過當年徐遲先生所居住和散步的一些地方，不為別的，只為了感受一下那裡的綠樹間的光影和瀰漫在空中的氣息。我知道，那是當年戴望舒、許地山、葉靈鳳、蕭紅……，當然還有徐遲們所生活過和呼吸過的地方。

我也去過美麗的淺水灣，拍過許多張淺水灣海濱的緋紅的落日。哎，淺水灣，淺水灣！我知道，這是曾經有兩位作家──兩位多情的男人，在一個傷心的黃昏，悄悄地把他們深深愛過的一位女作家蕭紅的骨灰掩埋了的地方；這也是詩人戴望舒「走六小時寂寞的長途」，來到蕭紅墓畔放上一束紅山茶的地方。寂寞灘頭，潮漲潮落，流浪的孤魂找不到歸路，只有海鷗在漫漫長夜裡伴著她「臥聽著海濤閒話」……

也不僅僅是蕭紅、戴望舒兩人把淺水灣這個使人刻骨銘心的地方寫進了中國文學史中。不，張愛玲也曾選擇了淺水灣來做白流蘇、范柳原等等人物的不斷翻新的愛情舞臺。那些為戰爭的災難、命運的無常所驅使的男男女女，都在這太平洋的邊緣，暫時平靜的灘頭，重新拾掇起未了的殘夢，演出了一幕幕浪漫而又傷感的「魂斷藍橋」。

我讀徐遲先生的長篇自傳《江南小鎮》中關於三四○年代在香港的那一段，雖然明顯地感到了，戰爭給一大批文化人造成的背井離鄉的淒苦和漂泊無定的陰影，但也不能不為那時候的一個小小香江竟極文化一時之盛而自豪。如果要開列名單，那幾乎就是半部現代文化名人辭典了。

　　徐遲的書中寫道：「總之，當時群賢畢至，少長咸集，人才濟濟，一個很大的局面眼看著即將蓬勃開展起來。」而這些旅港的文化人，真好比群星閃耀的銀河，無一不是光彩奪目的。他們以這南海小島作為舞臺，演出了多少精彩的好戲。在《江南小鎮》第四部裡，徐老用了洋洋灑灑的六七章的篇幅，描繪了那個時期的香港。而那個時期，在我看來，也正如查理斯‧狄更斯《雙城記》裡的「時代」相似：那是好得不能再好的年代，那又是糟得不能再糟的年代；那是閃爍著智慧的歲月，那又是充斥著愚蠢的歲月；那是信心百倍的時期，那又是疑慮重重的時期；那是陽光普照的季節，那也是黑夜沉沉的季節；那是充滿希望的春天，那又是令人絕望的冬日；我們擁有一切，我們又一無所有；大家都在直接升入天堂，大家又都在直接走進地獄……

　　徐遲是在一九三八年五月到香港的。他說，當時他是挈婦將雛，和詩人戴望舒一家乘著一艘名為「芝沙丹尼」號的郵輪駛進香港的。當香港從海平線上出現之時，他的眼前一片迷茫。他想道：大難當頭，明天會怎樣呢？中國會怎樣，世界會怎樣？家鄉已經淪陷，上海成了孤島，香港是英國殖民地，能在那兒活下去嗎？而當時，希特勒剛剛吞下了奧地利，日軍正向廣州和武漢推進。艾略特在《大教堂裡的謀殺案》裡，用上了希臘悲劇裡的合唱隊，彷彿厄運之劍就懸在頭頂。徐遲說，當時他的耳邊，彷彿就迴響著悲劇合唱隊的聲音，他無法知道，「這究竟是一個什麼樣的世界？」

　　啊，那麼多、那麼多的文學家、詩人、歷史學家、政論家、教授、戲劇家、哲學家……都聚集在香港，過著彷彿「陰陽界」上的生活。薄扶林道，學士台，六國飯店，思豪酒店，孔聖堂，聖約翰大禮堂，九華徑裡，女皇道上，還有淺水灣海濱……處處都留下了這些文化精英們的心音與沉思，留下了時代的歎息，歷史的履痕，文化的行腳……這是災難的歲月促成的文化盛會，這也是「時間寫在人們記憶中的組詩」。當

當年坐在香港淺水灣邊，一起送走了三〇年代最後一天的夕陽的三個人，在九〇年代的某一天裏，又在浙江富陽聚在了一起。從左至右依次是徐遲、郁風、葉淺予。

歷史的風雨、歲月的煙塵消散之後，我們看見的，是人類不朽的精神歷程和思想蹤跡。

有一個在我看來十分有意義的細節，不知道為什麼，徐遲先生竟沒能寫在回憶錄中。那就是他曾給我講過的：一九三九年十二月三十一日十七點三十分，他是和他的兩位好朋友，畫家葉淺予、郁風，三人一起，坐在淺水灣，看著一輪緋色的落日慢慢沉入海平線的。他們是一同在淺水灣，在遠離了家鄉和故土的地方，送走了災難的、動亂的三〇年代，而迎來了同樣是不可捉摸的四〇年代的。也幾乎是在同一時刻，戴望舒在薄扶林道林泉居的林下，寫出了他那首著名的〈元日祝福〉：

> 新的年歲帶給我們新的希望。
> 祝福！我們的土地，
> 血染的土地，焦裂的土地，
> 更堅強的生命將從而滋長。
> 新的年歲帶給我們新的力量。
> 祝福！我們的人民，
> 堅苦的人民，英勇的人民，
> 苦難會帶來自由解放。

二十世紀四〇年代的第一個新年，一九四〇年一月一日清晨，在新年的陽光下，徐遲在薄扶林道上又是讀著這首剛剛完成的詩，和戴望舒一起迎接了一個新年代的到來的。

　　如今，戴望舒、葉淺予、徐遲、郁風……都已先後離開了這個世界。天地者，萬物之逆旅；光陰者，百代之過客。那個文苑英華雲集的三〇年代，如今也像淺水灣上的落日，早已降下了它最後的帷幕。香港回歸也已有十多年了。念及那些等不到這個日子而遠去的人們，我也忽然想到了放翁晚年的詩：「……家祭勿忘告乃翁」。

徐遲四〇年代所寫的小說手跡之一頁。

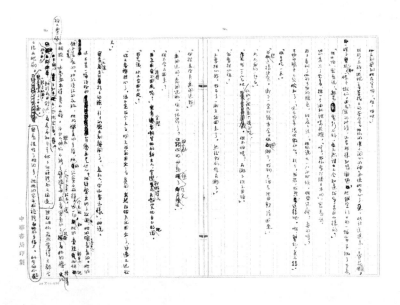

此岸與彼岸

山因水而明亮，水出林而純潔。山林平原都披著一身波光，好像月夜披著一身月色。那是氤氳迷漫的水氣。……這裡有水晶晶的水，水晶晶的太空，水晶晶的日月，水晶晶的星辰，水晶晶的朝雲，水晶晶的暮雨，水晶晶的田野，水晶晶的寺院，水晶晶的寶塔，水晶晶的天主堂，水晶晶的耶穌堂，水晶晶的水風車，水晶晶的水車，水晶晶的池塘，水晶晶的水網，水晶晶的荇藻，水晶晶的春草，水晶晶的垂柳，水晶晶的荷葉珠子，水晶晶的竹徑，水晶晶的桑樹園，水晶晶的蟲，水晶晶的油菜花，水晶晶的稻田，水晶晶的紫雲英，水晶晶的稻香村，水晶晶的積穀倉，水晶晶的小島，水晶晶的瓊樓，水晶晶的玉宇，水晶晶的山莊，水晶晶的藤蘿架，水晶晶的九曲橋，水晶晶的太湖石，水晶晶的雨巷，水晶晶的長街，水晶晶的綢緞店，水晶晶的歌榭，水晶晶的酒肆，水晶晶的野荸薺，水晶晶的水晶糕，水晶晶的桔紅糕，水晶晶的燈火，水晶晶的炊煙，水晶晶的紡車，水晶晶的織梭，水晶晶的腳丫船，水晶晶的漁舟，水晶晶的煙波，水晶晶的野鴨，水晶晶的白鷺鷥，水晶晶的少女，水晶晶的老者，水晶晶的嬰兒，水晶晶的心，水晶晶的夢，水晶晶的愛，水晶晶的鐵環，水晶晶的陀螺，水晶晶的童年，水晶晶的靈魂，水晶晶的生命。這個水晶晶的小鎮，水晶晶的倒影，映出這個水晶晶的世界！這是，呵！這是我的水晶晶的家鄉！

這是徐遲在他的回憶錄《江南小鎮》裡寫到的他的故鄉——湖州南潯鎮的景色。這應該是當代散文裡的一段極具鋪張和誇飾風格的「奇文」，堪稱為「逸品」。

徐遲的整個童年和少年時代，以及青年時代的大部分時光，是在這南潯小鎮上度過的。他的生命之船，是從江南小鎮啟航，經過了漫長曲折的人生之旅，而進入波瀾壯闊的海洋的。他的生命和心靈的歷程，也和他所處的時代風雲緊緊連在一起的。

二十歲時，他在家鄉小鎮的高等小學裡謀到了一個教職，於是就一邊在小鎮上教孩子們英文和音樂，一邊寫詩。當然，還有戀愛。小鎮上有好幾位少女，對這個回到家鄉的青年詩人青睞有加。

「你的頭髮是一道籬笆，當你羞澀一笑時，紫竹繞住了那兒的人家。」

「故鄉曾是木舟與碧天碧水棲止的村子，故鄉，曾使我的戀愛失落在舊道德的規律裡，我從故鄉走出的時候，蠶蟲正剝食著桑葉，到處是桑樹，又到處是流長飛短的我的戀愛的比責。」

「我在晶耀的眾美中患了孤冷的懷鄉病，……而我的心，原是田和桑樹林。」

「憂結的呼吸也近來了我了，我是為何地，一邊構造了這家鄉讚美的意象，一邊懷戀著美德的女郎的你啊。」

「載著我的心的是你這美麗的船舶，而你這支美麗的櫓，掌著我的戀愛了。」

我們看到，這一個時期，他所有的詩歌都在為家鄉小鎮而歌，為小鎮上的少女們而歌。這些詩歌並非是獻給一個人的，如果仔細索隱，都可以一一找出他所歌唱的對象。然而對於後來的讀者、尤其是年代相隔很遠的讀者來說，它們無論獻給誰都是一樣的。這是他的「二十歲人」的歌。是他與家鄉小鎮的靈魂牽連與隱秘情結的最重要的一部分。

「船舶將何往呢？……是藍色的，雲那樣的，馥郁的那裡……那裡呵！」

一九三六年十月，上海時代圖書公司出版了徐遲的處女詩集《二十歲人》。

一九三二年，在燕京大學讀書時的徐遲。

讀過這本詩集的人，也許還會記得這樣的一些句子：

「夜是失眠，我雖形無所動，心已役於愛情之中了。」

「我把愛情，撕成一張一張的郵票。」

「在夢中，在翌日，我在戀愛中翻著筋斗。」

這是青年徐遲的初戀。那時他是燕京大學英文系的學生，女詩人冰心是當時英文系的教授之一。她每次走進教室，總要先朗誦一首詩，或者是華爾華茲的，或者是拜倫與雪萊的。然後再開始講解。講課全用英文。受著這樣的從形式到內容的浪漫主義的影響，二十歲的徐遲，深深地愛上了詩，而且開始寫詩了。

他的第一首詩題為〈小月亮〉，便是一首情詩，是寫給一個在溜冰場上認識的女孩子的。她是一個中學生。他和她常常在溜冰場上相遇。不久，少女的一個好友透露給青年詩人說：「你難道不知道她喜歡什麼？她常常和我們談到你，希望你給她寫信。」云云。後來他們當然通起信來。二十歲人的心靈和感情是自由、純真而富足的，況且初戀中的青年詩人又是「屬於感傷的男子的」。那時候他不會相信「我們的中間是遠離著的，有三個省份，有一條三千公里的鐵道，有黃河長江」，相反，在他深深的戀愛中，他覺得，「春天的村子，雪飄著也是春天，葉

飄著也是春天。」毫無疑問，初戀為青年徐遲帶來了生活的熱情和藝術的靈感，他們沉浸在幸福的幻想之中。

一九三二年暑假，徐遲從燕京大學回到故鄉小鎮。從夏天到秋天，從秋天到冬天，再到第二年的夏天，他一直待在故鄉，沒有再回到燕大借讀。他在寧靜的小鎮上繼續寫詩。

這個美麗的水鄉小鎮之於徐遲，正如那個「像郵票一樣大的」美國南方小鎮奧克斯福德鎮之於威廉‧福克納。它是徐遲童年、少年和青年時期的生命與心靈的棲息地，也是他文學歷程的起點和見證者。在江南小鎮上，他度過了自己人生歷程上的「發展時期」。江南小鎮也是他的靈魂的歸宿，是他生命中憂傷而甜蜜的情結。小鎮上的苦難與歡樂、興盛與落寞，又總是和外面世界的風雲變幻連在一起。他的離開小鎮、回歸小鎮，又離開，再回歸……，無不和他個人的命運周折、人生道路的選擇以及精神狀態的起伏變化息息相關。就像樹的影子拖得再長也離不開樹根，他後來的長長的一生，也都沒有從根本上離開這個心靈上的故鄉。

「鄉間，我是小野花：時常微笑的；隨便什麼顏色都適合的；幸福的。」

「七十二峰的太湖的風，風吹著，水田，桑林，祠廟與屋宇，在故鄉的住處，感情與詩奇怪地融合了。東柵，吊橋灣，洗粉兜，有那樣佚麗的名字的地方，水車與芙蓉鳥唱著俚俗的歌謠呢。興啊福啊的小橋與小巷，平和的象徵，靜穆的長廊，我的戀的指南針是向著這裡的。」

「跨在三月的水波上的那橋，那纖瘦的鄉村的木條的橋。我們行走到橋上，水上，橋的影與人的影，乳色的，乳色的三月，流蕩著了哪！」

……江南小鎮上的許多景物，都在他這時候的詩句裡得到了寫實般的反映。自然，我們也看到了，這時候，他的「戀的指南針」，還是向著這裡的。

半個多世紀後的某一個黃昏，在東湖之濱的一幢小樓上，當年老的徐遲談起這段初戀的往事時，他說道：「這裡有一種朦朦朧朧的東西，非常純潔，宛如夢中的樂音……」

從一九三二年下半年開始，徐遲在家鄉小鎮上默默地耕耘著、澆灌著他的理想和希望。他一邊在家鄉教書，一邊向上海等地投稿。當時由施蟄存主編的《現代》等報刊雜誌上，常常可以見到徐遲的作品。

他身在美麗的小鎮上，心卻不時地飛往不遠處的大都會裡。一九三六年三月底的一天，他得到一個消息：上海工部局交響樂團將演出由梅百器（Maestro Paci）指揮的貝多芬第九（合唱）交響曲。他按捺不住內心的嚮往，連忙約了最好的夥伴，從嘉興坐火車到上海，趕赴了大光明劇院裡的這場音樂盛宴。

半個多世紀後，他回憶起這場音樂盛宴，如是描述了當時的感受：「在第一個樂章第一個和絃響起時，我便感到了一陣顫抖。猶如混沌初開，整個世界還昏昏沉沉。陰鬱的感覺從四面八方襲來，在這樣的音樂裡面，個人確實是渺小極了。至今我還記得，我幾乎已不再存在。我昏迷了，只聽到音響震撼著我的心靈……」

這是他第一次聽如此龐大的樂隊演奏的「貝九」。他為這場音樂會寫了一篇散文，名為〈音樂志‧上海貝多芬合唱交響樂演奏會紀事〉，發表在當年四月十五日出版的上海《六藝》雜誌上。這次音樂會和這篇〈音樂志〉，是作為愛樂人的徐遲一生中最珍貴的音樂回憶之一。

一九三六年，無論是對徐遲的創作還是人生，都是極其重要的一年。這一年，他在家鄉小鎮上經過了幾次似是而非的戀愛之後，最終選定了美麗的少女陳松，作為自己終生的伴侶；這一年的下半年，通過親戚的關係，他在中央財政部公債司設在上海的債券核銷處，找到了一個月薪六十元的公務員的差使，於是便「遠離了家園，遠離了紫竹的發下的柔情」，來到了他一直迷戀著的上海。他走時，小鎮上的那些多情的少女，也許都暗自為他流了眼淚。

一九三七年元旦，徐遲和陳松在上海八仙橋青年會餐廳舉行了簡單的婚禮，新娘不曾披紗，不曾雙雙拍照，一些文藝界的朋友和同事前來祝賀。徐遲對自己的樸素的婚禮很滿意。一切繁瑣的禮節和世俗的虛榮景象，與詩人的純粹和善良是不相容的。陳松也覺得無怨無悔。

從此以後，徐遲和陳松互敬互愛，相濡以沫，同我們的祖國一道，走過了極其坎坷和曲折的道路。用徐遲自己的話說，這些經歷包

括了「我的幻想，也有我的幻滅，以及我的再幻想，以及我的再幻滅」。

　　一九八五年春天，陳松因為積勞成疾，先詩人而離開了人世。其時徐遲正在大洋彼岸的美國。陳松彌留之際，年老的詩人飛回了她的身邊，並且靜靜地俯在她的靈床邊為她送別，老淚縱橫不止。是呵，半個多世紀的伴侶離開了自己，詩人好像突然間感到了孤獨，感到了自己的生命也就要老去……

　　陳松去世之後，年老的詩人獨坐黃昏，長歌當哭，寫下了哀婉悽絕的長詩〈輓陳松〉。這首詩成了《徐遲詩選》的「壓卷」之作。這首詩完成之後，老詩人泫然而掛琴，「卜居怕近弦歌地」了。詩中寫道：

　　「有了你，我一生有了幸福，因為你，我有了一個幸福家庭。……小腰秀頸的東方女郎，你的面容還一如往昔。你過盡了這勞累的一生，終於能舒展你的四肢。……你已經渡過了忘川，什麼痛苦也不能惹怒你了……等我，我會去看你的，到那時，破鏡還能重圓。……彼岸有什麼可怕呢，有最有情義的你在渡口等著我呵。」

一九三八年，徐遲和夫人陳松以及大女兒徐律的留影。

最後的樂章

收到劉進軍大姐寄來的一包書，我的眼淚一下子湧了出來。這部厚厚的、將近六百頁的報告文學集，名為《成功啟示錄──記中國傑出中青年科學家》，是徐遲先生生前主編的最後一部書。這部書浸潤著他的心血，也是老人在生命最後的日子裡仍然牽掛著的一樁心事。遺憾的是他沒能親眼看到這部書的問世，便溘然長逝了。人間天上，寂兮寥兮。願他美麗純淨的靈魂在遙遠的天國裡安息。

徐遲先生晚年，雖然閉門謝客，卻也並非與世隔絕。只不過是，像許多孤獨的智者一樣，他的心事比一般人更深、更沉，正所謂「心事浩茫連廣宇」。他婉謝了幾乎所有找上門來的編書寫序的事情，而潛心研究著一部部除非專門科學家都不會太感興趣的自然科學方面的著作，用他自己的話說，「往後科技篇取代文藝學，我想換一個行當，當自然哲學家了」。這話雖然帶著幾分戲言，卻也流露出老人對自然科學、對星際宇宙、對高科技等等特別熱衷和不勝神往的一面。

事實上，自八〇年代以後，他確實在全力以赴地用自己的文學之筆為自然科學譜寫華章。他熱情地呼籲文學與科學合作，並且身體力行，把自己晚年的全部激情與精力都獻給了科學和科學家，獻給面向新世紀的高科技時代。他是中國作家中少見的對科學甚至高科技題材抱有濃厚興趣的人之一，因此他在新時期裡寫下的所有作品，都註定是獨特的而又是「曲高和寡」的。他自己在生前當然也感到了這種孤獨。他為他的第三本科學題材的報告文學集《來自高能粒子的信息》的出版而寫的一篇〈王婆要賣瓜〉，多少也表達了自己孤獨和悲涼的心跡。他擁有許多

徐遲七十五歲時的留影。

忠誠的朋友，卻獨獨在這方面缺少知音和同道。他帶著包括這一方面在內的許多遺憾離去了。不過我想，總有一天，人們會承認，他的這些呼籲和見解未能被好好接納和回應，這是所有人的局限與失職。要證明一種失誤，有時是需要一些時間。

正是出於對科學和高科技的熱情，出於對科學家和科技工作者的尊重與敬仰，所以當山東教育出版社的編輯劉進軍女士找到他，説正在組織一批作家分頭採訪目前國內科學界最活躍的一些優秀的中青年科學家，不僅要寫他們的科學成果，還要寫他們的成長歷程，同時還要用生動形象的文學語言，盡可能地向人們描繪和展示一下他們所從事的不同領域的研究內容時，徐遲先生二話沒説，欣然接受了做這部書的主編的邀請，並不顧自己年高體弱，毅然承擔起採寫生物工程科學家、北京大學副校長陳章良的任務。他在寫給劉進軍的一封信上說：「出這樣的書，有利於祖國的遠景前途，我當然要盡力支持……」

一九九六年夏天和秋天，他陸續閱讀了這部書的已完成的篇目，並對一些寫法提出了具體的修改建議。對一些專業技術性較強的內容，他尤其看得仔細，設身處地替讀者著想，建議作家們盡可能寫得具體一點，形象化一點，否則，一般讀者不僅談不上欣賞，恐怕連興趣都不會

有了。而當他讀到了一篇精彩的篇目，他有時會忍不住興奮打電話讓我去。「看看這一篇〈北極的『眼睛』〉，寫得好極了，作者不僅在寫『報告』，更是在寫『文學』……」他說，「文以氣為主，報告文學首先得有激情……」他有時也免不了發點牢騷：我們有這麼多優秀的科學家，默默地創造了這麼多世界級的科學成果，奇怪的我們的多數作家卻無動於衷和視而不見，壓根兒就沒想到去寫一寫他們，這麼豐富的礦藏，卻不見有人來開掘，真是可惜了！

《成功啟示錄》一書所寫到的十多位科學家，都是目前活躍在科學界裡的最年輕的一代科學俊彥。他們目光開闊而意識新銳，在各自的研究領域裡也都獨領風騷，成果卓著。白春禮博士，中科院最年輕的副院長，被人譽為原子顯微科學領域裡的「華夏先驅」，他在STM（掃描隧道顯微學）領域裡異軍突起，使中國在這一領域裡迅速站到了世界最先進行列；陳章良博士，北大最年輕的副校長，世界著名的DNA專家，在研究「生命結構」的同時，他自己的生命結構也是那麼輝煌和卓異；還有從事資源與環境科學研究的「黃土地的兒子」史培軍博士；有鑽研智慧科學和模糊技術的，由一位普通士兵而成為博導的劉增良博士；吳啟迪博士，我國第一位經民主推舉而成為同濟大學校長的女科學家；馮長根博士，從事混沌與非線性科學研究的力學專家，現在已經是中國科協副主席；尤政博士，清華大學最年輕的教授之一，享譽海內外的精密儀器研究專家；王珉博士研究的是機械製造技術，現為南京航空航太大學副校長，兼任江蘇省副省長；林宗堅博士現為中國測繪科學研究院院長，國內外著名的遙感專家；祝茜博士，人稱「鯨魚博士」，專門從事海洋生物研究；彭實戈博士，山東大學數學系年輕的博導，他在應用科學上的研究成果，已經赫然寫進了世界數學史冊之中……

應徐遲先生之邀，我代他為這本書寫了一篇長篇序文。序文中特意寫到了對這些年輕的科學驕子的無限敬佩之情，「這麼一些科學精英人才，這麼一些國家之棟樑，這麼一些年輕的『博士中的博士』，他們大都是新中國自己培養起來的！他們生長於斯，成長於斯，他們所從事的科學研究沒有國界，但他們的心靈，他們的根，卻緊緊地和

自己的祖國連在一起。……老一輩科學家的『科學救國』的理想，延續到了這一代年輕的科學家身上，則變成了用高科技來振興中華，以高科技來報效人類！……科學和科學家需要文學和文學家來做他們的知音。……科學家們需要掌聲。科學家們也實在應該獲得比任何人更多的掌聲。」

這篇序言是在一九九六年十一月間斷斷續續寫成的。其時徐老已因冬天的來臨和身體不適而住進了醫院。他囑我代他看完了《成功啟示錄》的最後幾篇稿子，要我一定給劉進軍寫信，感謝她做了那麼多細緻的組織工作，希望能夠早日見到這部書的問世。他還一再表示，如果再去北京，還想去找陳章良多談幾次，這個人是值得一寫的。

一九九七年十二月十一日，我把這篇數千字的序言打印出來分別寄給了劉進軍和北京《博覽群書》雜誌的武寧先生。孰料剛剛寄出的第二天夜晚，徐遲先生就溘然長逝了！這篇〈科學需要更多的知音〉的序

每一個作家的靈魂，都是一個獨立的精神世界。

文，成了這位文學家署名的最後的一篇文章。而厚厚的一部《成功啟示錄》，也成了一位文學家獻給科學和科學家的最後的樂章。

現在，裝潢精美、印製考究的這部大書已經到達了讀者們手中。但我們的首席鼓手卻已遠行而去。相信每一位參與演奏了這部樂曲的作家，看到這部厚重的大書，都會感到不平靜的，那是因為，鼓手留下的燦爛的聲音，還在撞擊著我們的心靈。如果說，這部大書的環襯頁上，在那雪光晶瑩的喜馬拉雅山雪峰的背景之上赫然印著那段醒目的名句：「在科學上沒有平坦的大道，只有不畏勞苦沿著陡峭山路攀登的人，才有希望達到光輝的頂點。——卡爾‧馬克思」，是這部書中的所有主人公的人生歷程所給予我們的「啟示」的話，那麼，我在序言中所引用的C.P.斯諾的一種警告和疾呼，也無妨視為這部書所給予我們的另一種「啟示」，那就是：人類有兩種文化，一種是文學知識份子，另一種是科學家。兩種文化如果各執一端，日益疏離和分化，結果只能給人類的文明和進步帶來損失。因此，兩種文化應該融合，應該合作，科學和文學，應該成為人類飛向未來、飛向文明世界的一對和諧的翅膀。

默默者存

我怎麼也不願相信徐遲先生已經離開了我們。我覺得他只是暫時地去出一次遠門,像他平時每年都要離家出幾次遠門一樣。然而這一次,他實在是走得太遠了。他獨自去了那個遙遠而寒冷的地方,再也回不來了。在今後相當長的時間內,在將來的某一天,我也會到達那個地方之前,我將不能和他再見面了。

徐遲先生的離去,對於中國當代文學史來說有如星隕,而對於我個人來說則近乎天崩。多年以來,他不僅僅是我的導師、前輩和朋友,更是我的一位親人。如果世人允許我只取一端作一類比的話,我覺得,在徐遲先生的晚年,我就像老歌德身邊的愛克曼、老毛姆身邊的阿倫·西耶爾、老泰戈爾身邊的阿尼爾·闡陀一樣。我自己都不知道,我對他的依戀有多麼深。現在,我再也不能在這位善良、單純和博學的老人身邊工作了,我感到了一種巨大的孤獨,就像一隻幼鳥,再也找不到老鳥一樣。我坐在徐遲先生空空的書房裡,一如守著一個黃昏的空巢。徐遲先生是一個渴望未來、嚮往宇宙、夢想著去探索未知的領域的詩人。現在他遠行而去,先期進入了新世紀,進入了他生前津津樂道的第三個「一千年」。而對於我來說,彷彿二十世紀已經提前結束了。

在最哀傷的日子過去之後,我開始著手整理徐遲先生留下的許多文件、手稿和遺物。它們包括尚未最後編定的十二卷的文集和六卷譯文集,剛剛寫至六〇年代的回憶錄,已經譯了一半的荷馬史詩《伊利亞特》,以及許多尚在構思中的短篇文章的題目與提綱,還有一包又一包的各個年代的家書、文學書簡,一本又一本寫得密密麻麻的日記……

我知道，在今後很長的時間內——不，也許在我今後整個一生中，所有這些工作，都將成為我的事業和生命的一部分了。我應該盡我最大的努力，用我全部生命，來完成對於它們的整理和編輯工作。我相信，它們是屬於整個歷史的一部分，是屬於當代文學遺產的一部分，公正的時間與歷史會對它們作出相應的評定的。願徐遲先生的靈魂在遙遠而美麗的星際間得以安寧和自由。

一九九六年三月六日，徐遲致本書作者信函手跡。
其中第二頁上談到了他的回憶錄後半部分的初步構想。

卷
二

故園風雨錄

一

　　東苕溪出天目山之陽；西苕溪出天目山之陰。二溪會合於湖州，就改稱苕霅（zha）溪。這苕霅溪水，淙淙地流過天目山的餘脈；這湖州真是山水清遠的區域。諸山環繞，漸近漸伏，終於一大片平原展現在眼前了。循山流下，漸遠漸廣的溪水，注入了三萬六千頃廣袤的太湖。

　　這地區是文物精華之集中點，出過大詩人、大文豪、大藝術家、大書法家、大收藏家和音韻大師、大科學家。且不說別處了，光一個湖州府就出了曹不興、沈約、趙子昂、陸心源、劉翰怡、龐元濟、沈尹默、陸志韋、茅盾以及錢三強，更不必提起曾來擔任刺史、太守等官職的王羲之、王獻之、顏真卿、蘇東坡等等有名文人了。何等的文采風流，都在這苕霅溪山水的倒影之中……

　　這是徐遲在《江南小鎮》開篇所寫到的湖州。太湖之南的杭嘉湖平原，既是魚米之鄉，也是享譽全球的蠶絲織成的錦繡天堂。徐遲的家鄉，美麗的江南小鎮南潯，就在這湖州境內，太湖之陰，距太湖之濱最近處，不到二三公里的水路。

　　湖州尚且如此豐饒美麗，而南潯更使每一個湖州人引以為榮。它是湖州的明珠，人稱「鉅富之鎮」。其顯宦巨富多如牛毛，有「四象」（四大家族）、「八牯牛」（八大富戶）、「六十四隻老黃狗」（眾多的豪門財主）之說；而堆金積玉之中也不失書卷之氣，名聞全國的劉

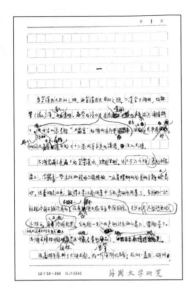

《江南小鎮》開篇一段初稿手跡。

氏嘉業堂藏書樓，就坐落在南潯鎮上，吸引著一代代文人墨客心儀萬分，不斷地前來拜訪。

而更美麗的是小鎮的山色水韻。苕溪之水，從湖州出來便呈扇形展開為七十多條小港，全部流入太湖。當溪水分流出來的最北邊的一股水經過南潯時，從西柵的一個水中柵欄流進小鎮，經過市河上三座高大的穹窿似的石橋，然後從東柵流出。出柵即出了浙江而進入鄰省江蘇了。

南潯鎮原來是坐落在江浙兩省省界上的一個水上小鎮，焉能不美？山因水而明亮，水出林而純潔。水中星月，小樓人家；橋影似虹，船舶如梭；無處不透亮，何處不生輝！再加上人傑地靈，淳風柔情……難怪徐遲要像串起一串珍珠似的，連用六十多個「水晶晶」的形容詞，來誇讚家鄉小鎮的稀世之美了。路易‧艾黎曾說，中國最美的縣城是湖南的鳳凰和福建的長汀。依我看，要說中國最美的小鎮，怕是只有這氤氳於迷漫的水氣之中、倒映在粼粼波光之下的南潯了。

一九一四年十月十五日，徐遲就出生在這小鎮上的一個具有近代意義上的教育實業家的家庭裡。他的曾祖父曾在紫禁城內、太和殿旁的軍機處行走，在總理衙門擔任過相當於內閣中書之職，專司向皇上條陳有關外交政策的奏章；祖父也是一時鄉賢俊彥，並有詩才，著有《植

八杉齋詩話》和《玉台詩稿》等著作；他的父親徐益彬（又署「一冰」）先生，曾留學於日本東京大森體操學校，追隨過孫中山，接受過空想社會主義思想，歸國後創辦了我國第一所現代體操學校和第一份現代體育刊物《體育雜誌》，因此堪稱為中國最早一代的、現代意義上的體育家。徐遲的整個童年和少年時代，以及青年時代的大部分時光，是在南潯小鎮上度過的。

南潯鎮上的明代建築興福橋。
徐遲三〇年代的詩中留下過它的虹影。

他的生命之船，是從江南小鎮啟航，經過了漫長曲折的人生之旅，而到達了那波瀾壯闊的海洋的。他的生命和心靈的歷程，幾乎也就是我們這個世紀的歷史風雲和生存狀態的縮影。《江南小鎮》所寫的，就是作為文學家的徐遲，回首話滄桑，追憶自己由出生到成長以至成熟的過程。是他的生活軌跡的追溯，更是他的心路歷程的探索與剖析。

把這樣的一部回憶錄，命名為《江南小鎮》，其用意當然不僅僅是因為江南小鎮是他生命的起點，是養育了他的家鄉，是他的童年、少年乃至青年時期的棲居地，而更重要的是，在江南小鎮上，他度過了自己人生道路上

徐遲的父親徐一冰先生。

徐遲的父親徐一冰先生親手創辦了南潯貧兒教養院，並出版過《南潯貧兒教養院五年刊》，內有一冰先生撰寫的〈自述四十五韻〉的長詩。

最有意義的「發展時期」，江南小鎮是他的靈魂的歸宿，生命中的憂傷而甜蜜的情結。小鎮上的苦難與歡樂，興盛與落寞，總是和外面的世界風雲的變幻連在一起的；徐遲的離開小鎮，回歸小鎮，又離開，再回歸⋯⋯也總是和他個人命運的周折、人生道路的選擇以及精神狀態的起伏息息相關的。他逃脫不了這個心靈上的故鄉。

這也使我想到福克納和他的家鄉小鎮奧克斯福德鎮的關係。要研究福克納，我們不能繞開他一生大部分時間所生活過的這個密西西比州的「像郵票一樣大的」南方小鎮；同樣，要瞭解徐遲，我們也得首先進入他的江南小鎮——南潯。

二

《江南小鎮》（作家出版社一九九三年三月初版）是一部大書。全書近六十萬字，僅是徐遲的回憶錄的前半部分，即一九一四至一九四九年間的經歷。整個回憶錄全部寫完，總字數將會超過一百萬字。它所涉及的歷史，正好是整個二十世紀的進程；它所寫到的人物，牽涉各界，僅開國以前，就寫到了有名有姓的四百多人了，可見規模之宏大。

幼年時的徐遲（中立者）與姐姐們和弟弟的合影。

　　歌德活了八十三歲。他在晚年曾與愛克曼談到：「我出生的時代對我是個大便利。當時發生了一系列震撼世界的大事，我活得很長，看到這類大事一直在接二連三地發生。……（對於這些事件）我都是一個活著的見證人。因此我所得到的經驗教訓和看法，是凡是現在出生的人都不可能得到的。他們只能從書本上學習上述那些世界大事，而那些書又是他們無法懂得的。」（見朱光潛譯《歌德談話錄》）

　　徐遲先生已過了八十歲生日，期頤瑞壽，直追歌德。而且像歌德一樣，他是我們這個時代的歷史的見證人。不僅是見證人，也是許多方面的參與者：戰爭、自由、愛情、革命、解放、和平、建設、動盪、浩劫、反思……而在這漫長、起伏的時代潮汐和歷史長河之中，徐遲也自有他的幻想與幻滅，以及再幻想和再幻滅……到了今天，到了晚年，當他拿起筆來，回眸自己背後的時光時，他自然就擁有了一切旁觀者和後來人都不可能得到的「經驗教訓和看法」。《江南小鎮》的首要意義，也正在於此。

　　既然已經提到了歌德，索性就再拿他的一部書來做一次參照。自然，我們不必狂妄到以歌德自比，但如果允許取其一端的話，我以為，徐遲的《江南小鎮》，其實也是一部不可多得的《詩與真》。《詩與真》中所具備的那些優點和特點，如深刻的自我解剖和坦誠的自我披瀝；對自己不同時期所承襲的文化遺產，以及所接受的前輩和同輩人的

豐富而複雜的影響的分析與揭櫫；對於不同階層、不同身份、不同領域的人物的理解與評價，尤其是對自己所熟稔的文藝界各種派別、各個具體人物的褒貶與臧否，其間自然滲透著個人的閱歷、識見和出自肺腑的愛憎……所有這些，可以說，《江南小鎮》也都具備，詩的激情和史學的眼光兼而有之。

歌德說過：「把人與其時代關係說明，指出整個情勢阻撓他到什麼程度，掖助他又到什麼地步，他怎樣從其中形成自己的世界觀和人生觀，以及作為藝術家、詩人或著作家又怎樣把它反映出來，似乎就是傳記的主要的任務。」作為一個時代的見證人和參與者，徐遲在追憶歷史時，首先想到的也是「真」的問題。

他曾談起過，在動筆寫《江南小鎮》之前，他曾和提倡「說真話」，主張「把心交給讀者」的巴金老人談過一次話。當時巴金就說到了，寫回憶錄能否做到坦率誠實？能不能像盧梭寫《懺悔錄》那樣無所不言？徐遲最後是接受了《懺悔錄》的寫法，並認定，寫作這部《江南小鎮》，也是他所做過的不少事情的「最後的懺悔機會」了。自然，也有好心的朋友勸過他，說是：回憶錄可以寫，懺悔則大可不必了。但徐遲最終所選擇的，仍然是徹底的「真」，用他自己的話說，就是：「既

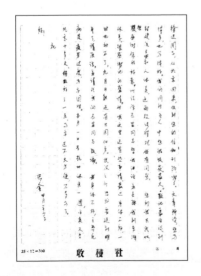

巴金致徐遲書信手跡。

然寫了，何必扭捏？如果這回憶錄的良機還不好好利用一回，來清洗自己，那就是永遠的遺恨……」

文心昭然之後，即付諸行動，條條框框和左忌右諱沒有了，反而能夠進入一種自由的、遊刃有餘的境界。超然物外，無所倔傾，有什麼就是什麼，是怎樣就怎樣，作者正好大顯身手。《懺悔錄》開篇所寫的那段話：「我現在要做一項既無先例，將來也不會有人仿效的艱巨工作。我要把一個人的真實面目赤裸裸地揭露在世人面前。這個人就是我。」其實也可以印在《江南小鎮》的首頁上的。

三

且讓我們舉出幾個「真」的事例來見識見識。只是不知道，假如我們自己也處於同樣的境地，而且也來寫一段回憶的散文，其中能有多少真話，能否做到對歷史負責。這對一個人的真誠與勇氣，可是個不小的考驗。

譬如對劉吶鷗、穆時英等曾經被列入「貳臣傳」的作家，很久以來已無人掛齒，許多屬於他們的同時代人的回憶中也避之惟恐不及。然而徐遲卻直言不諱地談到：「一九三四年的上半年，……我不時地到上海去，拜訪施蟄存、杜衡、葉靈鳳和當時最出風頭的新感覺派小說家穆時英和劉吶鷗。我對新感覺派也很感興趣，甚至有點兒著迷。」（《江南小鎮》第三部第七章）同時徐遲還說道，「劉吶鷗，這位臺灣籍的福建人，應當是中國新感覺派的頭頭兒。他的『眼睛吃霜淇淋』自然是不好的怪論，受到了批駁，但他的《都會風景線》實在是別樹一幟，開一代之新風尚的好作品……」

徐遲還就勢實事求是地分析道，正如黑嬰等等，是一半兒模仿、一半兒抄襲，可以說，都是得之於穆時英，而穆時英實際上卻是得之於劉吶鷗的，而劉吶鷗又是得之於日本小說家橫光利一的，而橫光利一也受有法國小說家保利·穆杭的一些影響。日本作家中，諾貝爾文學獎獲得者川端康成，原也是新感覺派，可見新感覺派也還出了有成就的作家的。不應一筆抹殺的。徐遲最後毫不諱飾地說：「那時我也嘗試過寫新

晚年的新月派詩人、翻譯家孫大雨先生。

感覺派的散文，在《婦人畫報》上發的散文就有點這個味兒。不過我沒有寫出能吸引讀者注意的新感覺派作品。到了我的晚年時期，我才寫出了一些有點兒影響的作品，其中我是用了一些新感覺派手法的。」

這樣秉筆直言，絕不是為了標榜門戶，而是告訴了文學史家一點真實的情況：三〇年代初期的徐遲，正是一個現代派、唯美主義乃至新感覺派都沾得上了一點邊兒的文學青年。

再如他對同時代一些人物的臧否。寫到孫大雨這位「新月」詩人、莎翁戲劇翻譯家時，徐遲一點也不隱晦自己對孫的觀感：「孫大雨……雖是一個很有學問的人，但其為人也，實在驕傲得過分。他目中無人，只他自己才是天下第一。他是莎士比亞專家，譯的一部《黎琊王》，在商務印書館出版，分上下兩冊。上冊是正文的譯文，下冊是注釋。這下冊旁徵博引，很有一番真功夫，是只有學院派皓首窮經才能寫出的。」然而也正是這位孫大雨先生，四〇年代由香港飛重慶時，「他穿了一件特製的長袍，其大無比，裝滿了他要帶到山城去出售的各種大小商品，因為飛機上不收旅客載重量的運費的。他帶得實在太多了，那副滑稽的樣子引起了機場上所有人的笑話。他卻岸然

孫大雨之墓。

不經為意，用漂亮的英語和海關人員申辯。……後來他到了重慶，果然賺了不少錢。」徐遲接著議論道，「可惜他這麼一個出色的莎士比亞專家，雖然自命不凡，實在也庸俗得出奇。但既然他還是有點學問的，我也還是在他的學問上對他很尊敬的。他的可笑之處還只能算是小節了吧。」（見於第四部第十八章）

　　不避名人、尊者之諱而如實寫來，使讀者從真實的歷史中咀嚼出一絲苦味。這略帶幽默的苦味既是對那些已成廣陵散或即將成為廣陵散的人與事的感傷，亦是對未來的人和未來的事的提醒與期待。孫大雨先生尚健在，如果也能看到這段有關他的文字，倘是豁達的智者，說不定會莞爾而笑，欣然允許了徐遲這坦率的「史記」的。

　　又如對袁水拍這個人，徐遲的書中多次寫到過他，「解剖」過他。他是徐遲四〇年代在香港結識的好友之一。他和徐遲、馮亦代三人自稱為「三劍客」，友誼之深，可想而知。四〇年代初，袁水拍已先於徐遲進入了由喬冠華作輔導的一個「馬克思主義讀書會」，可以說，袁是「三劍客」中最早靠近馬克思主義的人，接著他就想幫助引導徐遲。然而徐遲卻不能不坦率地回憶說：「他曾想幫助我，但不得法。他沒有能得到我的心。」其原因是，「他像推銷什麼商品似的把

那些書塞給我，他只能是一個很不高明的馬克思主義的推銷員。」結果是，「本來我給予郁風的崇敬之心，應該是給他的。但我給了郁風了。他們的背後，還有一個人也關心著我，並指點過人們怎麼來幫助我的，當然就是喬冠華了。」徐遲在這裡坦然承認，那真正引導他進入了被他稱為「奧伏赫變」似的「覺醒」的人，是女畫家郁風和喬冠華，而不是那寫過〈悲歌贈徐遲〉的詩篇的好友袁水拍。歌德的《浮士德》的結尾，曾這樣歌唱：「不可思議的，在此地完成，永恆的女性，引我們上升。」徐遲說：「我奉此為我的新生的銘言。」（見於第四部第十三、十四章）

　　像這樣的例子還很多，恕不一一列舉了。當作為「這代人」之一的這些個人的見證和「懺悔」，以最真實的面目呈現在世人面前時，不難想像，終有一天，它們就會引起關心這個時代的未來的歷史學家們的興趣的。他們所看到的，將是一段段「真」的歷史，一個個「活」的證人。難怪徐遲的老朋友，當年的「三劍客」之一的馮亦代先生，在讀了《江南小鎮》的部分章節後，要迫不及待地給徐遲寫信道：「我真佩服你的勇氣，能夠把自己整個兒身心，暴露在讀者的面前。……祝賀你，為你那個時代的小資產階級知識份子，立下了一個側面的塑像……」（一九九三年四月致徐遲的信）老作家李喬在讀了《江南小鎮》之後，也由衷地說道：「……您為自傳或回憶錄這項創作開拓了一個新天地。我讀書不多，看過的這一類作品大都有一個模式，只寫好，不寫壞，偶有涉及他人之處也很簡略。『為長者諱』，竟諱得什麼也沒有了，乾巴巴的，只有幾根無味的骨頭，缺乏時代風味，缺乏社會環境和家庭環境對他的影響，這樣的作品很感索然。《江南小鎮》突破了這框框，再現時代風雲，再現過去的生活，『我』的一切便真實可信了，有動人感，立體感，史詩感。我已『古井不波』，但讀到您父親逝世時，不禁潸然淚下。讀到『九一八』和『八一三』等戰事發生時，不禁憤慨不已。總之，這部書有強烈的藝術魅力……」（一九九一年七月二十一日致徐遲的信）

四

記得西蒙諾夫在寫他最後的那部著作《我這代人的見證》時，曾有過這樣的憂慮：當我們回憶往事時，我們會經不住誘惑，情不自禁地要把事情想像成這樣，即當時，三〇年代或者四〇年代你已知道你當時所不知道的事情，你已感覺到你當時所沒有感覺到的東西；而且情不自禁地要把你今天的思想和感情說成你當時的思想和感情，等等。因此，西蒙諾夫說：「我完全自覺地想同這種誘惑進行鬥爭。正是由於這個原因，而不是由於其他什麼形式主義的或神秘莫測的原因，我選用了這種有點奇特的形式來描述我們當代的人。」（《我這代人的見證》，崔松齡、何宏江等譯，世界知識出版社一九九二年版）

西蒙諾夫的這種憂慮，以及他最終為回憶錄選定的獨特的敘述方式，徐遲在寫《江南小鎮》時，也考慮到了。所以他為全書設立了兩個「敘述視角」：一個是展現回憶錄內容的敘述者「我」，他以主人公的身份充當著生活事件和歷史進程的參與者；另一個則是歷盡滄桑之後的老年的「我」，他居高臨下，回首前塵，知人論世，評衡清濁和是非，作為對前一個「我」的整個生命歷史和心路歷程的見證人與剖析者存在。當主人公沿著生命線逐漸成長，他所生存的環境也一一展現在世人面前時，另一個「我」則逆流而上，以一種晚年的平和和客觀的心靈，以一種足以穿透生活陰霾的歷史眼光，以一種具有了足夠的才、學、識、情的成熟的判斷力，一段段地評點著主人公在每一個時期的動作行止以及圍繞在主人公四周的人和事，分析著其中的前因後果和善惡是非。其在文字上的標誌，便是大量的出現在括弧裡以及散落在事件敘述過程中的那些段落和句子。限於篇幅，恕不一一舉例了。

徐遲的老朋友王元化先生，一開始讀《江南小鎮》時，就感覺到了這種獨特的形式。他在給徐遲的信上說道：「……我還沒有讀過這樣的自傳。它的境界、情調、氣質、敘述的口吻，乃至節奏，其中的小小的議論，都使我傾倒。文章不火氣，不做作，如汩汩的小溪，潺潺的流

徐迟

江南小鎮

《江南小鎮》是徐迟晚年傾力寫作的
一部大書。

泉，那樣從容不迫地緩緩地流著。純真如赤子，但又時時閃出飽經人世
滄桑的智慧……」（一九九三年六月二十一日致徐迟的信）王元化先生的
這段話是對徐迟的這種敘述方式的成功動用的最好的肯定。

有人曾經以文學上的價值論，來稱道歌德的長篇自傳《詩與真》，
認為在某種意義上，《詩與真》可以說本身就是一篇自傳性的文藝創
作，儘管在文藝形式上不同於也是歌德自我寫照的《浮士德》，但可
以說，歌德的《詩與真》有點像盧梭的晚年的《懺悔錄》，是用散文寫
成的詩篇。徐迟的《江南小鎮》實際上也是用散文的形式寫成的詩篇，
是一種「半詩半史的體裁」——畢竟是出自一位抒情詩人之手筆的回憶
錄，它除了給讀者以價值觀念上的教益和「史」的質實，更給了讀者以
藝術欣賞上的享受和「詩」的風韻。可以說，《江南小鎮》的文筆變化
多趣，根據不同情節的需要，有時議論風生，以理服人；有時情不自禁
而敞開胸懷，逸興遄飛，情思瀰漫，如田園牧歌，如小夜曲。而當寫到
他的幾次戀愛事件，寫到他的家鄉小鎮在即將和平解放的前夜裡，裡應
外合地做準備時，又使人覺得如同戲劇一般，既出人意外，然而又在情
理之中。和一般的沉悶、乾巴巴的回憶錄迥然相異，這《江南小鎮》是

完全可以作為一部引人入勝、文筆優美的文學作品來閱讀，來欣賞的。
這也正是它當初為什麼不是發表在《新文學史料》之類的刊物上，而是
發表在《收穫》上，而且《收穫》在分期連載它時，又是把它置於「長
篇小説」欄目下的原因吧。

愛樂人的舊夢

中國現代作家裡頭，真正懂音樂的人並不多，但愛樂者卻不少。徐遲可以算得上是一個既懂音樂又愛好音樂的人。雖然他總是自謙不是真懂，更不是什麼「音樂學家」，但他也樂於承認自己是一個「熱烈的，時而還是狂熱的音樂愛好者」。

二十世紀九〇年代裡，為了編選《徐遲文集》第七卷即音樂評論卷，我把他在一九三六至一九三八年間編寫和出版的三本關於音樂的書——《歌劇素描》、《樂曲與音樂家的故事》和《世界之名音樂家》都找到了，也通讀了一遍。可以說，他是我國現代較早的幾位把西洋音樂家及其作品介紹到國內來的作家之一，其情也可嘉，其功不可沒。正如同豐子愷早年的《音樂入門》等音樂書影響了徐遲對音樂的熱愛與迷戀一樣，徐遲的幾本談音樂的書，同樣也影響了後來的一代愛樂人。散文家何為就珍藏著一冊《歌劇素描》，並說這是對他產生過影響的書，上個世紀八〇年代他把這冊發黃的舊書轉贈給徐遲時，我看見，那上面寫滿了眉批，劃滿了不少欣悅的豎線。最近，著名愛樂人和樂話家辛豐年先生，也在《萬象》上撰文，說到自己多年來對徐遲的這幾本音樂散文書的尋找與牽念。

《歌劇素描》是一九三六年十一月由上海商務印書館出版的。徐遲在自序中說：「我感謝的是金克木先生。這是他提議的，他說『你應該寫一些音樂書，像豐子愷那樣的』。我說：『我不能寫，我只能抄，我又不能譯得像樣。』他說：『你抄，你可以抄，回頭你聲明一聲你是抄的就行了。』……後來他又俏皮地說：『乾脆，你也不用說抄，

你犯不著說抄，你可以說，你造書，因為你不是用中文抄中文，而是從英文抄成中文的。』」也就是說，這部《歌劇素描》是徐遲從英文編譯而成的。書中介紹了義大利歌劇界的十四位作曲家譜寫的主要歌劇以及他們的生平事蹟，如威爾第、湯瑪斯、古諾、奧芬巴哈、比才、龐切利、普契尼、鮑依託、來昂卡代洛、馬斯卡格尼和馬斯奈等。書的末尾，譯者還將所有較為著名的歌劇曲目專列了一個唱片索引，共有一百二十支曲子。編譯這樣一本書的目的，徐遲說，一方面是由於當時中國的音樂環境實在太可憐了，有關音樂入門或音樂家生涯的書非常稀少，應該去創造一個「讀書的音樂界」才是；另一方面，徐遲自己原本就是一個音樂的「酷愛者」，金克木當時就稱他為音樂的「半專家」，而《歌劇素描》的來源——奧林‧唐尼斯（Olin Downes）的《音樂的魅力》（ *The Lure of Music* ）一書，便是他平日時時翻閱的音樂著作之一。

與《歌劇素描》堪稱「姊妹篇」或「三部曲」的，是長沙商務印書館一九三七年十二月出

《歌劇素描》和《世界之名音樂家》書影。

版的《樂曲與音樂家的故事》和上海商務印書館一九三八年四月出版的《世界之名音樂家》。它們和《歌劇素描》一樣，也是徐遲先行翻譯然後重新編寫的。它們的風格也都是「輕倩的，故事的」，而不是「沉悶的，論文的」。編譯者也仍然基於這樣一種樸素的願望：「只希望吹吹口琴的青年們，知道他們吹奏的樂曲，是什麼什麼樣的。如果他們能知道他們奏的樂曲，不是口琴這貧弱的樂器所能表現萬一的，而肯拋棄口琴，練起真正的音樂樂器來，那麼，我高興極了。」（《歌劇素描・自序》）

青年時代的詩人金克木。

這三本書中，徐遲自己認為《世界之名音樂家》寫得最好。列入王雲五主編的「百科小叢書」的這本小書，從派萊斯特利那開始，寫了巴赫、韓德爾、海頓、莫札特、貝多芬、舒伯特、舒曼、蕭邦、李斯特、布拉姆斯、柴可夫斯基和白遼士等著名音樂家的創作與生活。徐遲在自序中明確地說出了這樣一個觀點：這本書的作用是「表明了從古典主義音樂到浪漫主義音樂的路線，表示了從純粹音樂到標題音樂的演進。而布拉姆斯剛好把

晚年的詩人金克木以比較文化學名世。

他的似古典主義又似浪漫主義，似純粹音樂又似標題音樂的身份來劃分了一個階段」。對處於當時音樂空氣極其稀薄的環境的中國愛樂者來說，這本書自然是「雪中送炭」而非「錦上添花」。正如後來辛豐年所評價的，「沒有一種『普樂』的熱忱，是寫不出那樣的文字的」。

編寫這三本書時的徐遲，也還只有二十來歲。但在對於「民族音樂」、「樂曲的大眾化」等問題上，他已經有了自己的主見和議論。且看這樣一段：

> 最近在雜誌上讀過幾篇講民族音樂的論文，彷彿一致主張了今日中國音樂的途徑，乃是力求樂曲的大眾化。這話我非常贊成。可是底下，他們說了什麼呢？他們說，即使樂曲是沒有和聲的，即使作曲者只懂簡譜不懂五線譜的，只要他們的樂曲能大眾化，他們的目的能達到，就走上今日中國音樂的正途了。這話我非常反對。我希望他們讀一讀蕭邦的《波蘭舞曲》和柴可夫斯基的《1812年序曲》，惟有真正的大眾音樂才能感人，惟有真正的大眾音樂才能大眾化。沒有和聲的，只有簡譜的大眾音樂（也許連音樂也談不上，只配說大眾歌）是效力極小的，但我們的大音樂家卻不知道有否這一點瞭解。

這段議論見於《樂曲與音樂家的故事》的自序。放在今天說，早就已經是非分明，不值一談了，但在二十世紀三〇年代這樣說，而且又出自一個二十來歲的愛樂者之口，卻是頗需一點勇氣和自信的。

一九四九年之後，曾有不少老朋友鼓動徐遲修訂這三本談音樂的書，音樂出版社也曾和他聯繫過。但那時徐遲已經忙於唱他的社會主義建設時期的「最強音」，忙於譜寫他的「共和國之歌」和謳歌「美麗，神奇，豐富」的生活，終於沒能來做這個修訂工作。這是頗為可惜的。但他仍然是一個忠誠的愛樂人，用他自己的話說，「我還是每天都離不開音樂的」。八〇年代他年近古稀時，又特意買回一部英國格洛芙斯爵士主編的《音樂和音樂家大辭典》。他說：「三〇年代時我讀過這部書，當時只有六大本，經過了半個世紀之後，它的新版本竟有二十大本

自序

編譯這本書的動機只是鑒於目前出版界關於世界之名作曲家的傳記尚無一部較有系統的著作明明知道這樣的書寫得好固是早現了這些作曲家的精神寫得壞卻是謀殺了這十幾位作曲家的生命所以明明知道這件難工作還努力勉手編譯了出來愛多芬的專家愛多芬的專家大家把各人的研究名半是由一個人編輯然後分頭去邀請派寄斯式利那的出版界裡各人這短傳記將來寫了出來更好的傳記出來的我只能算是一本一般的讀物並不能算一本標準的傳記是必要而產生的一定會有的時候還出那幾位作曲家來寫呢這會是我成到最困難的一傑問題呢從派寄斯式利那開始竟然可以不生問題了到那一位作曲家幾結束本當呢我問過朋友有的說到杜德西有的殺到伐格納結果我是從派寄斯式利那寫到了勃拉姆斯一共十六個重要作曲家這樣一來好處是表明了從古典主義音樂到浪漫主義音樂的路線表示了從純粹古樂到標題音樂的演進而勉

徐遲在三〇年代出版的《世界之名音樂家》「自序」之一頁。

之多了！經常讀一讀它，查查資料，應有盡有，興趣仍然是很濃的。看來，人的一生，走的都是圓圈了……」這當然都是後話了。

現在，《歌劇素描》等三本舊作都已經找到，但知道它們的人卻寥寥無幾了。據我所知，辛豐年先生曾幾次在他的談樂著作裡表達了對徐遲先生這三本小書的欣賞與讚美。我原想把它們全部收入《徐遲文集》的「音樂評論卷」裡，因為它們各自的價值都還沒有完全失去，也還有一些可紀念的意義。但與徐遲先生商量後，聽從了他的意見，只把後兩部悉數收入，而《歌劇素描》則只選入一篇〈歌劇〈卡門〉的作曲者比才〉，留做「鴻爪」，其餘則「一概藏拙」。

三本小書的部分或全部，構成了《徐遲文集》「音樂評論卷」的「上編」部分。這是一個愛音樂者的溫暖的舊夢。徐遲在為這一卷的新序中說道：「那是多麼遙遠的往日！回想起來，還很醉人的。居然寫了三本小書，還算全面的把西洋音樂家和作品介紹了來……」

歷盡滄桑的《美文集》

因為編選《徐遲文集》第六卷（文論卷）的需要，徐遲將他珍藏的一冊五十多年前由重慶美學出版社出版的《美文集》（一九四四年十一月初版）交給了我。這本書的扉頁上蓋著一個刻有「趙無極藏書」的圓形印章。

書是用黃色的土紙印刷的，三十二開本，豎排，毛邊，共一七四頁，另附八頁《美學圖書簡目》和《本社總經售古今出版社圖書簡目》（均屬廣告性質，卻為後來人留下了一份資料）。我奇怪於當時的又薄又粗糙的土紙，竟還如此柔韌耐翻，字跡也還是這麼清晰。倘是半個

一九四四年重慶美學出版社出版的《美文集》書影。

世紀前用白紙印行的出版物，到現在恐怕都已變脆變酥，不能翻動，一翻動就變成了碎片，紛紛墜地了。同樣是在徐遲那裡，我見到的他三〇年代用白紙編印的《新詩》等刊物，就遇到了這種麻煩，大有一觸即逝之勢。

美學出版社是一九四二年由袁水拍、馮亦代等人創辦的。徐遲在《江南小鎮》第四部第二十章裡回憶說：袁水拍到重慶後，又回到中國銀行，還在做信託部的工作。成立出版社之事，袁水拍和沈鏞都很有興趣，他們在城裡，湊起了一筆不小的資金。馮亦代（時任中央印製廠的副廠長）拍了胸脯，願意承擔所有的印刷任務。他們也要徐遲參加一份子。可是，「我哪有錢投資。他們非但不要我的錢，還要我當編輯，要給我一點編輯費。因為我正在玩弄一張美學的紙牌，他們同意了我的提議，用了美學出版社的名目。」

美學出版社成立之後，短短的時間裡便出版了袁水拍的彭斯詩集《向日葵》（內收詩人的名篇〈寄給頓河上的向日葵〉），夏衍改編的托爾斯泰的《復活》，馮亦代翻譯的海明威的《蝴蝶與坦克》、奧達茨的《千金之子》，于伶的劇本《杏花春雨江南》，夏衍的劇本《天上人間》、雜文集《邊鼓集》，袁水拍翻譯的詩集《我的心呀，在高原》，亦代水拍合譯的史坦培克等人的小說《金髮大姑娘》，柯靈改編的《飄》，黃宗江編譯的劇本集《春天的喜劇》，洪深的論著《戲的唸詞與詩的朗誦》，嚴文井的童話集《南南同鬍子伯伯》，止默（金克木）編著的《甘地論》，羅蓀的小說集《寂寞》、楊剛的小說集《在阿希龍河畔》、翻譯的傳記《林肯傳》，徐遲、袁水拍合譯的愛倫堡的小說《巴黎！巴黎！》，鄭安娜翻譯的小說集《風流雲散》等等。此外，還出版了馬耳（葉君健）、谷斯範、田漢、郭有光、孫師毅等人的著譯。這些作品集有的是列入了馮亦代主編的「海濱小集」叢書出版的。正是這一本本頗為嚴肅和經得起歲月的檢驗的書，才使得這美學出版社「很有樣子」了。而且「美學版」圖書還有一個特點，就是校對認真，很少發現有錯字的。徐遲說，這是與沈鏞的主持工作和他的把關嚴密分不開的。

徐遲自己在美學出版社出了三本書。第一本是《依利阿德選譯》，第二本書即是《美文集》，第三本書是他翻譯的《托爾斯泰散文集》，收錄了列夫‧托爾斯泰勸人戒煙、戒欲、戒饞的「怪文」三篇，即〈為什麼人要把自己弄到錯迷不醒〉、〈《克勞艾采奏鳴曲》後記〉和〈過良好生活的第一步〉。這本書到了一九八八年，又由湖南人民出版社再版了一次，改名為《托爾斯泰散文三篇》，編入了「散文譯叢」。一九九二年四月又由湖南文藝出版社重新出版，再次改名為《酒色與生命》。

《美文集》的封面是廖冰兄做的一幅彩色套印的木刻，刻的是一個少女跪坐在海濱，一手撫著一隻籃子，裡面裝著魚蝦和貝殼，沙灘上還有四隻貝殼和一條伸出玉腕的紫色海星，海水中遊動著自由的魚兒，藍天上飛翔著自由的海鷗……五十年後，徐遲仍然忍不住要讚美道：「這幅彩色木刻真是美極了！我一生出的書有五十種之多，編的書不在其內，卻沒有一本書的封面，能趕得上這一本之美。當時印刷非常之困

一九四四年美學出版社出版的《托爾斯泰散文集》書影。

一九四四年美學出版社出版的劇本《復活》（夏衍改編）書影。

徐遲四〇年代翻譯和出版的《托爾斯泰散文集》，
在八〇年代由湖南文藝出版社列入《散文譯叢》，
改名為《酒色與生命》再版。

難，紙張是很原始的土紙，但僅有這本書是三色版封面，線條是如此
優雅，設計得這麼富有匠心，非常高潔，色彩顯示得這麼明朗，『美
文集』三個字也寫得很有味道。至今我還感激廖冰兄的這麼美妙的協
作！」

　　附帶說一句，著名藏書家姜德明先生也藏有一冊初版的《美文
集》，有一年徐遲在北京為這冊書題字留念：「妄稱美學，愧對美文，
悔予少作，不勝惶惑之至。」這當然是徐遲的自謙之語。一九九九年，
姜先生把這本書的封面收入了他在三聯書店出版的《書衣百影・中國現
代書籍裝幀選》中，並言「我對廖冰兄為徐遲的《美文集》作的封面懷
有偏愛」。

　　《美文集》係馮亦代主編的「海濱小集」叢書第十一種。收入了
徐遲當時寫的散文、文藝評論以及翻譯共十五篇。如談藝術的〈藝術
與醫術〉、〈中國文字的音樂性的秘密〉、〈歌劇之為音〉、〈音樂之
為人〉、〈觀葉淺予個展有感〉；談詩歌的〈詩的元素與憲章〉、〈美
國詩歌的傳統〉、〈談比喻〉、〈關於被束縛的普羅米修士〉、〈論劇
詩與機關佈景〉等。另有一篇談羅曼・羅蘭的散文和四篇翻譯小說。

一九九二年六月十二日，徐遲在寫給《美文》雜誌主編賈平凹的一封「釋美文」的信上，這樣說到了《美文集》：「美文，是外來字，是法文Belle－Letters的譯名。字典上說是『有關於具有美學價值，不一定具有教義或宣傳內容的文學。……』按嚴格的要求，《美文集》不合乎美文的要求。但天下哪有這種絕對的事呢？……我是在出版《美文集》四十九年之後才大體弄清楚了什麼是『美文』的呢。」

茨威格曾將自己的回憶錄題名為《昨天的世界》。《美文集》自然也可以說是「昨天的書」了。一本書有一本書的回憶，一個時代也總是由某一些人和某一些書構成的。《美文集》連同出版它的重慶美學出版社，自然也就成了我們窺探四〇年代的文藝出版的一個小小的視窗了。

我曾經在一篇文字裡寫到過，凡是有思想、有分量的書，都必然具有一種天賦的悲劇氣質，它們的品性決定了它們的命運。因為富有思想，並且具有散播思想的力量，它們將會無一例外地直接招致獨裁者、專制者、愚昧者乃至神權、王權的毀害。《美文集》就是一個例子。戰爭的炮火和時間的煙塵，最終沒有毀壞這冊舊書，可是，到了十年浩劫之時，這冊舊書卻未能躲過這場災難。它的許多書頁上被「審查者」畫上了一條條粗暴的黑線，甚至還寫下了一段段愚蠢的和粗蠻的批語。而且關於羅曼・羅蘭那幾頁，不知道專制者是出於仇恨還是因為懼怕，總之是被粗暴地給割裁掉了，也可能是被兇狠地撕去了，撕成了碎片。但是他們沒有想到，割裁和撕毀了一冊小小的《美文集》，怎能夠使羅曼・羅蘭的名字從世界上消失？「野火燒不盡，春風吹又生。」思想者留在書頁裡的思想，正如播種者播撒在大地上的種子，只要還有春風吹拂，那無限的生機，誰能絞殺和遏止！當劫波度盡，大地回春，「被侮辱與被損害的」《美文集》，重新回到了溫暖的人間。只是，它已經帶著滿身的創傷，足以成為一段苦難而荒唐的歷史的見證了。

九〇年代初，我想方設法，通過西安的一位現代文學愛好者、已故藏書家梁永先生的女兒鍾光珞教授，終於又找到了一本完整的《美文集》，複製出了那被割裁去的幾頁，補入徐遲先生的那本殘書，

使之成為「完璧」。然則留在書頁中的歷史的創痍、思想的傷痛，卻是永遠也抹不掉的。不禁想起了一首舊歌：「遙遙天涯邊，芳草知幾株……」

雖非史詩，亦似詩史

自一九三二年五月，徐遲在燕京大學的校刊《燕大月刊》上發表了處女作〈開演以前〉，他的創作活動已逾六十年了。

從一九八九年開始，已近耄耋高壽的徐遲，正在進行一項浩大的創作工程：每天以三千到五千字的速度，把十二卷本的《徐遲文集》輸入電腦，保存在軟碟上。他說：「我所做的這個事本來是不需要我自己做的，不過我自己做了才知道，這樣的工作，早該由圖書館來做好的，不必要我們自己來動手。」到目前為止，他已完成了詩歌卷一、小說卷二、報告文學卷三和遊記卷四。四卷文集，已由長江文藝出版社於一九九三年四月先行隆重出版了，其裝幀十分考究。

與此同時，他的自傳體長篇小說《江南小鎮》的前五部，近六十萬字，也用電腦寫完，先陸續發表在上海的《收穫》雙月刊上，後由作家

一九三六年，徐遲與詩人戴望舒在上海的合影。

出版社於一九九三年三月出版了單行本。前五部僅寫到了他建國以前的人生經歷。整個自傳完成後將超過一百萬字。

不過，老作家不是用筆，而是仍然「用彩色光在螢幕上寫作」。對此他不無自豪地說：「就在我感情激動地敲著電腦鍵盤之時，它以接近於光速的速度，將我的思想感情顯示在螢幕上。」他進而還想到，我國的圖書館似手至今還沒有開始大規模地應用電子電腦來管理圖書、保存資料和提供資訊，或建立大規模的電腦聯網的規劃。他的工作，或許可以起到一點「呼籲」的作用。

十二卷本《徐遲文集》的首卷是詩歌卷。由詩人六十年間創作出版的，而今天又能夠找得到的全部詩集和集外詩稿以及未發表過的手稿構成。計有：

《二十歲人》（一九三六年）

《明麗之歌》（一九三七年）

《最強音》（一九四二年）

《一代一代又一代》（長詩，一九四二年）

《戰爭，和平，進步》（一九五六年）

《美麗，神奇，豐富》（一九五七年）

《共和國之歌》（一九五八年）

集外詩稿中則有一九五九年創作的大型組詩〈祖國頌〉，一九八五年所作〈輓陳松〉等。〈輓陳松〉為詩歌卷的「壓卷之作」，是我們目前所能見到的徐遲的最近的詩章了。

這一卷詩，幾乎囊括了本世紀所發生的所有生活的煙雲：愛情、自由、革命、戰爭、解放、和平、建設、動盪、反思等等。按從頭至尾的順序讀完全書，我們大致可以看見這個世紀的發展脈絡和中國歷史的潮汐起落，以及所有這一切，在一個中國知識份子的心靈中所投下的影像。而對於徐遲個人來說，這部書又是他的最具體的「心靈史」，是他的生活軌跡和精神歷程的最真實的記錄。用徐遲自己的話來說，它們「雖非史詩，亦似詩史，是一部小小的詩史。」

乃有得色，重編舊作，將一生的作品編年整理，在徐遲的晚年，這無異於是在「追憶逝水年華」。「我有我的幻想，也有我的幻滅，以及我的再幻想，以及我的再幻滅。最後是一些悼詩，展示了一個時代的老去和一個新的時代的誕生出來。」（〈《二十歲人》新序〉）

在這些詩歌編入《徐遲文集》卷一之前，長江文藝出版社曾先以《徐遲詩選（試驗版）》的書名印行了一次。其所以還稱之為「試驗版」者，我以為至少有兩個原因：

一是這部詩選一改中國新詩向來分行排列句子的形式，每首詩都不分行而連書了。對此徐遲有他自己的理論。他認為，我國古詩是從來不分行的，《詩經》和《離騷》，李白或杜甫都不要求分行，不要求把自己的詩放進較大的空間裡去，而寧可肩挨肩地擠在一起，有很高的密度，反而光芒四射。他還認為，只要是「詩」，分不分行，都無損於詩意與詩情。他自信，他把本應分行的詩連書，成了散文的排列形式，不過是對「傳統」的一個小小的試驗罷了，恢復傳統，有時

徐遲詩歌手跡之一。

固屬倒退，有時則又是復興。但有不少人對他的這種別出心裁的「復興」表示不以為然，包括他的朋友、老詩人曾卓先生。年輕一代的如我輩者，也曾向他表示過不理解。對此，他在給我的一封信上這樣說道：「……有些文學上的問題，絕對的歡迎提出意見。我想和你和曾卓談談詩不分行問題，大致可以說兩句話：詩並不好而分行則冤枉；詩好而又可不分行（不影響）則甚妙也……」

稱這部詩選為「試驗版」的第二個原因是，雖然詩人自己用了幾年的時間四方查閱搜求，潛心遴選、鑒別和編輯，但仍不完備，一些早年間的詩作，尤其是一些因歲月漫長而佚失了重要作品如長詩、詩劇等，還有待於鉤沉和尋找，以便使它們「歸隊入列」；另一些業已入選的篇什，也許還會有人覺得不必選入的，聽取意見之後，有可能就請它們「出列」的。

有必要補一筆的是，這部「試驗版」的《徐遲詩選》，是由長江文藝出版社一九九二年四月作為「追求散文詩叢書」之一種印行的，印數總共才一千五百冊。

「趙丹肥胖徐遲瘦」

徐遲在《江南小鎮》第四部第二十四章裡寫到了這樣一件事：一九四四年十月十九日，重慶文化界舉行魯迅先生逝世九周年祭，柳亞子是參加者之一，並留下了一首《古風》紀此事。柳詩小序中還說明了與會人員有許壽裳、葉聖陶、郭沫若、曹靖華、馮雪峰、舒舍予、徐遲、趙丹、周恩來、馮玉祥、邵力子等五百餘人。詩中對這些知名人物都有精彩的評述。如「朗誦歡呼千掌雷，趙丹肥胖徐遲瘦」兩句，便是對徐遲在會上朗誦魯迅先生名篇〈狂人日記〉的記載。徐遲說：「這次紀念大會，沒想到竟留下柳亞子先生的古詩，居然其中還有三個字是說到了我的，不勝光榮之至。」

由柳亞子的這一首古風，而不禁想到他的另一些關於吟新文壇的詩詞。亞子先生的古詩寫得好，也寫得多。我還覺得，他寫起文化界的人與事來，似又特別拿手。據說柳亞子早期就有一部專門謳歌左翼作家的詩集，取名《左袒集》，惜未見到。但五〇年代的《新觀察》上曾發表過他的一組〈新文壇雜詠〉，則已輾轉讀到了。又據說，這其實就是當年的《左袒集》的一部分。〈新文壇雜詠〉詩共十首，謳歌了魯迅、田漢、郭沫若、蔣光慈、茅盾、華漢、葉聖陶、陳勺水、謝婉瑩、丁玲等十位作家。其中寫魯迅先生的一首是：「逐臭趨炎苦未休，能標叛幟即千秋。稽山一老終堪念，牛酪何人為汝謀？」「牛酪」云云，當然使人聯想到魯迅先生說過的「牛吃的是草，擠出來的是血和奶」的話來；寫郭沫若的一首是：「太原公子自無雙，戎馬經年氣未降。甲骨青銅餘事耳，驚看造詣敵羅王。」「羅王」指國學大師羅振玉、王國維。柳亞

子視郭的學問造詣直逼羅、王，而且他所從事的甲骨、青銅的研究，也只不過是他「戎馬經年」之「餘事」；寫茅盾的一首是：「篝火狐鳴陳勝王，偶經點綴不尋常。流傳萬口《虹》與《蝕》，我意還輸《大澤鄉》。」加了書名號的都是茅公的作品，柳亞子這裡所寫的，其實已經是一種文學評論了。再看一首寫丁玲的：「人言徐淑過秦嘉，但論文章語未差。檢點情場哀豔劇，重呼韋護淚如麻。」其時胡也頻已遇難，丁玲處境也十分艱危，柳亞子先生對此表示了深切的關注。

　　看柳亞子的《磨劍室詩詞集》（見《柳亞子文集》，上海人民出版社一九八七年十二月第一版），會發現許多諸如此類的關於革命作家的人與書的篇章。如〈讀蔣光慈所著說部名〈野祭〉者，感其哀豔，即題一絕〉（一九二八年），〈南國一首，為田壽昌作也〉（一九三一年），〈讀文藝新聞追悼號感賦〉（一九三一年）等。一九三一年，當「左聯」五烈士在龍華遇害後，柳亞子義憤填膺，奮筆而作〈存歿口號五絕

四〇年代裏，徐遲在一個紀念會上朗誦魯迅作品。

句〉，每首詩都寫一生一歿兩人，五首共寫了十位革命作家，旗幟鮮明地表明瞭自己的「左袒」心跡。毫無疑問，柳亞子先生的這些寫於不同年代的關於新文壇的歌吟，也為我們的文學史保留了一些可供尋繹的史料和不可多得的談資，頗值有心人鉤沉爬梳一番的。

雅典娜女神的召引

相傳在古代希臘，在偉大的英雄帕琉斯的婚禮上，因為沒有邀請「不和女神」厄里斯，她便悄悄來到席間，擲出一個「不和的金蘋果」，上面寫著：獻給最美麗的女神。赫拉、雅典娜和阿弗洛狄特這三位女神果然爭奪起這個可怕的金蘋果來了，而且不約而同地都向席間最英俊的美男子、作為評判員的特洛亞王子帕里斯行起了賄賂。天後赫拉許以權勢；智慧女神雅典娜許以聰明才智；而愛神阿弗洛狄特則答應帕里斯，要為他娶一個美貌的女子。作為回報，愛神果然把斯巴達的皇后、傾國傾城的美女海倫擄去，送給了帕里斯。結果，希臘各部落頓怒，大軍雲集，並且公推阿谷斯國王阿伽門農和海倫的丈夫、斯巴達國王墨涅勞斯為首領，聯合攻打特洛亞城。戰爭進行了十年之久，而眾神各助一方。最後，希臘人施用「木馬計」裡應外合，終於征服了特洛亞人……

從那時起，這個古老的英雄傳說《伊利亞特》，便在小亞細亞人的口頭上流播唱誦，大約經過了千年之久。到了紀元前六世紀，一位名為荷馬的盲詩人，才把這個口頭遊唱的英雄故事較為完整地記錄了下來，並和他的另一部名為《奧德賽》的史詩一起，源遠流長地保存到了今天。這便是人們通常所說的「荷馬史詩」。

荷馬史詩是世界文學寶庫中最早的名著和巨著之一。說它是名著，是因為它的原文精美絕倫，無可比擬；說它是巨著，因為它長達二十四卷，一萬六千行，堪稱史詩之最。

一九四二年，二十八歲的青年詩人徐遲，從香港來到重慶。鬧市弦歌，他在歌樂山大天池旁邊的一個叫蒙子樹的小村裡，借住了一年的時間。蒙子樹是個很漂亮的小村，徐遲當時曾一再向朋友們誇耀過這地方的田園之美：前面是斑竹林，左邊是白楊灣，後面是大天池。茂林修竹，清流映帶，而且他所住的農房門口還有個乾淨的打穀場，場外是一塊疏密勻稱的林中空地，還有零星的山石點綴其間。徐遲住在這鄉間，完成了自己後來頗為得意的兩件事：一是寫出了一本被戴望舒命名為《詩的誕生》的書，全書分四個部分：詩的元素與憲章；抒情詩論；從民謠到敘事詩、史詩；論劇詩與機關佈景。第二件事是他在這裡完成了中國文學翻譯史上的一個創舉：首次用漢語詩體的形式翻譯了荷馬史詩之一的《伊利亞特》。

　　當時，金克木正在印度留學，徐遲請他幫助，買到了希臘文的《新約聖經初級課本》。徐遲又找到了精通希臘文、翻譯過《古希臘史》的繆靈珠教授，拜他為師，學習希臘文。同時，徐遲又從重慶的舊書店裡買到了希英對照的《伊利亞特》和《奧德賽》、劍橋版希英對照的集注本《愛斯庫羅斯悲劇全集》，以及荷馬史詩的另外幾個英譯本，如查潑曼、蒲伯和安特烈・蘭格的譯本。當時，「三劍客」之一的袁水拍還為徐遲借來了牛津版的《希臘詩選》，其中有三十多段荷馬史詩的精彩片斷。就這樣，二十八歲的徐遲開始了試譯這部史詩的工作，用他自己的話說，「一譯上手，味道是太好了，就像嚐到了禁果一樣，再也丟不下了」。

　　他一共譯了七百多行、十五個片斷，採用的是無韻素體詩即西方所謂Blank Verse的形式作為中譯本的格律。這種形式，是二三〇年代的新月派詩人如聞一多、徐志摩、陳夢家等都曾嘗試過的格律詩體。卞之琳也曾用這種形式譯過莎士比亞的詩劇。一九四三年，徐遲的這部譯作以《依利阿德選譯》的書名，在美學出版社出版了。書的封面圖案，選用了一幅希臘雕刻荷馬半身像，書名由郭沫若題寫。除了十五段譯詩外，徐遲還利用萊辛的《拉奧孔》中所提供的材料，寫了兩萬多字的譯注，同時還參考穆萊的《史詩之興起》，闡述了一些關於史詩的看法。

這本書篇幅雖然很小，卻是直到二十世紀九〇年代初為止，我國的第一本用詩體翻譯荷馬史詩的譯本。原有的傅東華和楊憲益的譯本，都是散文體的。徐遲一向是推崇史詩（Epic）的，這本譯作在某種程度上也圓了他的史詩夢。一九四四年這個譯本又在上海群益出版社再版了一次。如今，國內大概只有上海圖書館裡，還保存著一冊「群益版」的譯本。

歲月悠悠。半個世紀之後，即一九九二年初夏，好像原本就有某種因果聯繫，又彷彿是智慧女神神秘的召引，已經七十八歲高齡的徐遲，受命率領一個中國作家代表團，來到了英雄史詩誕生的地方──雅典。

一放下行李，他便迫不及待地走出奧林匹克皇宮飯店，站到了愛奧尼亞海和愛琴海明媚的陽光之下。希臘的陽光，是真正的產生榮耀萬里的太陽神、宙斯之子阿波羅的陽光；那藍得透明的海水，也是真正的產生那位手執三叉戟的、威嚴的海神波塞冬的海水。還有這裡的風，也是風神愛依俄勒斯出巡時駕馭的長風。

年老的中國詩人，對這裡的一切似乎是那麼熟稔，彷彿是一種前世回憶，記憶猶新，如癡如醉。他情不自禁地對陪同他的希臘作家協會的秘書長約蘭妲小姐和一位希臘美女詩人瑪露說：「我做過一個夢，一個很長很長的夢，做了整整五十年！現在我從這個夢中醒了過來，我發現我就坐在你們中間……」同時，他把自己從祖國帶來的、半個世紀前他

「我做了那個希臘的夢至少也有五十年了……」一九九二年，徐遲在雅典波塞冬海神廟廢墟前。

所翻譯的那個《依利阿德選譯》的再版本，贈送給了雅典國家圖書館，了卻了此生的一樁夙願。

第二天，他便登上古老的衛城山，在石柱林立的廢墟間，開始了他的漫步和沉思。他來到衛城的花崗岩小山的山頂，拜訪了智慧女神雅典娜的貞女廟（萬神廟）。他像一位年老的而又無限鍾情的騎士，拜倒在智慧女神的腳下。他是在祈望智慧女神，重新點燃起他的詩歌靈感的火花嗎？海風吹著他那蕭蕭的白髮……他又來到台爾菲城堡，拜訪了太陽神阿波羅廟。他看到了四周的山谷間那火焰般的、鋪天蓋地的野生的紅罌粟。而在海神廟前，他感到，那宏偉的大理石雕建築，獨立山崖，面對蒼茫的大海，迎著陣陣巨風，雖然已顯得頹敗了一些，但蒼老中仍然透出一片矍鑠的精神。在這裡，他雖然沒有會到那威嚴的老海神波塞冬，但他卻飽覽了愛琴海明麗的風光，感到了那不朽的大理石雕塑的貞潔與肅穆。

在這石柱林立的廢墟上，在這古老的海洋上的風濤聲裡，他彷彿是一下子又回到了自己精神的故園。他的頭腦裡，忽然間閃出一星衝動的火花：為什麼不把那部偉大的史詩重新翻譯出來呢？它可是自己青年時代起就鍾情的巨著呢！偌大一個東方古文明之國，豈可以沒有一本西方古文明的史詩？

這個念頭一旦閃過，他竟毫不猶豫就決定了下來。他當然知道，面對長達二十四卷、一萬六千行的史詩，要重新全譯出來，這在他的餘

一九九二年，徐遲訪問希臘，在雅典萬神廟的廢墟前。

生，無異於一次艱難的長途飛行，一次奧林匹斯山的登攀。要完成它，不僅需要藝術和學術上的雙重功力，還需要相當的時間和體力！這意味著，從此他將放棄其他的寫作計畫，他將放棄一切旅行和別的活動，而與時間賽跑，與生命賽跑。

主意已定，他在當天下午就走進了雅典的書店。他把身邊僅有的一點外幣全部用於購買了《伊利亞特》的幾種譯本。他抑制不住內心的激動，對陪他一起購書的人說：「我終於發現，我是一個真正的愛希臘者，巴不得為她做一點什麼事。等著吧，等我的全譯本出來，就把它獻給希臘，獻給這個古老的國家。當然，也獻給雅典的美人：瑪露。」這最後一句話當然是玩笑，卻也使人感到，一位年老的詩人的新的創造的激情與浪漫的火花，真的被雅典娜女神點燃了。

在希臘，他和雅典的詩人們度過了異常愉快的八天時間。八天之後，他攜帶著一箱《伊利亞特》的各種譯本，經法蘭克福換上了飛回祖國的班機。

當他回到武漢東湖邊的寓所，便迫不及待地坐到了那台已經完成了五卷自傳和四卷文集的電腦面前。他輕輕地敲著鍵盤，只一瞬間，彩色的螢幕上便出現了這樣的幾行文字：

古希臘　荷馬史詩
依利阿德　六步體長短短格　中譯本
中譯者　徐遲
獻給希臘國家作家協會

這是一項浩大的文學工程的莊嚴的「奠基禮」。三個月後，他打電話告訴我說：「已經開始了！感覺非常好，比預想的還要順利⋯⋯」半年後，他很有信心地說：「計畫分四個階段完成譯作。已經譯出了第一階段的六章，原詩三千七百九十九行，譯詩三千八百四十四行，還寫了篇一萬多字的譯序⋯⋯」這是一個令人振奮和值得期待的訊息：一部世界文學名著的新譯本，即將誕生。他採用的是希臘傳統詩歌形式中的一種叫「六步體長短短格」（Dactyllic Hexameter）的格律，一萬六千行詩歌

從頭到尾都將整整齊齊，頗有一種莊重肅嚴的「建築美」。這在相當的程度上增加了譯者的難度，是「戴著鐐銬跳舞」，但同時也應了歌德的那句話：只有在限制中才顯出自由的身手。

這個譯本如果能夠完成，該是一位已近耄耋之年的中國詩人，最後地拋給這個世界的一個金蘋果。因為，我們從他自己修訂的著譯年表中，看到了這樣一行醒目的文字：一九九四年，希臘史詩完成，從茲封筆。

然而，他最終沒能完成這部史詩的翻譯。僅僅兩年之後——一九九六年十二月十二日，他就像追日的夸父，倒在了生命的暘谷之中；又如化蝶的莊周，在冥冥中到達了虛靜的天街，在那裡作形而上的思索去了……。荷馬史詩，也像他的半部《江南小鎮》一樣，成了他的又一個「未完成的永恆證」。

九〇年代初，徐遲在武漢東湖路寓所裏開始用電腦寫作。

《瓦爾登湖》的魅力

一八四五年七月四日，美國獨立日的當天，二十八歲的亨利·大衛·梭羅，毅然離開了喧囂的城市，搬進了離波士頓不遠的一個小湖——瓦爾登湖畔的一棟他親手蓋起來的小木屋裡，宣告了他個人的生活與精神上的「獨立」。小木屋裡只有寥寥可數的幾件簡單的傢俱。他在湖邊種豆、打獵、伐木、收穫，也在湖邊傾聽、觀察、沉思、夢想。

並不是刻意要過一種消極遁世的隱士生活。不，他只是在這裡進行一種人生實驗——簡化生活、回歸自然的實驗。他尋求孤獨，自得其樂。他把自己的觀察所得以及他的思索和感想都記錄了下來，從中分析

《瓦爾登湖》作者亨利·梭羅。

和研究出大自然所給予他的啟示與經驗。他的目的是為了更好地去運用生命，熱愛人生。

他在美麗的瓦爾登湖畔獨立生活了兩年半的時間。當他認為他已達到了自己的目的時，他就走出了林子，重新回到了城市。以後他又花了幾年的時間整理那些筆記。九年後，即一八五四年，他的《瓦爾登湖》出版問世。

這本書是梭羅的人生哲學和文學才華的集中體現，情理並茂，引人入勝，而精闢警句令人拍案叫絕。隨著時間的推移，不僅《瓦爾登湖》這本書的影響越來越大，已經被公認為是美國文學中的一部獨一無二的散文名著，而且瓦爾登這個以前乏人問津的林中小湖，也越來越顯示出它的聖潔與魅力，慕名而來的朝拜者也終年不絕。有位去過瓦爾登湖的作家這樣描繪道：「……小湖被精心地保持著當年寧謐靜穆的自然本色，任其落葉滿地、黃花堆積，年年的枯枝敗葉又被吸收到來年的『木欣欣以向榮』中。林間小路上時而傳來清脆馬蹄聲，水波不興的湖面下隱約可見遊魚蹤影，垂釣者泰然自得。日照風吹鳥鳴魚游馬走人沉思——前工業化的美國似乎被留下一片，保存在此，專供後人思古懷幽。」

一九四九年夏天，全國解放前夕，詩人徐遲正在他的家鄉，美麗的江南小鎮南潯，從事他的教育實驗。這年暑假，應他的老朋友馮亦代鄭安娜夫婦以及費正清先生之約，他答應為他們正在組織編輯的一套「美國文學叢書」翻譯《瓦爾登湖》（當時譯為《華爾騰》）。這套叢書由鄭振鐸主編，趙家璧出版，包括有高寒（即楚圖南）譯的惠特曼，馮亦代譯的《美國現代文學概況》等。

但《瓦爾登湖》卻是一本怪書。用徐遲的話說：「這是一本寂寞的書，恬靜的書，智慧的書。其分析生活，批判習俗，有獨到處，但頗有一些難懂的地方。」梭羅自己也曾多次在書中寫道：「請原諒我說話晦澀。」這樣的一本書，它的深奧、晦澀、精闢的特點，也決定了它的翻譯起來的艱難程度。譬如開篇的〈經濟篇〉，徐遲就覺得，這好像是梭羅在故意地難難人家，難難譯者，也難難讀者的。好像一開頭就想要讓人們知難而退似的，凡是一開頭就讀不進去的讀者，便是梭羅故意地

一九四九年三月「晨光版」
《華爾騰》書影。

把他排斥出去的，有意地把這一部分人推到人世最美的文字之外去的，
他用這種方式來為自己的書選擇真正鍾情的、耐心的讀者。而從第二篇
〈我生活的地方；我為何生活〉開始，則漸入佳境，越到後來，越是精
彩，可以說是「句句驚人，字字閃光，沁人肺腑，動人衷腸」的。

　　那年整個夏天，徐遲就沉浸在這《瓦爾登湖》裡，時而吟誦，時
而疾書。白天裡讀不進去的地方，到了黃昏以後，心情漸漸恬靜了，再
讀它，則忽然又覺得頗為有味；及至夜深人靜、萬籟無聲之時，細讀起
來，竟發現它原來是那麼清澄明朗，似聞其聲，如臨其境了。

　　且讓我們隨便地翻開幾頁，引出幾段來看看吧。自然，這譯文之
美，還應該歸功於我們的抒情詩人的傳神的手筆——

　　　　雖然從我的門口望出去，風景範圍更狹隘，我卻一點不覺得
　　它擁擠，更無被囚禁的感受，盡夠我的想像力在那裡遊牧的了。
　　矮橡樹叢生的高原升起在對岸，一直向西去的大平原和韃靼式的
　　草原伸展開去，給所有的流浪人一個廣闊的天地。當達摩達拉的
　　牛羊群需要更大的新牧場時，他說過：「再沒有比自由地欣賞廣
　　闊的地平線的人更快活的人。」

時間和地點都已變換，我生活在更靠近宇宙中的這些部分，更挨近了歷史中最吸引我的那些時代。我生活的地方遙遠得跟天文家每晚觀察的太空一樣。我慣於幻想，在天體的更遠更僻的一角，有著更稀罕、更愉快的地方，在仙後星座的椅子形狀的後面，遠遠地離了囂鬧和騷擾。我發現我的房屋位置正是這樣一個遁隱之處，它是終古常新的沒有受到污染的宇宙的一部分……

——〈我生活的地方〉

　　下面這一段，則是徐遲隨手翻開的一頁中的文字。他的意思也是要作為樣品展覽一下，藉以顯示，全書的每一頁，都是如此動人的——

　　從暴風雪和冬天轉換到晴朗而柔和的天氣，比諸從黑暗而遲緩的時辰轉換到光亮而有彈性的時刻，比較起來，這是一切事物都在宣告著，很值得紀念的重大突變。最後似乎是，突如其來，突然地注入的光明充滿了我的屋子，雖然，那時已將近黃昏了，而且冬天的灰雲還佈滿天空，雨雪之後的水珠還從簷上落下來。我從窗口望出去，瞧！昨天是灰色寒冰的地方，橫陳著湖的透明的皓體，已經像一個夏日的傍晚的平靜，充滿了希望，在它的胸懷上反映了一個夏季的夕陽天。雖然上午還看不到這樣的雲彩，但它彷彿在和一個遙遠的無望的心，心心相印了。我聽到有一隻知更鳥在遠處叫，我想，我好像有幾千年沒有聽到它了，雖然它的音樂是再過幾千年我也決不會忘記的。它還是那樣地甜蜜而有力量，像過去的歌聲一樣。啊，黃昏的知更鳥……

——〈春天〉

　　《瓦爾登湖》的最後一篇是《結束語》，尤其精彩，幾乎每一句都是閃光的警句，令人不忍稍釋。徐遲是這樣翻譯出那最後的幾行文字的：「……使我們失去視覺的一種光明，對於我們是黑暗。只有那樣的一天的天亮了，我們才睜開眼睛醒過來。天亮的日子多著呢。太陽不過是一個曉星。」

　　一九四九年十月，上海晨光出版公司以《華爾騰》的書名，出版了徐遲的譯本。這個譯本問世迄今，一晃有五十多年了。詩人常常懷念起自己的這部譯作。一九八二年，當他年近古稀的時候，他又忍不住花了很大的功夫，對全書進行了重新校譯，並把書名正式譯定為《瓦爾登湖》，然後交上海譯文出版社再版了。我國的知識界和少數讀者對於梭羅和瓦爾登湖的瞭解，大都通過這個譯本。而對於更多的讀者來說，《瓦爾登湖》的精彩與美妙，則是無處得以領略的。或者說，還是相當陌生的。有不少人在詢問、尋找這本書。我想，他們是真的需要這本書。我曾就這個問題請教過徐遲，他微微一笑道：「這很正常。物質越豐富，梭羅的名聲也隨著他所厭惡的物質而增長。」

　　或問：梭羅所提倡的簡化生活、甘於清貧在今天到底有著多大的意義？他從回歸自然的生活實驗中所發現的人生真諦，所認定的生命之路，到底行不行得通呢？

　　這的確是一個社會學的、哲學的而非僅僅是文學的問題。根據他在〈經濟篇〉中所列的幾份明細的帳單（其數目精確到了小數點後三位數）看，他得出的結論是，如果一個人能滿足於基本的生活所需，其實是可以更從容、更充分地享受人生的。而事實上是，人們終日惶惶不安，迷失在自己所製造的種種需求之中──而這種所謂「需求」，原本就是不要也罷的。人生似乎就剩下物質的文明了，奮不顧身地掙錢，忘乎所以地花錢，最終陷於物質的可怕的羅網之中而不能自拔……「看啊，」他這樣寫道，「人們已經變成了他們的工具的工具。」「這些人滿載著人為的憂慮，忙不完的粗活，卻不能採集生命的美果……一天又一天，找不到空閒來使自己真正地完整無損；他無法保持人與人之間最勇毅的關係……除了做一架機器之外，他沒時間來做別的。」

　　這種對於「人的物化」的厭惡，在物欲暴虐的今天，想來是會越來越多地引起人的同感與共鳴的。它蘊含著對於一種奢侈的、拜物的、浮躁的和急功近利的生活態度的否定，同時，也是對那種真正的人性的、精神的、樸素的和自然的人生理想的呼喚。

　　這才是梭羅的不同凡俗之所在，是他的獨立不羈的精神和孜孜不倦的探索之精髓。正如有人所稱道的那樣，持這種生活態度的這樣一些人

生理想的探索者和追求者，他們對於整個人類來說，決不是無足輕重、可有可無的。這些「孤獨的智者」，「卓爾不群的思想家」，他們在任何時候都是少數，鳳毛麟角。但他們卻是整個人類社會的觀察員，是人生的大舞臺下的最清醒、最理智的觀眾和劇評家。他們獨特的生活方式和不凡的見解，包含著對人生的自覺意識和對人類命運的整體思考。所謂「心事浩渺連廣宇」。在某些時候，他們將是人類精神海域裡的導航者。如此看來，徐遲念念不忘《瓦爾登湖》，並把這本書稱之為「光明的書」、「一本啟示錄」，便絕不是一種詩人的衝動和誇張了。

　　一九八四年秋天，七十歲的徐遲完成了他的一次難忘的美國之旅。在排得緊緊的日程表上，他沒有忘記加進了一項：到離波士頓不遠的康科特城去一趟，去看看梭羅的墓地，去向心儀已久的瓦爾登湖頂禮。

　　一位旅美的外國文學專家做了徐遲的嚮導。他們沿著明亮的湖岸，踩著遍地的紅葉，款步而行，登山岡、涉淺水，穿過寂靜的秋林，走進了一百四十年前由梭羅一手建造的小木屋的遺址地。徐遲被這幽湖的美麗驚呆了！他寫道：「……這天天氣特別美好，陽光和煦，照耀密林。靠近湖岸的許多地方都用了紅松枕木加固，以免水土流失。一些山坡也用木柵攔住或圍起。用一塊木牌掛著，說明這樣做是為了保護名勝之地，請遊客不要擅自進入。我看這湖邊的森林比梭羅所描寫的已稀疏多了，有點今不如昔。但這一帶的山林湖泊之群都是很幽靜美麗的。就是這一個瓦爾登湖因文豪曾經居住，便映照著他的人格，並有文章作了描繪，別有一番滋味在心頭。遊客如沒有這一點點文學知識，是怎麼也感受不到那種精細的味道的。」（〈在麻塞諸塞州的安默斯特城〉）

　　當徐遲依依不捨地留連在這清澈見底、銀鱗閃閃的湖邊時，他不禁想到了梭羅的描寫：「一個湖是風景中最美、最有表情的姿容。它是大地的眼睛；望著它的人可以測出他自己天性的深淺。湖所產生的湖邊的樹木，是睫毛一樣的鑲邊，而四周森林蓊鬱的群山和山崖是它的濃密突出的眉毛……」

　　徐遲說：「遊過了這個湖，我更珍愛那本書了！」他說的是梭羅從晶瑩的湖水中提煉出來的閃光的思想。那一天，當他緩緩地告別了瓦爾登湖，旋又登上了一個小山岡，站到了梭羅的樸素的墓地上。康科特

九〇年代徐遲訪問美國時，在瓦爾登湖畔梭羅的小木屋前留影。
小木屋前的指示木牌上寫著：歡迎來到瓦爾登州保護區　開放時
間：從上午八點到日落時分。

城是一個小鎮，但她卻擁有自己的四位文學家：愛默生、梭羅、霍桑和
阿爾考特。他們是康科特的驕傲。站在梭羅的墓地上，可以遠遠地望見
霍桑和愛默生的墓。作為遠道而來的《瓦爾登湖》的中文譯者，徐遲想
道：梭羅生前是非常熱愛中國文化的，他的書中引用過不少孔孟之言。
現在，當他站在他的墓前，拜謁他，憑弔他，倘若梭羅英靈有知，該也
是有所快慰的吧？雖然，徐遲沒有帶一束花來，但他卻懷著一顆誠摯的
中國友人的心，帶來了一片東方的心意。

　　需要指出的是，上個世紀五〇年代和六〇年代，香港出現大量的徐
遲譯本的「盜印本」，書名也被改為《湖濱散記》，譯者徐遲改為「吳
明實」（無名氏）了，而且一版再版，竟有六版之多。一九九三年五
月，由中國社會科學院外國文學研究所、人民文學出版社和上海譯文出
版社聯合編輯出版的《外國文學名著叢書》，又將《瓦爾登湖》納入其
中，分精裝和平裝兩種形式，由上海譯文社重新出版。譯者對一九八二
年的譯本又做了些修訂，並重新寫了一篇詳實的〈譯本序〉。這樣，一
部優秀的外國文學作品，總算有了它最好的歸宿。

　　有人評價說，徐遲先生所有譯著裡，以《瓦爾登湖》譯得最美最
妙。此話雖非定論，卻有道理。其源出於譯者對於梭羅的最深切、最誠

摯的理解和熱愛，還有詩人自己豐富的藝術素養。對於《瓦爾登湖》，徐遲是這樣要求於他的讀者的（這幾句話見於他的〈譯本序〉的開頭）：「你能把你的心安靜下來嗎？如果你的心並沒有安靜下來，我說，你也許最好是先把你的心安靜下來，然後你再打開這本書……」

　　四〇年代在上海，徐遲翻譯《巴馬修道院》時，譯過司湯達寫在書末的這樣一行文字：「TO THE HAPPY FEW」即「獻給少數幸福的人」。《瓦爾登湖》正是一本「獻給少數幸福的人」的書。

〈哥德巴赫猜想〉三十年

徐遲先生的報告文學名篇〈哥德巴赫猜想〉發表二十周年時，我曾應《長江週末》之約寫過一篇文章，編者在刊發時還加了一個「編者按」，有幾句話說得很好，我至今還記得：「二十年前的這個時節，徐遲和陳景潤兩位大師相遇，他們所碰撞出的智慧之光，映亮我們的一方精神天空。像恢復高考制度一樣，〈猜想〉啟迪人們重新珍視科學、知識、人才。」現在，又是十年的時光過去了。在紀念中國改革開放三十周年的日子裡，我相信，〈哥德巴赫猜想〉對從中國改革開放早期走過來的那一代人來說，仍然是激情滂湃、記憶猶新的。

「哥德巴赫猜想」研究小史

十八世紀初，德國數學家哥德巴赫發現：許多大於6的偶數，都可以寫成兩個素數之和（簡稱1+1）。那麼，是否所有的偶數都是如此呢？他對許多大偶數進行了檢驗，果然都與自己的猜想一致。但他卻無法證明這一「猜想」。他寫信求教於當時世界上最有權威的瑞士數學家歐拉，歐拉回答說：這個猜想肯定是定理，但我也無法證明它。直到歐拉去世，這個「猜想」仍然沒有得到證明，不過它卻引起全世界數學家的高度重視。許多人都想證明它。然而，經過了兩百多年的探索，卻沒有一個人能找到證明這一猜想的途徑。

直到二十世紀二〇年代，挪威的一位數學家布朗，從一種古老的數學方法——「篩法」中，找到了證明這一猜想的思路，並用這種方法

證出了一個充分大的偶數均可分解為九個素數之積與九個素數之積的和（簡稱9＋9）。從此，各國數學家都紛紛採用「篩法」去證明「哥德巴赫猜想」，並陸續取得進展，使這個著名的數學之謎的包圍圈越來越小──當然也越來越難以證實了。以至於有了這樣的說法：自然科學的皇后是數學，數學的皇冠是數論，而「哥德巴赫猜想」便是那皇冠上的明珠！

一九六六年五月，中國數學家陳景潤（那一年他三十三歲）在中國科學院的《科學通報》第十七期上宣佈，他在前人研究的基礎上證出：任何一個充分大的偶數均可表示為一個素數與兩個素數的積之和的形式（簡稱1＋2）。

這是迄今為止在「哥德巴赫猜想」研究領域裡，得到各國數學家認可了的最佳成果。這個成果被一些國家的教科書命名為「陳氏定理」。

九〇年代初，香港中華總商會終身名譽會長余新河先生曾提出：以8條滿足特定條件的對偶數列求得一自然數列的方式，來證明「哥德巴赫猜想」成立，並懸賞一百萬港元徵解此命題，但到目前為止尚無結果。

一九九七年五月二十二日，香港《大公報》用半版的篇幅，史無前例地刊登了一篇純數學論文〈梳法及「哥德巴赫猜想」的證明〉，同時刊登了論文作者（證明人）鄒山中的照片和簡歷。鄒山中，廣東韶關人，時年三十八歲，一九八六年畢業於中南工業大學函授學院工業自動化專業。他研究數學乃自學成才，他把他的研究成果歸結於中國偉大思想傳統「太極思維模式」的「恩賜」。《大公報》為這篇論文做了一行醒目的大標題：「世界第一數學難題告破」，同時加了一個「前言」，說明發表此文旨在：立此存照，廣而告之，望能引起全球數學界的注視，讓數學權威一齊來評鑒，甚至『打擂臺』。」這則前言告訴人們：目前數學權威對鄒山中的研究成果尚持審慎和沉默的態度。

且看那「皇冠上的明珠」最終落入誰家之手吧。我們應當相信，人類的進步，歷史的發展，總是在艱難地解答著一個個千古難題而一步步向前邁進的。

走進陳景潤的「數學王國」

　　一九七七年，徐遲先生應《人民文學》之邀，由武漢到北京採訪，開始撰寫反映幾位科學家的命運的報告文學。這是「科學的春天」即將到來的日子，也是全國人民跨入新時期的前夕。

　　這年十月，寫地質學家李四光的那篇〈地質之光〉在《人民文學》發表，反響強烈。一個月後，徐遲開始採訪中科院數學所研究員陳景潤。當時反對寫陳景潤的人很多，理由是這個人只「專」不「紅」，而贊成寫陳景潤的人卻很少，徐遲自己也有所疑惑。但有位老幹部卻乾脆有力地說道：「寫，應該寫！陳氏定理了不起！」這句話給了老作家很大的信心。

　　然而，正如徐遲自己所說，理解一個人是很難的，而理解一個數學家就更不容易了。徐遲曾在一篇文章裡，寫到他在中關村第一次見到陳景潤時的情景：「他個兒不高，瘦，有病，心不在焉地對我說：『噢！你來了，我很高興！很高興！』不斷地說他很高興。我第一次和他見面，就發現他有一種內在的美。他那心不在焉、恍恍惚惚的神情，給了我一種感覺：他似乎沒有生活在我們中間，他生活在數學的王國裡；彷彿他並不是我們這個感性活動世界的人，他正飛翔在理性世界的思維空間裡；此刻，他只是迫不得已才降落到我們中間來，接受我對他的訪問，但卻仍然心不在焉，仍在低飛著，盤旋著，露出一種晨光曦微似的理性的美，智慧的美……」

　　陳景潤作為一個刻苦鑽研世界名題的數學家，幾近癡迷的程度。但當時也有一種相當強大的輿論，說這人是只「專」不「紅」，是「白專道路」的典型代表。對此，徐遲先生經過與陳景潤的多次接觸，傾心交談，卻得出了相反的結論。他瞭解到，陳景潤在大是大非面前的許多表現，是異常清醒，一點也不糊塗的。或者說，他是一個極富正義感和政治良知的科學家。

　　在採訪中，徐遲先生瞭解到這樣一件事：有一次，陳景潤住院治療肺結核時，同病房又住進了一位軍人，熟悉了之後，軍人主動接近陳

景潤，並明確地告訴陳景潤，他是從江青那裡來的，首長派他來詢問一下：你是否給首長寫過一封信：我們現在正在尋找這封信，找出來後，首長準備做點批示，讓你當數學所的副所長。對此，陳景潤的數學頭腦一下子就運算過來了，明白了謎底。他嚴正地告訴這位軍人：「我沒有寫過什麼信，從來也沒寫過，首長肯定是記錯了。」

「如果是這樣，那何不現在就寫一封，我可以立即帶回去交給首長，首長一定會高興的。」但陳景潤這時的思維像數學邏輯一樣明確：「不！我只是一個普通的科技工作者，首長的工作那麼忙，我哪能給她添亂呢！」他毫不含糊地拒絕了寫這種「效忠信」的機會。

這件小事使徐老覺得，陳景潤其實一點也不是像人們說的那樣只「專」不「紅」。不，他是一位在大是大非面前頗有主見和骨氣的科學家。對於這樣優秀的科學家，人們往往只看到了他的「愚」的一面，而忽視了他的「智」的另一面。

當時《人民文學》的編輯、作家周明陪同徐遲一起去採訪陳景潤。當他們向陳景潤說明了來意——想採訪他怎樣鑽研「哥德巴赫猜想」這道世界名題的事蹟時，數學家連連擺手說：「哎呀，您可千萬別寫我，我有什麼好寫的？您寫寫工農兵吧，要不就寫一寫老一輩的科學家們……」老作家從心底裡一下子就愛上了這位天真單純的數學家。他告訴陳景潤說：「這不僅僅是寫你一個人的事兒，這是通過寫你一個人而來反映整個科學家，來號召人們去熱愛科學，去大幹四個現代化。還有，要讓更多的人懂得，要尊重科學，理解科學家……」數學家聽作家這麼一說，似乎明白了什麼，又表現出他的樸實和天真：「那好，那好，我一定給您提供材料……」

對於怎樣寫好一篇報告文學，徐遲並不感到艱難。他從三〇年代就開始寫戰地通訊和報告文學了。五六〇年代他還寫過中篇特寫〈祁連山下〉、〈火中的鳳凰〉這樣文采斐然的名篇。眼下比較艱難的是如何去寫好一個數學家。

除了深入的採訪、細緻入微的觀察、各方面的調查研究外，徐遲開始廢寢忘食地閱讀大量的世界數學名著。他先後研讀了馬克思的《數學手稿》、華羅庚的《數學導引》、歐幾里德的《元素》以及《中國古代

七〇年代末，徐遲和數學家陳景潤
（前左）以及作家同行黃宗英（左
一）、秦牧（右一）、周明（後
中）等在一起。

數學史》等等。這些書自然是很難懂的，但是啃著啃著，這位老作家竟
漸漸看到了數學世界的奇光異彩。這奇異的光彩，也漸漸照亮了他要寫
的那個人——那個為了數學而忘我的人。

　　後來，徐遲先生曾對我說（那是當他得知我應約要去採訪一位著名化
學家時）：「要寫好一位科學家，必須去懂得一點他所從事的學科的內
容。越懂得多，寫起來就越遊刃有餘。我寫〈猜想〉時，就因為多啃了
一些數學名著，所以寫起來有行雲流水、舉重若輕之感。」

「猜想」撞擊著無數個頭腦

　　數學家是幸運的，他的研究工作贏得了一位真正的知音，而且是一
位文學家，一位抒情詩人。詩人徐遲也很有幸，他從一位幾乎被世俗生
活所遺忘的數學家那裡，吃驚地發現了一種「冷峻而嚴肅的美」，那是
如同畢達哥拉斯所說的「數和數的關係的和諧系統」。徐遲把它們稱之
為「人類思維的最美的花朵」，是「空谷幽蘭、高寒杜鵑，老林中的人
參、冰山上的雪蓮，絕頂上的靈芝、抽象思維的牡丹」。

　　一九七七年冬天，徐遲的〈哥德巴赫猜想〉完成。《人民文學》
在一九七八年新年第一期上隆重推出。時間證明，這的確是一篇傳世
之作。不久，《人民日報》、《光明日報》、《解放軍報》等都予以轉

載並分別加了編者按。緊接著，幾乎全國所有的報紙和電臺，都轉載和連播了這篇報告文學，大、中學教科書也紛紛選入此文。一位長期生活在被忽略乃至被遺忘的世界裡的默默無聞的數學家，以及他所苦苦鑽研著的一個著名的數學命題，通過一位老詩人的華妙的詩篇進入了千家萬戶，幾乎一夜之間使舉國上下婦孺皆知了！

　　現在看來，〈哥德巴赫猜想〉當年所創下的「轟動效應」，在文學作品中真可謂空前絕後，其家喻戶曉的盛況，人們當記憶猶新。人們說，一九七八年春天，〈猜想〉的問世，是整個中國知識界的一件幸事，也是人類科學史和文化史上的一椿美談。這篇作品以及徐遲不久相繼發表的〈在湍流的渦漩中〉、〈生命之樹常綠〉、〈結晶〉等一系列報告文學，對推動中國當時的思想解放，形成尊重知識、尊重科學、尊重人才的風氣，起到了不可估量的作用。而在文學的意義上，這些作品同時也把中國當代報告文學藝術推向了一個新的高度，在文學史上寫下了耀眼的一章。

最先發表報告文學《哥德巴赫猜想》的《人民文學》一九七八年第一期。

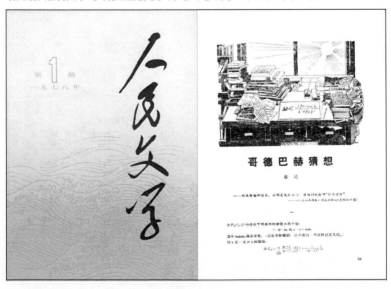

在徐遲先生採訪、寫作〈猜想〉的時候，正是全國科學大會即將召開的日子，「科學的春天」已經到來，全國人民向四個現代化進軍的號角正在吹響。徐老說過，那時候他真是忙呵！完全被一種激情點燃了，手腳也放開了，文筆自然也變得酣暢淋漓了。用他自己的話說，一支「劃過了幾十年的逝波」的筆，磨礪得異常好使了，若有神助似的。

〈猜想〉問世之後，徐遲和《人民文學》收到的讀者來信數以萬計。直到九○年代，老作家還不斷地收到一些讀者來信，對「哥德巴赫猜想」研究的進展表示關注。一九九五年春天，我幫助徐老整理書籍和資料時，還看見幾個裝滿了信件的大紙袋。徐老說，那是一些來不及拆閱的讀者來信，大都是幾年前寫來的，真不知道怎麼對讀者們交待。

〈猜想〉的問世，是人類科學史和文化史上的一件美談。假如能有更多從事人文科學的人士，和從事專門科學的人士，互相加深理解，親密合作，形成高山流水之勢，那麼完全可以想像，人類科學和文化邁向未來的步履，肯定會更快、更和諧的。

徐遲晚年的遺憾

如果說，一九七八年〈哥德巴赫猜想〉的問世，是中國知識界的一件幸事，那麼，十八年後數學家陳景潤的去世，也是令人哀痛和歎息的「國殤」！

七○年代末，創作報告文學《哥德巴赫猜想》時，徐遲在查閱數學文獻資料。

志在摘取「皇冠上的明珠」的一代數學天才，就像那追日的夸父，還未到達最後的峰頂，便過早地累倒在了生命的暘谷，於冥冥之中作形而上的思索去了。英雄未捷身先死，白髮人先送黑髮人。當徐遲聞知數學家的噩耗時，老人心中的悲痛和惋惜是無法付諸言語的。

　　陳景潤去世後，國內許多報紙、電視臺和電臺的記者紛紛尋找徐遲，想採訪他。但老作家卻到處躲避著，保持著沉默。記得很深的是老人跟我說過這麼一句話：「也許，正是我那篇被人傳誦一時的文章，打亂了和干擾了數學家的雖然艱辛卻也正常和安靜的登山之路，使他僅差一步之遙而沒能到達最後的頂峰呢！」這句話使我理解了他的沉重和沉默。我還注意到，那些日子裡，他剛從北京回來，《人民日報》記者張新學拍攝的一幅陳景潤的照片（據說這是一代數學大師的最後留影），也不時地擺在老作家的案頭。那麼，他想再跟數學家說些什麼呢？

　　不，他不必再去問詢數學家什麼了。巨星已經隕落，他心中的琴弦也隨之崩斷了。幾個月後，詩人也悄然遠行，讓美麗的靈魂運行到那遼闊的宇宙的星際之間了。一切，都留給那被數學家們稱之為「樂園」的無限的未來去解答吧——那裡，也有無數個「哥德巴赫猜想」。

星隕與弦崩

徐遲先生在〈哥德巴赫猜想〉裡說過這麼一句話：理解一個人本來就不容易，而理解一個數學家就更難了。雖然早在西元前五百年左右的古希臘，畢達格拉斯就説過：「整個宇宙是數和數的關係的和諧系統。」在他之後，普洛克拉斯也言簡意賅地指出：「哪裡有數，哪裡就有美。」而寫過《數學原理》的羅素更是把數學視為只有音樂能夠與之媲美的一門學問。他說：「數學，如果正確地看它，它不但擁有真理，而且也具有至高無上的美，正像雕刻的美，是一種冷而嚴肅的美。這種美不是投合我們天性的微弱的方面，這種美沒有繪畫或

一九七八年，徐遲和數學家陳景潤（《哥德巴赫猜想》主人公）在全國科學大會上。

一九七八年的數學家陳景潤。

音樂那些華麗的裝飾，它可以純淨到崇高的地步，能夠達到嚴格的、只有偉大的藝術才能顯示的那種完滿的境地。」然而，多少年來，數學和數學家們的工作在文學藝術領域裡所獲得的知音，卻是寥若晨星。即便如「哥德巴赫猜想」這樣的已經誕生了兩百多年的世界著名的數學之謎，與我們日常生活和經驗也是如此之遙遠，幾乎不為任何詩人、文學家甚至歷史學家所知曉。這種「隔膜」已經給人類的文化和進步帶來了損失。

　　生活在二十世紀的中國數學家陳景潤，可以說是一位幸運者，他的工作贏得了一位真正的知音，而且是一位抒情詩人。詩人徐遲也很有幸，他從一位差不多是生活在被遺忘的角落裡的數學家那裡，意外地發現了「冷而嚴肅」的美，神奇迷人而又生動靈活的詩歌。他把它們稱之為「人類思維的花朵」，是「空谷幽蘭、高寒杜鵑，老林中的人參、冰山上的雪蓮，絕頂上的靈芝、抽象思維的牡丹」。

　　一位詩人理解了一位思維邏輯像鋼鐵一樣堅硬的數學家。一位長期生活在不為人知的世界裡的數學家及其他苦戀著的一個著名的科學

一代數學家陳景潤的最後一張留影。

命題，也通過詩人的錦繡華章而進入了千家萬戶，幾乎一夜之間便婦幼皆知了。我們應該說，這是中國科學史和文學史上的一件美談，一件幸事。假如能有更多的從事人文科學的人和從事專門的自然科學技術的人互相加深理解，親密合作，形成高山流水之勢，那麼，人類科學和文化邁向未來和現代化的步履，肯定會更快、更和諧的。

遺憾的是，我們的志在摘取數學皇冠上的明珠的數學家，已如追日的夸父，還未到達最後的峰頂，便過早地倒在了生命的暘谷，在冥冥之中作形而上的思索了！英雄未捷身先死，竟使詩人淚沾襟。如果說，一九七八年〈哥德巴赫猜想〉的問世乃中國知識界的一件幸事，那麼，一九九六年一代數學奇才陳景潤的去世，也是足令所有知識份子扼腕歎息的「國殤」。至於當時年老的詩人的悲痛和惋惜，則更如面對星隕和絃崩，不必付諸語言了。

如今，數學家和詩人都已經渡過忘川，到達了生命的彼岸。他們將在那裡相會，繼續探究各自的懷疑與猜想。剩下的一切，暫且都留在塵世，留給那被數學家們稱之為「歡樂園」無限的未來去解答吧。它也許

能夠告訴世人，到底哪一個答案、哪一種證明方式更優美、更準確、更接近真實。

《網思想的小魚》及其他

《網思想的小魚》是徐遲先生在世時，我為他搜集和編選的最後一冊散文集，一九九七年八月由湖北人民出版社出版。我為這套名為「人間書」的散文叢書提供和編選了兩本書，除了徐遲先生的這一本，還有稍後出版的女畫家郁風的一冊《美比歷史更真實》。《美比歷史更真實》原擬以《談藝書簡》做書名，因為其中的主體部分，是徐遲所保存的歷年來郁風寫給他的書信。這些信件經我整理列印後，大約有七八萬字之多。記得徐遲先生當時還戲稱為這是一束「溫柔的書簡」。也許正是因為這個原因吧，後來郁風並不同意公開出版這些私人通信，而是提供了另外一些與朋友的談藝書簡和別的文章做替代，而只保留了少數幾封與徐遲的通信。這也是郁風的這冊書為什麼遲至一年後，即一九九八年八月才推出的原因吧。

這個結果其實原本也是在我的「預料」之中的，所以我在代徐遲先生寫的那篇〈代跋──收信人語〉裡寫了這麼一段話：「這些書簡當初寫的時候，原本就是只給收信人看的，不擬公開的，更沒想到要出版的，所以其中的家常兒女、瑣瑣碎碎的敘述是不少的。說到底，寫信人和收信人都是飲食人間煙火的，而不是純然生活在藝術真空裡的。還有一些書簡中因為性情所至，而對一些人事有所臧否，如說『不擬公開』特指這一方面，倒也是事實。如今逢到此類話題，確實『不擬公開』的，我便越俎代庖，悉為刪去，而以【……】標示出來。想寫信人也不會不贊成的。如果未來的有『考據癖』的考據家們想來考據一番，那就大膽地考據去吧。那時，恐怕寫信人和收信人都

已成為歷史，是非只好聽憑後人評說了。」只是，當時身在澳洲的郁風先生並不知道，這篇跋語是另外一個人代徐遲而寫的。

同樣，《網思想的小魚》一書裡有一篇〈自序〉，也是我仿照著作者的身份和口吻代筆寫下的。一般讀者僅看字面是難以想到這是代筆之作的。現在我把這篇短序抄錄在此，作為紀念——

> 人不知不覺就到了老年，時令也進入了嚴冬。回首前塵，此生寫作、翻譯，一共出書近五十種，不算少了。然則檢視一遍，發現並沒有收入那些集子的文字，不知還有多少呢。雖然寫出之後也陸續發表過，卻也從未注意搜集它們。不過後來又回到我手上來的，倒也不少。有一些是自己都忘得乾乾淨淨了，由朋友、編輯、圖書館裡的書目專家、院校裡的研究人員和讀者，或將原

徐遲在本書作者編輯整理的郁風致徐遲書簡上，所做的修改和翻譯文字之一頁。

件，或加以複印，送回給我。這些文字，稱之為遺失了的文字，也是可以的。

現在要想把所有遺散了的文字都搜集回來，可難啦！開國以前的，「文革」以前的，許多報刊上都發表過不少作品，大多數沒有了，只少數能找尋回來。「文革」中沉默了十年，沒有作品。一九七七年重新執筆之後的作品，還有可能找到。所以一九八五年歲暮，曾搜羅了一次，將近八年間的散文，尚未編印成書的，擇取了二十餘篇，出了一本《愉快的和不愉快的散文集》。然而它收得不齊，失散在外的文字仍然不少。

承蒙湖北人民出版社的編輯先生熱心，要為幾位老作家出一套書，且以「書與人」為主題。加上一位年輕的友人徐魯先生從中襄助，代為搜集和編輯成書，那麼，自八〇年代以後的，尤其是晚近幾年的不少零散的文字，則都分門別類，列隊於此了。因為有「書與人」的主題要求在前，所以這個時期還有不少抒懷、紀遊、敘事等方面的文字，只好留在本集之外了。

我曾經說過，我只是一個幻夢家而已。幻夢是多麼的美麗，多麼的迷人。而幻夢者和說夢者自己卻都不知道自己在哪裡。是在幻滅裡嗎？呵，就是在幻滅裡呵！所以我有時倒十分願意，把我的這些長長短短的文字，稱之為我個人理想的「幻夢與幻滅集」。

幻夢，幻滅；再幻夢，再幻滅……人生呵，可不就是這樣幻幻滅滅，不可捉摸的麼？就是宇宙，也不過是一大幻夢而已呢！

卷
三

上海摩登

——徐遲早年與「《現代》派」的交往

一

一九三三年六月，上海。即將成為「二十歲人」的徐遲，又一次來到這座散發著現代魅力的大都會。這座城市對這個身材瘦削得好像「小提琴上的一隻弓」似的文學青年來説，已經並不陌生。甚至可以説，他對這座城市已經有了一定程度的精神迷戀。

早在一九二七年秋季，當他還只有十三歲的時候，他就離開了他的家鄉——美麗的江南小鎮南潯，來到位於上海大西路的光華大學附中唸書了。禮拜天和寒假裡，他到外白渡橋上照過相，到新月社設在霞飛路上的書店門市部裡看過書，甚至還在光華大學校園裡見到過詩人徐志摩。一年後，他又轉學到滬北江灣持志大學附中繼續唸書。上海的都會氣息使這個小鎮少年萌生過許多浪漫的遐想。現在，他已經是東吳大學（蘇州）的一名1931級學生了。而且因為在校期間，他曾報名參加了聲援東北抗日英雄馬占山將軍的青年愛國組織——「中華青年自動赴東北援馬抗日團」——而毅然北上，滯留在北平，成了燕京大學英文系的一名借讀生。現在正是暑假期間，他在小鎮上待不住，心裡嚮往著近在咫尺的這座大都會，所以就又跑到上海來了。

還在南潯唸初中的時候，他就萌生過將來要做一個文學家的念頭。為此他買過、當然也讀過徐玉諾的詩集《將來之花園》。這也是他平

晚年的冰心。

生買過的第一本詩集。唸高中的時候，他甚至興致勃勃地讀完了兩本原版英文小說：《曠野的呼喚》（傑克‧倫敦著）和《金銀島》（斯蒂文森著）。至於中國新文學作家，如魯迅、茅盾、郁達夫、敦沫若、徐志摩、戴望舒、冰心等人的作品，也相繼進入他的視野，替代了曾經長期佔據在他童年記憶裡的《七俠五義》、《血滴子》以及周瘦鵑、程小青乃至包天笑、張恨水等人的「鴛鴦蝴蝶派」小說。

　　「我坐在屋頂的高處，在陽光下望著靜綠山莊和宜園的森林湖泊，不知怎的浮起了一個思想：我將來要做一個文學家……」他在晚年撰寫

八〇年代，徐遲在北京冰心家中。

的長篇自傳《江南小鎮》裡如是寫道。這個早萌的念頭，後來主宰了他的一生。

在燕大當借讀生時，他聽過中國古典文學專家顧隨教授講《詩經》、唐詩和〈文賦〉；聽過一位司密斯先生講薩克雷的小說《亨利‧艾斯芒德的歷史》；而聽得最多的，對他後來的文學起了直接引導作用的，則是女詩人冰心講的一門名為「詩學」的課。她講授了英國浪漫主義詩人雪萊和拜倫，也講授了湖畔詩人華滋華斯、柯勒律治。每次上課，女詩人只帶著一本詩集走進課堂。打開詩集，隨便翻到一首詩上，她先朗誦一遍，然後就講解起來。她的聲音溫婉動聽，當時她剛剛做了母親。「這一切都非常動人，本身就像一首美麗的詩。」事隔五十年後，徐遲回憶說，「我現在回想起來，還是青年時代最美好的記憶，像夢境一樣的綺麗可珍的。」在這樣濃郁的詩學氛圍和少年男子異常活躍的幻想裡，詩歌靈感的降臨是極其自然的了。果然，從一九三二年春天開始，他就有了文學寫作上的第一批成果。

「這是一個小月亮的夜／一千個詩人寫不出一句詩，／卻有幾個大星星，／在水面上舞著灼灼的影，／淡的銀灰，／自天空灑在水之東岸，／你坐下了，／我坐在你的右邊。」這首題為〈獻〉的小詩，作者視為自己的詩歌處女作，大約寫於一九三二年春天的燕大校園裡。幾乎與此同時，他的一篇題為〈開演之前〉的小說處女作，也發表在當年的《燕大月刊》上。這兩篇作品寫的都是與同一個少女在一起、或不在一起而互相思念的感覺。這說明，這時候的青年詩人，是一邊開始了文學寫作，一邊也開始了新的戀愛。也可能是，他最初的文學靈感，正是愛神帶來的。保存在詩人的第一本詩集《二十歲人》裡的、寫於這個時期的一些詩歌，所抒寫的都是如同少年維特式的煩惱和甜蜜。「秋夜，雨滴著，／彷彿是，春夜雪溶瀉時候的滴水，／我的年齡的思想。」這首題為〈秋夜〉的短詩，大致反映了他這些詩歌的整體情調。

一九三二年暑假，徐遲從燕京大學回到故鄉小鎮。從夏天到秋天，從秋天到冬天，再到第二年的夏天，他一直待在故鄉，沒有再回到燕大借讀。他在寧靜的小鎮上繼續寫詩。

從一九三三年春天起，他開始向上海的幾家刊物投寄自己的詩歌習作了。其中投得最多的，是設在上海四馬路上的《現代》雜誌。然而像許多初學寫作者一樣，一次次的退稿是極其自然的，他也沒有例外。幸運的是，一九三三年五月的一天，他在收到的退稿上，意外地看到了這樣短短的一行文字：「不要失望，再寄。蟄存五月四日」。這一行雅謔和親切的附言，是當時已是著名的作家和翻譯家、《現代》的主編施蟄存寫來的。這幾個字對蟄居在江南小鎮上的青年徐遲來說，就像是一根劃燃的火柴，一下子照亮了他的前程，給他送來了莫大的溫暖和希望。徐遲在晚年回憶起這行小字，如是寫道：「……我顯然已引起了一位編輯的注意，他寫了那樣的八個字，給了我極大的鼓舞。不用說，詩興大發，不久就有第一首詩被放在一組詩選中刊登出來。神聖的文學之門被我叩開，我的作品，漸漸地，在一些刊物上刊出。」

　　一個月後──即這一節開頭所寫的這個暑假──十九歲的徐遲，迫不及待地再一次來到了上海。這一次，他是帶著自己新的作品，到四馬路上的上海雜誌公司門市部來尋找和拜訪施蟄存先生了。

　　這是一九三三年的夏天。這一年，威廉·福克納剛剛完成了他的《八月之光》──半個世紀之後，徐遲才在巴黎買到了這本小說；海明威寫完了《午後之死》；赫胥黎剛剛完成《美麗新世界》；T.S.艾略

三〇年代的施蟄存。

特發表了他的著名文論〈詩歌與評論的運用〉；安德列·馬爾羅完成
了《人類的命運》；格特魯德·斯坦因寫完了《愛麗絲·托克拉斯自
傳》；羅曼·羅蘭完成了小說傑作《欣悅的靈魂》；弗吉妮亞·伍爾芙
已經完成了《奔流》……

二

　　太陽剛剛下了地平線。軟風一陣一陣地吹上人面，怪癢癢
的。蘇州河的濁水幻成了金綠色，輕輕地，悄悄地，向西流去。
黃浦的夕潮不知怎的已經漲上了，現在沿著蘇州河兩岸的各色船
隻都浮得高高地，艙面比碼頭還高了約莫半尺。風吹來外灘公園
裡的音樂，卻只有那炒豆似的銅鼓聲最分明，也最叫人興奮。暮
靄挾著薄霧籠罩了外白渡橋的高聳的鋼架，電車駛過時，這鋼架
下橫空架掛的電車線時時爆發出幾朵碧綠的火花。從橋上向東
望，可以看見浦東的洋棧像巨大的怪獸，蹲在暝色中，閃著千百
隻小眼睛似的燈火。向西望，叫人猛一驚的，是高高地裝在一所
洋房頂上而且異常龐大的霓虹電管廣告，射出火一樣的赤光和青
磷似的綠焰：Light, Heat, Power！

三〇年代初期的上海外灘。

這是茅盾在《子夜》開篇，對二十世紀三〇年代初的大上海的描繪。此時的上海，已然是一座散發著現代氣息，放射著Light（光）、Heat（熱）和Power（力）的國際大都會了，號稱世界第五大城市，並被視為「東方之巴黎」。它是當時許多嚮往現代文明的青年文學家所傾慕的地方，有若當年法蘭西的外省青年之嚮往巴黎。

然而，一九三二年一月二十八日，日本侵略軍在吳淞口發動戰爭，對上海進行了瘋狂轟炸，致使這座大都會的經濟、文化、民生都遭到大規模的破壞。自然，上海的書刊出版業也沒有倖免。淞滬停戰協定簽署後，戰事暫告結束，社會秩序逐漸恢復，書刊出版也百廢待興。當時，雄霸上海灘書業的商務印書館在戰火中損失最為慘重，不僅收藏繁富的中西文圖書館毀於炮火，印書館的印刷設備也幾乎癱瘓。這時候，經營規模較小的上海現代書局老闆洪雪帆和張靜廬瞅準了時機，決定創辦一個「不冒政治風險」的文藝刊物，吸引作家和積累新的出版資源。被後人稱為「出版天才」的張靜廬，看中了施蟄存。施在當時既非左翼作家，與國民黨也沒有什麼關係，而且具有相當的編輯經驗，同時又是知名的作家和翻譯家。於是，這份名為《現代》（法文刊名：*Les Contemporains*）的文學雜誌，便在一九三二年五月出版問世。

三〇年代裏，施蟄存先生主編的《現代》雜誌。

徐遲當時之所以選擇這份雜誌投稿，是覺得它作者面寬博，藝術上新穎，辦得極有生氣。當時給他留下了深刻印象的文章，有一九三三年四月號上的頭條，魯迅先生的那篇著名文章〈為了忘卻的紀念〉；一九三二年詩人戴望舒赴法前夕，《現代》上有一個「詩人之出帆」的特輯，也引起了他深深的欽慕；艾青（當時署名「莪伽」）的〈蘆笛〉也發表在《現代》上，徐遲記住了諸如「蘆笛並不在我的身邊，／鐐銬也比我的歌聲更響……」這樣的詩句。

現在，他來拜訪《現代》的主編，無疑是懷著「朝聖」心理的。那天，他在雜誌門市部後面一個狹窄的屋子裡，見到了施蟄存，以及另外兩個編輯杜衡和葉靈鳳。施當時也還只有二十八歲，卻已經出版了《上元燈》、《將軍的頭》和《李師師》等小說集，已是一位具有相當的創作實力和文學鑑別力以及編輯經驗的青年文人了，在他的周圍，有一大幫推崇「新感覺派」的青年作家，似乎正把他擁戴為他們的「精神領袖」。甚至在諸如生活方式等方面，施蟄存也有意無意地對他身邊的青年作家發生著影響。徐遲這次見到施蟄存，對他個人後來的文學歷程來說，是極其重要的一個時刻。「和施蟄存的談話，大大擴展了我的視野。」徐遲後來回憶說，那時他的文藝思想幼稚之極，正是需要有人點撥和扶持的時候。他記得，這次見面不久，他就「私淑」於施，可以到施蟄存家裡去了。施成了這個來自南潯小鎮的文學青年的當然的「庇護人」。徐遲和施的這種亦師亦友的情誼，從這時起一直保持到了他的晚年。

施蟄存不愧是有經驗的文學家、編輯家和引路高手，他知道怎麼去引導一個正處在饑渴狀態、同時也頗有一點自負的青年詩人。給徐遲談創作或發表他的習作，似乎還在其次，重要的是，在當時，他帶著瘦小的徐遲幾乎跑遍了上海所有比較著名的書店：四馬路上的中華書局、商務印書館；南京路上的別發書店（Kelly and Walsh）是當時英國人開的一家著名的外文書店，在上海、新加坡和日本橫濱等地都有店面，徐遲對這家書店的記憶尤其深刻；美國人開的中美圖書公司也在南京路上；施還帶著他去過虹口的內山書店。有時候施走不開，徐遲就自己去跑書店，他去北新書局買過魯迅，在現代書店買過戴望

舒……施蟄存彷彿是在用跑書店的方式讓徐遲明白，文學的世界是多麼豐富、高深和博大，而個人的才華與其相比，又顯得何其渺小和微不足道，一個初學寫作者只有認識到了這一點，才能清醒地看見自己的狹窄和淺薄，才能自覺地放下胸中的那些自負，而在真正的廣博面前心悅誠服地低下頭來。

　　除了跑書店，施蟄存也帶徐遲去過一些茶室和咖啡館。咖啡館是二十世紀三〇年代在上海生活的文人們經常聚會的地方，也是當時追逐新潮的青年人體驗現代生活方式的主要場所。甚至可以說，坐咖啡館，成了當時是否參與都會摩登生活的一種標誌。作為一個在文學上正對現代主義有著朦朧的認識和隱秘的熱情的青年詩人，這時的徐遲在生活上是極其自然地對上海時尚文化和摩登情調有了濃厚的好感。他愛去南京東路新新百貨公司二樓的那個名叫「新雅」的茶室，那裡可以喝下午茶，也可以進餐；有時也去靜安寺的D.D.Café和霞飛路上的一個名叫「文藝復興」的咖啡館去喝咖啡。在那裡他見到了上海文藝界的一些人士。因為施蟄存的關係，他與圍繞在施周圍的杜衡、葉靈鳳、劉吶鷗、穆時英、郭建英、路易士等等都有了或深或淺的交往。這些人大抵都有

手不釋卷的葉靈鳳，是徐遲三〇和四〇年代的朋友之一。

三〇年代的「新感覺派」小說家劉吶鷗。

著文學上的「現代派」特點和生活上的摩登趣味。徐遲也不能不受到影響。因而在三〇年代初期，徐遲可是說是一個與現代派、唯美主義、象徵派、新感覺派等都沾了一點邊兒的文學青年。

除了跑書店、坐咖啡館、喝下午茶，徐遲還迷上了電影和話劇。他曾對李歐梵講過，三〇年代初那幾年裡，他幾乎看遍了所有在上海能看到的歐美電影（當然，主要是好萊塢影片）。他對「中國旅行劇團」在卡爾登大戲院演出的曹禺的《雷雨》也印象很深，甚至認為飾演繁漪的趙慧琛是他一生中所見到的最卓越的一個女演員。

三

上海的摩天大樓和時尚文化深深吸引著他。一九三三年整個暑假裡，徐遲都迷戀在上海的風花雪月之中。在他寫於這個時期或稍後兩年的一些詩歌如〈都會的滿月〉、〈七色之白晝〉、〈年輕人的咖啡座〉裡，我們看到了當時的一些具有標誌性的都會風景和上海文人生活的摩登影像：「咖啡座的精緻的門是終夜的，／咖啡座是咖啡的顏色……」「夜夜的滿月，立體的平面的機件。／貼在摩天樓的塔上的滿月。／另一座摩天樓低俯下的都會的滿月。」「變為七種顏色的女郎，／七個顏容的胴體的女郎，／都這樣富麗的……」「而你卻鯨吞咖啡，／摸索你黑西服的十四個口袋，／每一口袋似是藏一首詩的……」

這年七月，徐遲在上海假借一個同鄉同學的學籍去報名，正式考取了燕京大學，暫時可以作為三年級生直接入學。此前他只是作為東吳大學的學生在燕大借讀。在報考燕大期間，有一天，他又隨施蟄存去商務印書館外文部看書，買了一本美國詩人維祺·林德賽（Vachel Lindsay）的詩集。這個詩人在一九三一年就已去世，後來知道他的人並不多。但徐遲當時卻被他那些反映美國西部拓荒場景和大工業時代氣氛的詩歌所吸引。八月份，他把這本詩集帶到了燕大，並且嘗試著譯出了其中一首較長的詩〈聖達飛之旅程〉，同時又根據查到的資料編譯了一篇介紹林德賽生平的散文〈詩人維祺·林德賽〉。這一詩一文，由施蟄存刊發在

一九三三年十二月一日出版的那期《現代》上。這是徐遲幾乎與自己文學創作同時開始的譯文生涯的開端。

李歐梵在《上海摩登——一種新都市文化在中國1930－1945》（毛尖譯，北京大學出版社二○○一年十二月第一版）一書裡，在對三○年代初期的上海文人（包括「亭子間」裡的左翼作家）生活做了一番細緻的考察和描述之後，寫過這樣一段話：「這樣，個人的生活方式就開始成為文學傾向的象徵……即使是政治上並不激進的作家，他們的私人空間『亭子間』和上海的公共空間之間的距離也夠大了。而正是這個差距使他們要利用上海的某些公共空間和西方的物質文化。他們避開大飯店裡昂貴的餐廳和卡巴萊，把流亡俄人開的相對便宜的咖啡館當成他們的聚集地。」李歐梵認為，這個「徵用過程」並不僅僅是物質上的佔有，它超越了他們生活的想像邊界；他們想像性的佔據使他們與一個更廣闊的世界聯接起來，他們在想像中分享世界文學，並且在想像中和他們最鍾愛的西方作家對話。對於當時上海作家（自然也包括年輕的徐遲在內）的跑書店、買西文書等，李歐梵認為，「正是在這樣的一種『嗜書』環境裡，西方文學——帶著其所有『物質性』的西方現代主義文本——被上海的文壇邊吸收邊加以再創造……書或雜誌中的西方作家和作品是如何被閱讀、被翻譯或以某種時尚的方式被改編成中文，然後被中國作家吸納進他們自身的寫作中去——這個複雜的『文本置換』過程揭示了正在浮現的上海現代文化的另一面；在某種方式上，它協助創造了上海新文化。」無疑，徐遲也是三○年代上海「新文化」的參與者之一。

上海新文化與新文學的「現代性」、「都會性」還在繼續。徐遲文學活動的「現代性」也還剛剛開始。師資精良、文化氣氛更加「美國化」和「西方化」的燕京大學，也將送給徐遲更多的現代性養分。

四

格特魯德‧斯坦因一向被人稱為「作家的作家」，是西方文學從現代主義過渡到後現代主義的一個代表性人物。她是哈佛大學心理學系畢業生，師從美國心理學大師威廉‧詹姆斯，研究過心理學、語言哲學和文學寫作，尤其愛好現代派藝術。她喜歡在自己的客廳裡舉辦週末聚會，她的願望是「與大師們共創二十世紀」。因此，像小說家海明威、菲茨傑拉德、舍伍德‧安德森，詩人T.S.艾略特、艾茲拉‧龐德，畫家馬蒂斯、畢卡索，哲學家羅素等等，都是她在巴黎的Fleurus街二十七號的寓所裡的座上客。她是他們所有人的「Egeria」：藝術上的顧問和建議者，創作靈感的啟示者，甚至生活上的庇護人。她的客廳也成了二十世紀上半葉巴黎最有名的藝術沙龍之一。馬蒂斯的第一張畫（大概是那幅《戴帽子的女人》吧）就是她拿出五百法郎購下的，當時馬蒂斯窮得根本雇不起模特兒，而只能讓妻子做自己的模特；畢卡索的每一個「時期」，也都得到過斯坦因的建議，他們的友誼持續了近半個世紀；海明威更不知得到過她多少提攜的實惠。她擅長文學語言實驗，嘗試過一種「自動寫作」（或曰「潛意識寫作」）。然而她寫出來的句子沒多少人能夠懂得。據說，有一次，一家雜誌發表了她一篇文章，因為原稿的頁碼不小心被排字工（也可能是編輯）給弄亂了，上半篇和下半篇排顛倒了。但編輯和校對都沒有發現這個錯誤。直到樣刊裝訂出來，斯坦因自己看出了這個大錯誤。她立刻要求重排。編輯們說，反正您老人家的文章是沒有一個人看得懂的，顛倒了也沒有關係，重排一次成本太高了。但斯坦因卻堅持要重排。最後只好重排一遍，改正了這個對讀者來說其實改不改結果都是一樣的錯誤。

就是這樣一位作家，連同她的一篇同樣風格的題為〈風景與喬治‧華盛頓〉的「怪文」，刊登在美國的一份文學季刊《獵犬和號角》（*Hound and Horn*）一九三二年春季號上。徐遲在燕京大學就讀時，英文系主任士比亞小姐（Ms Spear）見他對現代派文學很感興趣，就送了他

一九八四年，在巴黎亨利·摩爾的銅塑作品面前，徐遲彷彿又獲得了三○年代第一次見到馬蒂斯的繪畫時的狂喜的感覺。

一年的《獵犬和號角》。「這件事影響了我一生的創作傾向，這非同小可。」徐遲後來回憶說，「我讀了這四期刊物，它給我展開了一個奇異的世界文學和嶄新的心靈世界。我直接接觸到了二十世紀三○年代的現代派文藝原著。」他記得，其中有一期裡刊登了幾頁現代派的美術作品，可能是馬蒂斯的，也可能是亨利·摩爾的，「巨大的腿子，巨大的臀部，誇張了的人體美，叫我這從江南小鎮來到古老京城的後生小子瞠目結舌。」他被如此性感又如此富有美感的現代藝術強烈地震動了。他甚至忍不住而動手把刊登在那上面的斯坦因的那篇〈風景與喬治·華盛頓〉翻譯了出來。雖然他也並沒有能夠讀懂這樣的文章，但卻感到了前所未有的激動與享受。「這個刊物成了我的現代派入門書。」到了晚年，他回憶起《獵犬和號角》來，仍然忍不住內心的愉悅：「一點點杯中的泉水，怎麼喝了一小口就那麼使人陶醉？」

他開始更加自覺地去尋找和啜飲西方現代派文學的「活水」了。為此，他跑到北大紅樓，聽過葉公超教授講T.S.艾略特的《荒原》。其時，收集了艾略特一九三二年以前最重要的詩學文章和社會批評的《論文選集》也已經問世。徐遲在稍後不久就用C.O.D（貨到付款）的方式向上海的中美圖書公司郵購了這本「文選」。這本書的第一篇即〈傳統與個人才能〉。艾略特在此文中對傳統這一概念做了重新評價，認為在

一個成熟的詩人身上，過去的詩歌只是他的個性的一部分，「過去」是「現在」的一部分，同時也受到「現在」的修改。艾略特強調，明智地利用傳統，有助於使詩人認識到什麼是比自己更重要的東西，同時也能幫助詩人在詩歌創作過程中獲得這個更重要的東西。艾略特的詩學理論及其長詩《荒原》等作品，對徐遲的觸動和影響是巨大的。「我從不諱言我是一個現代派，但我是遵循著艾略特的指導，重視傳統和個人才能，是兩者並舉的。」晚年的徐遲回憶並肯定說，「我得益於艾略特的實在很多」，雖然在當時「我不能十分理解艾略特的詩和論文，但在他指導下的這條路子卻是走對了」。

在燕大期間，他與施蟄存繼續保持著通信聯繫。由於施的介紹，徐遲又到沙灘的一條胡同裡找到了也在寫詩、並且也在《現代》上發表詩作的青年詩人金克木。徐遲說：「我們一起談詩。他比我懂得更多，我向他討教到不少的東西。」兩年後，即一九三六年夏天，金克木從北平南遊杭州時，還被徐遲拉到他南潯的家中住了些時。在那個夏天，兩個人各幹各

詩人T.S.艾略特速寫像。

九〇年代翻譯出版的《艾略特文學論文集》。

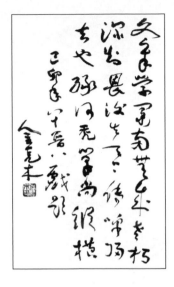
金克木詩歌手跡。

的事情，金譯了一本《通俗天文學》，徐遲則接受了金的指點和鼓勵，連譯帶編，弄出了兩本關於西洋音樂的書《歌劇素描》和《世界之名音樂家》。工作疲勞的時候，兩個人就海闊天空地談詩、談宇宙星空、談音樂。這是一段動人的寫作和愛樂佳話。其時詩人戴望舒已經回國，他得知金克木在譯天文學的書，便寫了一首〈贈克木〉的詩，為新詩史上留下了「弄了一輩子，還是個未知的宇宙」的名句。金也寫了一首〈答望舒〉。令人感慨的是，六十多年後，即一九九七年，金克木的這首詩又作為悼念亡友徐遲的輓歌，全篇抄錄在他的悼文〈詩人的再生〉裡。「世上羨慕天上的星辰，／以為它們自由自在任意遊行。／殊不知它們有無形的鐐銬，／它們有絲毫不能錯的軌道。／……星辰不知宇宙。宇宙不知人。／人卻要知道宇宙，費盡了精神。／愈趨愈遠，愈結成簡單的道理：／不知道宇宙因為不知道自己。」現在看來，這些詩句似乎包含著相當準確和深刻的預見性。自然，這都是後話了。徐遲和金克木的友誼從三〇年代初一直保持到了他們的晚年。

除了金克木，施蟄存還介紹徐遲認識了當時另一位寫現代詩的詩人鷗外鷗。鷗外鷗那時居住在廣州，比起徐遲的詩來，他在「現代」的路子上走得更遠，也更「狂野」，或者說更具大膽的先鋒和前衛風格

徐遲的老朋友、詩人
鷗外鷗手跡。

以及標新立異、甚至驚世駭俗的色彩。然而這位詩人的作品從二十世紀
三〇年代至今，能夠認真地去欣賞一下或談論一番的人寥寥無幾。只有
徐遲，不僅在當時就與鷗外鷗一見如故，相談甚歡，而且在事隔五六十
年後，仍然撰文為這位倒楣的詩人鳴過不平，並且堅信他的詩將是「不
朽的」。晚年的徐遲曾把他和鷗外鷗不同時期的一大堆通信交給我整理
過，我隱約地感到，從這些書信裡也不難尋繹出中國新詩在追求現代性
的道路上的一條清晰的而又艱辛曲折的蹤跡。

　　在與這些詩人交往的同時，徐遲的創作和翻譯也不斷見諸報刊。
那時他的作品主要發表在《現代》、《矛盾》以及《婦人畫報》、《時
代畫報》、《新小說》等有著摩登都會風格的上海刊物上。他寫上海大
都會給他的感覺，也寫自己與故鄉小鎮的恩恩怨怨；他翻譯並撰文評價
了美國意象派詩人艾茲拉‧龐德，他自己的詩中也很自然地有了一些意
象派的影子；他偶爾也寫一點像穆時英、劉吶鷗那樣得之於日本作家橫
光利一和法國作家保爾‧穆杭的「新感覺」的散文。但他自己坦承過，
「我沒有寫出能吸引讀者注意的新感覺派作品」，雖然他對這類作品並
不排斥，甚至一直到他晚年的一些作品裡，還會不動聲色地使用一些新
感覺派的手法。

那時候他似乎只對來自歐美的現代作家以及作品感興趣，像詹姆斯·喬依斯、海明威、龐德、威廉·薩拉揚、T.S.艾略特、路易·阿拉貢、保爾·艾呂雅、里爾克、巴勃羅·聶魯達，W.H.奧登，甚至土耳其詩人希克梅特等，都相繼進入他的視野。除了文學，還有西方古典音樂和好萊塢電影及流行音樂，也使他著迷。他買了不少關於西洋音樂的書，甚至唱片，並且已經結識了音樂家陳歌辛、舞蹈家吳曉邦這樣的藝術界的朋友。

燕京大學使他在西方文學尤其是現代主義文學方面深受其惠，然而，他最終卻沒能修完在燕京的學業。雖然他在燕大也寫出了早期的一批詩歌和散文，甚至留下了一場與美麗的女詩人嚴文莊（即「瑪格麗特」）的精神之戀，但他最終還是回到了自己的江南小鎮。「……往日曾是你的吸紙煙的戀人呢，／愁顏的含了煙草的少年／……我沒有從迅疾的速率中感到短促的意義，／時鐘的滴答是遲緩悠久的。」一九三三年歲末，他用一首較長的詩〈日曆紙〉，和北方古城，和燕大校園，和他的美麗的瑪格麗特，也和一九三三年作別了。

五

一九三六年，無論是對徐遲的創作還是人生，都是極其重要的一年。這一年，他在家鄉小鎮上經過了幾次似是而非的戀愛之後，最終選定了美麗的少女陳松，作為自己終生的伴侶；這一年的下半年，通過親戚的關係，他在中央財政部公債司設在上海的債券核銷處，找到了一個月薪六十元的公務員的差使，於是便「遠離了家園，遠離了紫竹的發下的柔情」，來到了他一直迷戀著的上海。他走時，小鎮上的那些多情的少女，也許都暗自為他流了眼淚。

債券核銷處的辦公地點在江西路上。青年詩人對清點息票之類自然是毫無興趣，他心裡想著的是詩，是寫作，是他的音樂。這時候，海明威的少數作品已經被介紹到了中國，然而「海明威」這個名字暫時還只被中國作家裡的少數人知道，其中就有葉靈鳳和徐遲。徐遲買到了一本海明

威的小説《永別了，武器》，因為非常喜歡那簡潔、明快的語言風格，並為小説中對第一次世界大戰的殘酷與不人道的描繪與揭示所震動，所以就情不自禁地動手翻譯起來。「男主人公的痛苦使讀者不能不掩卷而歎息。我懂得了海明威為何自稱是『迷惘的一代』的心情。」徐遲後來回憶説，「在譯過這部書之後，我自己的文風也受到啟發，我力求用最少的文字來傳達最多的感情。」這本小説譯完了，也在當時上海的一個「啟明書店」出版了。但啟明書店卻是以盜印「一折八扣的廉價書」出名的，名聲不好，所以也累及了徐遲的這本譯作，沒有產生任何影響，現在連這本書也無法找到了。

這一年，對徐遲來説還有一件重要的事情，被他視為「我的文學生涯中一個重要的樞紐」，就是結識了詩人戴望舒。

戴望舒從法國剛一回來時，徐遲就跑去看過他。「我看到他樓下客廳中央的方桌和地板上，疊滿了他從歐洲帶回來的幾千本法文和西班牙文的書。這給了我一個最佳的印象和無限的羨慕。」徐遲後來回憶説。可能也是因為有了施蟄存事先的介紹與鋪墊，所以他們一見如故，徐遲隨即成了戴望舒身邊的兩個最親密的「小嘍囉」之一（另一個是青年詩人路易士，即後來到了臺灣、現居美國的老詩人紀弦）。不久，在戴望舒和穆麗娟（穆時英的妹妹）的婚禮上，徐遲平生第一次穿上了黑色燕尾服，給戴望舒當了一次男儐相，留下了一張在中國新詩史上頗有紀念意義的合影。接著，戴望舒創辦了詩歌刊物《新詩》，三人合資，戴出一百元，徐遲和路易士各出五十元。戴約請了當時的知名詩人卞之琳、孫大雨、梁宗岱、馮至，連同戴本人組成了編委會，徐遲和路易士則做了他手下的「見習編輯」。

在《新詩》創刊號和續出的幾期裡，卞之琳的〈尺八〉、〈魚化石〉，金克木的〈情詩〉、〈鳩喚雨〉，路易士的〈海之歌〉、〈時間之歌〉，戴望舒的〈贈克木〉、〈夜蛾〉，莪伽（艾青）的〈老人〉、〈馬槽〉，以及女詩人林徽因、方令孺、嚴文莊的作品，還有孫大雨譯的威廉·布萊克，梁宗岱譯的布萊克和歌德，馮至譯的里爾克，周煦良譯的霍思曼和艾略特等，都是在當時以及後來產生了一定影響、至今還為人稱道的作品。徐遲也在《新詩》上發表了〈一天的彩繪〉、〈六幻

三〇年代的詩人戴望舒。

徐悲鴻所繪唯美主義詩人邵洵美畫像。邵是
徐遲三〇年代的朋友。

想〉、〈靜的雪，神秘的雪〉等。這些詩歌較之他以前寫的家鄉小鎮與
戀女的詩，顯然有了新的氣象和新的風格。它們在追求「現代性」的道
路上，又往前邁了一步。

　　這年十月，徐遲的第一本詩集，題名《二十歲人》，由「唯美詩
人」邵洵美當老闆的上海時代圖書公司作為「新詩庫」第一集第九種出
版。詩集封面由張光宇設計。這是徐遲的青春戀歌，記錄了他的都會迷
戀和故鄉眷戀情結，也反映了他對現代主義、時尚文化的熱衷和他所能
達到的理解程度。他在《二十歲人》的序言裡這樣朦朧地憧憬著：「將
來的另一形態的詩，是不是一些偉大的Epic（史詩），或者，像機械與
工程師，蒸氣，鐵，煤，螺旋釘，鋁，利用飛輪的惰性的機件，正是今
日的國家所急需的要物，那些唯物得很的詩呢？」這是他的猜想與期
待，又何嘗不是他的預言。我們甚至也不妨做點這樣的聯想：在後來漫
長的文學寫作生涯中，他對於自然科學和現代科學技術的超乎一般文學
作家的熱情與迷戀，以至於被公認為是文學界少有的、專注於科學和科
學家們的詩人和作家，如果要追尋源頭，是否可以說，原來早在他這篇

詩人T.S.艾略特在倫敦的留影。

《二十歲人》的序言裡，就已經初顯端倪了呢？然而，他最終能否實現和完成他的夢想呢？實際上，這時候，戰爭的炮火即將燃起。動盪不安的一九三七年，已經撕下了它春天的日曆。

這時候，W.H.奧登剛剛寫完了《在島上》；狄倫‧湯瑪斯完成了他的《詩二十五首》；路易‧阿拉貢寫完了《巴塞爾的鐘聲》；T.S.艾略特寫完了他的《大教堂謀殺案》，其中寫到了希臘悲劇裡的合唱隊，恐怖的陰雲即將籠罩世界。

六

晚年的徐遲曾回憶説，一九三七年上半年，他第一次感到，他的寫作和「收入」有了某種聯繫；而且他第一次覺得，「似乎我的寫作素材已經差不多寫完了」。為什麼會有這些感覺呢？前者答案是明確的：他已經在一九三七年元旦和陳松舉行了婚禮，成立了家庭，因此也隨之有了「掙錢」「養家」的責任意識。對於後者，如果仔細考察一番，就會發現他所説的也是事實。

繼《二十歲人》出版後，他在這一年的上半年又編出了第二個詩集，取名《明麗之歌》，收入了戴望舒編輯的「新詩社叢書」，已經打好了清樣，即將出版了。然而還未等到開印，「八‧一三」的炮火就燃燒了起來。我們從收進了《明麗之歌》的那些作品可以看出，徐遲當時的寫作素材的確是「差不多寫完了」，而且同時也證明了他後來對自己這個時候的評語：「當時我一點不關心國際國內的政治、經濟、軍事和外交形勢，簡直懵懵懂懂的，在自我的一個很小的圈子裡活動。」

　　《明麗之歌》所收詩作，也是現代派風格的作品。由於徐遲跟著戴望舒學習創作、編輯已有時日，在詩的藝術上已大有進步。較之《二十歲人》，這本詩集裡的一些作品已臻成熟了，如〈六幻想〉、〈贈詩人路易士〉等。徐遲晚年為《明麗之歌》寫的新序中說過，這些詩儘管還有著不少缺點，但當時的文字和心靈卻十分自由，不像後來渾身都是無形的繩索。

　　值得注意的是，聞一多先生後來編選現代詩抄，就是從徐遲的這些詩歌中選取了幾首具有代表性的作品的。

　　當然，他在這本詩集裡，也繼續寫著「戀愛的詩」，如〈念奴嬌〉、〈金縷曲〉、〈蝶戀花〉以及〈戀的透明體〉和〈一天的彩繪〉等。但它們已經沒有了《二十歲人》裡的那種自然與單純，而多了一些輕倩和香豔的東西。他陷在個人戀愛與幻想之中的時間太久了，除了文字上的音樂美和詞藻上的華麗與鋪張之外，原創的激情已經明顯地變得稀薄了。

　　左翼文藝批評家胡風在四〇年代初發表過一篇文章，其中批評到徐遲當時所寫的〈抒情的放逐〉一文時，說徐遲一向是個只寫一些戀愛、奶罩、三角褲之類的軟綿綿東西的公子哥兒。這當然是過於偏激和有失公允的。實際上徐遲在此前和此後都從未寫過什麼奶罩和三角褲。但胡風之所以會對徐遲產生這麼一個印象，現在想來，恐怕是與徐遲這個時期發表過的（有的也編入了《明麗之歌》）這些帶著柔軟、輕倩和香豔風格的戀愛詩有關。而且這些詩有的當初又是發表在諸如《婦人畫報》之類刊物上的，有的在發表時就冠以「豔詩抄」的標題。這些自然都不能不使胡風先生產生了錯覺。當然，這都是後話了。《明麗之歌》裡有著

「為賦新詞強說愁」的傾向也是事實。詩集目錄裡保留了一個名為「未完成的永恆證」的詩題。這個詩題倒是比較準確地揭示了他這本詩集的弱點。而實際上，他自己當時就已經意識到了這個「未完成的」創作狀態，所以他在「自跋」裡留下了自我調侃的三行詩：「命運用獵刀開我的心的玩笑，／一個弄火的孩子，／終至於灼傷了自己的手。」

這裡所說的「火」，還只是個人的戀愛與人生的微火，所以也只能灼傷他自己的手。只有當關乎民族存亡的大火燃起，才能灼醒和燒痛詩人的懵懂與幻想的心，使他從個人的「明麗之歌」中醒悟過來。戰爭，將不僅摧毀他即將出版的詩集，也將提前終止他這抒發個人戀愛與夢幻的「明麗之歌」，甚至也給他的音樂散文的寫作暫時劃上休止符。

「八‧一三」事變，日軍侵佔了上海。《新詩》當即停刊，朋友們星散。先是施蟄存去了福建，接著，戴望舒、徐遲、葉靈鳳、路易士等相繼去了香港。當徐遲再一次開始歌唱的時候，我們所聽到的，將是合著民族的命運、前途和時代的節拍與音律的「最強音」了。

晚年的施蟄存。一九九五年攝於上海寓所「北山樓」。

喬冠華和徐遲

初識喬木的「風雷之筆」

喬冠華是三〇年代清華大學哲學系的高材生，師從楊振聲、朱自清等文學家學過文學，又師從馮友蘭、金岳霖等哲學家學過哲學。清華之後，他又先後留學日本和德國，在日本研究政治，在德國則研究軍事。

抗戰初期，喬冠華回國，先在四路軍總部任參謀，主要收集外國的軍事情報和當時的國際情況。從那時起，他就成了一名國際問題專家。廣州淪陷後，他經韶關到了香港。當時，大概是余漢謀因為敵人一在大鵬灣登陸，自己不過幾天便丟了廣州，實在不好向廣州父老交待，所以為了緩和百粵父老的責難，便撥了一筆經費到香港，辦了一張報紙，繼續鼓動人民起來焦土抗戰。這份報紙，就是一九三九年三月初創辦的《時事晚報》。其主筆是喬冠華，另一位作家葉靈鳳負責副刊，社址在百花街的一個小房子裡。

《時事晚報》每天出報紙一大張，創刊之初曾免費給當時從內地流亡香港的文化界人士贈閱一些天。徐遲也屬被贈閱之列。他回憶說：「第一天的社論，就使我大吃一驚。我感到它文筆優美，論點之鮮明，不僅是一般的精彩，而竟是非常非常精彩。這樣我就每天讀這份報紙。贈報後來停止，我可是還從報攤上買了來讀，主要是讀它的社論。每天一篇，顯然是出諸同一作者的手筆；每天都十分警闢，動人心弦，簡直

一九三三年從清華大學哲學系畢業的
喬木（喬冠華）。

是非讀不可的文章。到了時候如還沒有讀，就茶飯無心。……是誰，寫
出了這等絕妙的文章？不禁在心頭浮起了這樣的疑問。」

　　徐遲當時還不知道，寫這文章的人就是喬冠華。喬的宿舍就在晚
報隔壁的樓上，他的小小的書桌書架上，堆滿了英文、日文、俄文和
德文的書刊。其時英國已向德國宣戰，香港還有一家德國通訊社「海通
社」。除了通過各種外文書刊，喬冠華有時就直接用德語打電話到海通
社去瞭解歐洲戰事的新動向。就是在這樣的氣氛裡，他為《時事晚報》
寫出了一篇篇被譽為「風雷之筆」的國際時事述評，署名「喬木」。這
些文章不脛而走，一時風靡全港，《時事晚報》也在一夜間變得「洛陽
紙貴」，許多有眼光的讀者刮目相看，爭相傳閱。

　　喬冠華當時的工作方式是，夜晚寫社論，白天睡大覺，下午起來
找朋友談天，找材料，或參加讀書會。當時流亡在香港的文化人有個老
傳統，天天要到咖啡店或茶座去喝下午茶，其實就是聚會，談天，談時
事……當時比較著名的地方有兩個：一是一個叫「聰明人」的地方，那
裡常聚著著名學者溫源寧、葉秋源、全增嘏等《天下》的同人；另一個
是女皇大道中華百貨公司的「閣仔」。在這裡常常見到的有馮亦代、徐
遲、葉靈鳳、梁若塵、袁水拍等人。喬冠華有一次也被請來講時事，這

五〇年代的徐遲（中）、馮亦代
（右）和他們的「領路人」喬冠華。

樣，徐遲就有了結識他的機會，並且知道所有的社論都是喬的手筆。介
紹他們認識的是葉靈鳳，徐遲在上海時的朋友。徐遲回憶說：「這天，
我認識了他，還聽他說過，他正準備著寫作紀念法國大革命一百五十周
年的社論。他先說一說，可以聽一聽意見，以供他執筆時參考。他談笑
風生，出口成章，是我從來沒有聽到過的，警句一出驚四座，叫我喜不
自勝，不禁佩服之至。」

在徐遲眼裡，喬的這些精彩的社論，是從全球的範圍，來評論
整個國際形勢的翻騰起伏的；儘管國際形勢千頭萬緒，許多變化，沒
有人能夠事先料及，但這些社論卻能說得清清楚楚，然後在這樣的清
晰的背景和基礎上，再對亞洲問題和中日衝突的關鍵內容加以評說，
使人信服。徐遲覺得，讀了這些社論，自己也像是站在了一個制高點
上，正在環顧全球，前前後後，歷歷在目，大事小事，輕重緩急，一
下子都再也清楚不過了。「他給了我永遠也忘記不了的，那樣的一種
我無法描述的樂觀情緒和精神力量。」徐遲由衷地說道，「這是我的
一個新的變化的起始點。」

時代「史詩」的見證人

徐遲原本也是恃才傲物之人。但在喬冠華面前，他卻為之「服服貼
貼」了。音樂和史詩，徐遲歷來以為這是自己的兩個「強項」，能夠所

向無敵、自有絕招的。然而和喬木相識後，有兩次所談話題正好是音樂和史詩，徐遲試探了一下，便立刻承認被喬「擊潰和說服」了。

徐遲也曾去過喬的住處。看到喬的房間裡，地板上，就像一個國際書報社一樣，放滿了一排排一疊疊的，來自世界各地和各種文字的報刊、書籍和地圖。《泰晤士報》、《紐約時報》、《華盛頓郵報》、《曼徹斯特導報》、《華爾街金融報》以及《時代週刊》、《經濟學家》、《亞細亞雜誌》……這一切使徐遲覺得，喬冠華差不多是用報紙作地毯、作被子的，他的小小的房間裡，裝滿了全球的聲音，你幾乎聽得到，在這裡，有著真正的響徹雲霄的，用時代的號角組成的大樂隊，奏出了無比宏偉的交響大樂。喬冠華就在這時代的交響樂中，每天深夜開始工作到拂曉。拂曉時分，他向人們吹奏出自己的嘹亮的、鼓舞人心的號音。

一九三九年四五月間，舉世矚目的西班牙戰爭中，馬德里失陷。喬冠華的國際述評從馬德里的陷落開始，密切跟蹤著戰爭的進程，一直寫到秋天德國軍隊佔領了華沙，英國、法國分別向德國宣戰，第二次世界大戰開始。這是一個驚心動魄的歷史時期。喬冠華的國際述評也帶著充沛的感情，對這段歷史做了「史詩」般的描述和評析。

喬在〈謎一樣的馬德里〉的結尾處，在分析了西班牙的保衛者的陣營內部分裂的階級根源之後，這樣寫道：「西班牙是一個生長橄欖樹的地方。冬天到了，橄欖樹的枝枝葉葉化為泥土。但是誰又能擔保觀在已經變成橄欖樹田的肥料的戰士的骸骨，不在歷史的春天到來的時候，又結出青蔥的果實，來點綴那明媚的半島呢。」徐遲說：「這簡直是激動人心的史詩！我從來也沒有讀到過這樣感人的社論。怎麼他能這樣來寫社論的呢？然而，是應該這樣的！……他比我們的許多詩人要強得多了，他寫的是我們時代的最好的史詩。」

一九三九年九月，華沙失陷。一天晚上，喬又被一個聯誼會請去演講，題目就叫「哀華沙」。徐遲、袁水拍、郁風等都相約一起去聽了喬的精彩的演講。喬的聲音是沉重的。他說道：「……波政府十六日逃亡，保衛華沙的責任，十六日起落到了市民身上，這也是為什麼華沙還能支持到今天的緣故。十六日到二十七日這十天中，華沙的城防戰士充

滿了多少可泣可歌的英雄史詩，然而歷史的命運不能在十天之內可以挽回的，華沙終於投降了。……」

聽著這樣的演講，徐遲覺得，舉世所哀悼的，已不是一個人，或一個戰鬥、流血的城市，甚至也不是哪一個屈服了的國家，而是一個象徵，一整個世界！他屏氣凝神地聽老喬講下去：「……維斯杜拉河兩岸的沖天火柱向天空抓拿著。河水反映出那可怕的火光。市內公園變成墳場了……」

華沙的陷落，是一聲警鐘響徹在人類的命運的緊要關頭，喬這樣分析說：「那警鐘的聲音將從維斯杜拉河傳到布達佩斯；從布達佩斯傳到貝爾格萊德，到羅馬尼亞的布加勒斯特，到保加利亞的索菲亞，渡洋越海，到更遠的地方。……華沙陷落了，華沙街上充滿了那些歷史的血腥，屍骸和寂寞。但是我們並不失望，讓死者埋葬死者，華沙一定會再生的！它將和被解放了的柏林一道，英雄地站立起來！」在這裡，喬冠華向人們展示了一種大信念和大希望，並預言，華沙和柏林的重新站起來，將意味著無產階級甩掉自己身上的枷鎖。他的演講，使徐遲和朋友們從光明與黑暗的交迭中看到了光明，從希望與絕望的交鋒中看到了希望，從春天與冬天的搏鬥中感到了無比的溫暖。

蘇、芬交戰，喬寫了〈歷史的報復〉，不久又寫了〈從西線到東線〉、〈報復的歷史〉、〈西線終於發生了戰爭〉等。這些文章，其分析世界形勢之透徹，追蹤戰爭與和平的進程之緊密，喚醒人們的良知與信心之熱誠，尤其是那恣肆汪洋、議論風生、酣暢俊逸的大手筆……令多少人耳聰目明、茅塞頓開，心嚮往之而身追隨之！

別說是緊緊追蹤著這些社論的徐遲，就是事隔半個世紀之後的今天，我們再來看這些絕妙文章，也會覺得，這的確是世上罕見的大手筆、大襟懷，確乎是記錄了整整一個狂飆突進般的時代的精神風貌的最好史詩！這樣的文才，這樣的手筆，也許只應屬於那樣的年代。反過來看，那樣的年代——光明與黑暗並存，苦難與歡樂共生，生與死相依，愛與仇同在的年代，假如沒有這等風雷手筆來作「史詩」般的記錄，同樣也是不可想像的。

徐遲是這時代「史詩」的見證人之一，更是一位深受其惠者。且不說他從這些「史詩」看到了人類光明的前途，從而堅定了自己生活的信念和步履，單是喬的恣肆汪洋的社論體的文字風格，對於徐遲以後的文風，也產生了不小的影響。

一個馬克思主義的讀書會

〈喬冠華臨終前身世自述〉裡有這樣一段回憶：「除了（為《時事晚報》）寫社論稿外，我還和一些志同道合的進步青年，在一起搞讀書會，研究學習馬列主義。我記得，我在香港搞起來的第一個讀書會，是在馮亦代家裡的一個讀書會，參加的人除了馮亦代夫婦之外，還有徐遲。……他們幾個都是銀行的高級職員吧，是白領階層。他們在灣仔那一帶有房子，比較寬敞一點。我們每個禮拜在那裡聚會，大家一起唸書，我當主持人。因為在這以前，這些朋友傾向進步，嚮往進步，但他們並不很瞭解馬列主義。我們唸的最初的一本書，不是《共產黨宣言》，而是《法國的革命戰爭》。」

其時，馮亦代是中央信託局的，徐遲是財政部的職員，還有袁水拍、沈鏞等是中國銀行的。這個讀書會就設在馮亦代家的大客廳裡，每次由喬冠華主講，其他人只是旁聽，講完課後還討論些問題。在這個讀書會裡，徐遲第一次讀到了米丁的《新哲學大綱》、馬克思的《法蘭西內戰》以及《資本論》等馬列著作，而且第一次明白了資本主義社會血跡淋漓的歷史，知道了十九世紀上半葉工業發展的內幕和工人階級謀求自身解放的必要性。這對徐遲來說，簡直就是思想上的一個飛躍。他曾回憶過那個讀書會上的情景：喬冠華為了培育他們這些讀書會員，常常是廢寢忘食的，有時趕到馮亦代家，他還餓著肚子。他一邊喝著咖啡，一邊講歐洲戰局，講完又講《資本論》。艱深的經濟學到了他嘴上便成了熱情澎湃的詩篇。喬冠華講得非常精彩，徐遲和袁水拍都認真地做過一些記錄，並從中汲取了詩的素材和辭藻。其中有一篇〈詩與記錄〉裡還這樣說道，「他說話，像金沙似地流來，作為一個金礦的礦工的我，就儘量淘金。」

有一次，喬在講《資本論》的某一章時，忽然聯想到了但丁的《神曲》。他這樣比方說：「可以寫入我們這時代的『地獄篇』的，是資產階級社會裡的無產階級，一般的產業工人的簡直活不下去的，像在地獄中的痛苦生涯。而『淨土篇』卻寫了那似乎還過得下去的小資產階級貌似平靜，實則是很不安全，也在忍受著異常慘痛的命運的，如像在煉獄中受盡折磨的社會形象。只有資產階級，大資本家，財閥們，好像是生活在『天堂篇』裡，他們似乎是幸福的，實際卻是作威作福，荒淫無恥，過著罪惡滔天、喝血的日子的……」

這樣的鞭闢入裡的分析論述，常聽得徐遲們迴腸盪氣，心悅誠服。他們在這生動形象的講述中，愉快地和自覺地接受了馬列主義的理論，也明白了正直為人、立場鮮明的處世之道。

霧都歲月裡的友誼

一九四○年九月，徐遲徵求了喬冠華的意見，得到贊成，便作為「中國電影製片廠」在香港新聘的「編導委員」，離開了香港，歷盡曲折和艱辛，到了山城重慶。其時歐洲戰火愈燒愈旺，鐵騎過處，一片焦土。不久，太平洋戰爭又爆發，香港迅即淪陷。喬冠華幾經周折，方才脫險。他先去了趟新加坡，然後又通過東江游擊縱隊的援助救護，過韶關，經貴陽，於一九四二年夏到達重慶。

根據周恩來副主席的指示和安排，喬冠華進了《新華日報》，並負責黨的刊物《群眾週刊》的主編工作。他先是住在純陽洞的報社宿舍，不久又搬到了曾家岩「周公館」的三樓上。徐遲和喬冠華，又在山城燈火之中重逢。霧都生涯，雖然不免陰晴顯晦，但在徐遲看來，總算又可領略到老喬的談笑風生、使翰墨生輝的聲音與文字了。

從一九四三年元旦開始，喬的國際述評又在《新華日報》上重新開張。他取了兩個新筆名：于懷和于潮。而且從一九四三年元旦開始，蘇軍反攻逐漸取得勝利，戰果捷報頻頻傳來。喬在重慶寫國際述評便以一篇〈條條道路通往柏林、羅馬和東京〉開始。他在預言著勝利，但又寫道：「這不是預言，這是我們眼前展開的歷史事實。……解放者到來

了！……來把北高加索的民眾，從希特勒的魔掌下，解放出來的，卻正是二十世紀的近代的巨人：紅軍。」接著又是一篇《春潮》：「好像是奪開了閘門的洪水。蘇聯紅軍的反攻慢慢地但是不可抗拒地淹沒了法西斯德軍的陣地。」

這時候，正在「賦閒」的徐遲，幾乎天天往喬冠華的住處跑。他似乎一刻也不能忘懷喬的風華文字，只要聽見了喬的口若懸河的議論和議論之後的開懷大笑，他便覺得充實和放心。喬冠華也從多方面關心著徐遲。為了能使徐遲增加一點稿費收入，小補生活，喬冠華找來一本反法西斯的小說《第七個十字架》（安娜·賽格斯作），讓徐遲翻譯。接著又和夏衍一起介紹徐遲給郭沫若主編的大型文學季刊《中原》作編輯，使徐遲得以和郭沫若、胡繩、夏衍、戈寶權、楊剛、于伶、石西民、陳家康等交往。徐遲愉快地在這一塊「最好的文化園地」忙碌著。

有一天晚上，徐遲又到老喬那裡去。他每次敲喬冠華的門，都是篤篤篤先敲三下，稍停再篤地敲一下，用的是《命運》的節奏。這次敲門後，喬冠華把他介紹給了一位外國人——墨西哥駐華大使館的代辦瓦葉。不久，徐遲就去瓦葉那裡當了一名中文秘書，從而有了一份固定的收入。

而最使徐遲著迷和留戀不已的，仍是喬的國際述評，徐遲甚至覺得，它們是比在香港時更精確，也更鋒利，又更精彩了！「每天都攻下它一到兩個城！」喬不時地把他情緒高昂的文章讓徐遲先睹為快。徐遲是一目十行，目不暇接地讀著他心中的「史詩」：「光榮呵，不朽的戰士，桂冠將永遠戴在你們的頭上！大自然是慷慨的，土地是不朽的！你們是不朽的……」

這是〈人創造了形勢〉中的句子。數十年後，徐遲重讀這些文字，忍不住大叫：「這哪裡是寫評論！這簡直是在寫詩，真個是在寫著史詩了！」喬的文章還在繼續：「……好轉的動向，雖然已經是十分明顯，過早的樂觀卻還不是時候。……」徐遲則是徹底地心服了：「我的天啊，這個國際問題專家，有的是何等樣的文筆，何等樣清醒的思維啊！」

一九四四年重慶出版的于懷（喬冠華）國際述評集
《向著寬闊光明的地方》書影。

　　及至一九四五年，當「美軍的呂宋之戰揭開了一九四五年的新的
一頁，蘇軍的冬季攻勢早寫下了歐洲戰爭一九四五年的序言……」喬
冠華的「史詩」也進入了它的「華彩」章段，到了它的最激動人心的高
潮了。從〈迎接人民的春天〉到〈站在命運的河邊〉，然後是〈不能再
拖〉，是〈克里米亞的道路〉……多年之後，徐遲引述其中的章段時，
竟是忍不住給這些本來是連書的散文文字分成行，排成了詩的形式。徐
遲由衷地說道：「它們本來就是詩！是當代最宏偉的史詩！」請看——

　　　誰也不能預言這閘後的洪水，什麼時候氾濫？
　　　更不能預言那氾濫的洪水究竟先奪開哪一個閘門而出？
　　　這是一道歷史的水閘：閘的這一面是人民的力量，
　　　閘的那一面是人類的死敵，
　　　閘的上空閃耀著人民的世紀。
　　　這是一幅壯絕古今的圖畫，這是一幕決定命運的鬥爭，
　　　那麼，這鬥爭何時展開呢？
　　　………………

這是〈克里米亞的道路〉中的一段。到了五月份，蘇聯紅軍攻下柏林的消息傳來，喬冠華的「史詩」是這樣寫著：

> 萬人期待的大消息終於揭曉了，
> 五月二日紅軍完全佔領柏林！
> 法西斯的老巢搗毀了，
> 魔鬼們的徽星摘下了，
> 光榮啊，偉大不朽的紅軍！
> 全世界的人民感謝你們，
> 全人類的後代感謝你們，
> 你們旋轉了乾坤，
> 你們創造了歷史。
> ………………

喬冠華寫這些國際述評時，是住在曾家岩五十號「周公館」的三樓上的。當時，這個地方幾乎天天都被國民黨的特務包圍著。但是為了能夠得到光明的啟示，精神的安慰和生活的力量，徐遲（還有袁水拍、馮亦代，他們自稱為「三劍客」）差不多是每隔三天就要去一次「五十號」的，個人的危安已經完全是在服從真理的需求了。而喬冠華的生花妙筆，運籌帷幄般的對於世界歷史進程的預言和評述，在這茫茫霧都，恍若熾亮的燈塔，為人們照耀著精神的道途。

二十世紀八〇年代，徐遲回憶起山城歲月裡的喬冠華，這樣評說道：「歷時三年之久，他那樣系統地、完整地，搜羅了、佔有了祖國和世界各地的見聞和資料，用歷史唯物主義的銳利目光，嚴密地切脈診斷，記錄了、並解剖了當時的前進與倒退，革命與反革命，人道與獸道。天堂與地獄的史實，關懷著世界與中國的命運。」徐遲還認為任何一個認真研究第二次世界大戰那樣慘痛的人類歷史的學者，恐怕是不能不對喬的國際述評表示敬佩之情的。它們已成為二戰時期的文獻之一。

馮亦代回憶起這段歲月時，也認為：《新華日報》是大後方黑霧籠罩下的一盞明燈，喬冠華預有功焉。

　　一九四五年八月十一日，日本投降。山城上下一片歡騰。徐遲一聽到消息，便和幾位朋友直奔《新華日報》社而去。他當時最想見到喬冠華。果然，喬的房間裡已聚集了不少人，熱鬧非凡。他正搖頭晃腦地背誦著杜甫的詩〈聞官軍收河南河北〉：「劍外忽傳收薊北，初聞涕淚滿衣裳。卻看妻子愁何在，漫捲詩書喜欲狂。……」他們沉浸在勝利的狂歡之中。這裡還可說一件事：八月二十八日，毛澤東主席飛抵山城，和蔣介石談判。另一位「喬木」——毛澤東的秘書胡喬木，作為隨員也來到重慶。喬冠華是「南喬」，胡喬木是「北喬」（北喬木）。二人同是江蘇鹽城人，又都寫得一手傳世文章。現在相會於山城，實屬興事。南喬喬冠華於是借徐遲的「草堂」請北喬胡喬木吃飯，原因是徐遲夫人陳松做得一手好菜，而且是正規的江浙家鄉風味。徐遲記得，當時的陪客還有戈寶權、楊剛、袁水拍、馮亦代。這件事正說明了徐、喬的友誼之深。

　　此事過後不幾天，喬冠華通知徐遲：「你今天下午三點鐘，要和馬思聰兩人，一起到紅岩村去，到時候自然會有車子來接你的。」這樣，徐遲便見到了心儀已久的毛主席和周副主席，並且通過喬冠華，又獲得了毛主席的親筆題詞：「詩言志」。如今，這幅題詞已是十分著名的了。原件徐遲早已交給國家檔案館保存，他現在手上保留著的是一份中共中央辦公廳為他「勾填」的複製本。

　　這幅題詞，堪稱中國新詩史上的一件重要文物、文獻，也是徐遲山城歲月裡的珍貴的紀念。八〇年代當他的長篇自傳《江南小鎮》出版時，他欣然把它放在書前那組照片中的第一頁。每當看見它的時候，他就會想起與毛主席、周副主席的那次幸福的會見。自然，也忘不了那如兄長般關懷著他的老喬，喬冠華……

九〇年代裏出版的喬冠華的國際述評集
《爭民主的浪潮——一九三九年的國際》。
這些文章對徐遲的政治信仰和文風,都起到
過重要影響。

無盡的懷念

新中國建立以後,喬冠華和徐遲都到了北京。最初那幾年,喬冠華出任國家出版總署的國際新聞局局長。署長即是「北喬」胡喬木。國際新聞局秘書長是馮亦代,徐遲則在國際新聞局對外宣傳處的英文刊物《人民中國》當了編輯。這個刊物的主編也是喬冠華,徐遲算是他的同事和部下了。他們又一起度過了一段愉快的共事時光。

抗美援朝之後,喬冠華作為開城板門店談判的中方代表團顧問,久留朝鮮。徐遲作為記者赴朝採訪時,曾在異國和他又見了一面,初次感到了他作為外交家的對於敵方的針鋒相對、遊刃有餘的才華和風度。

再後來,喬冠華到了外交部之後,如徐遲所言,「隔行如隔山」,幾乎沒有再見面的機會了。但他的風韻,他的文采,他的勞績,徐遲還能從新聞電訊,甚至從外交檔中隱約窺見。作為老朋友,作為一度共事過的一個部下,徐遲耳聞目睹他肩負國家外交重任,來往於聯合國和國

一九五〇年，朋友們在畫家葉淺予家聚會。其中有徐遲（前左二）、喬冠華（中右二）、馮亦代（後右一）、楊剛（前左一）、葉淺予（後右二）、龔澎（中右一）等。

家外交部之間，活躍在風雲變幻莫測的世界外交舞臺上，不僅稱職，而且仍然談笑風生、遊刃有餘，便從心裡為他高興，為之欣慰。而且像馮亦代、李顥等許多昔年的朋友一樣，笑語自慰：老喬他是在跟基辛格、尼克森、田中角榮、瓦爾德海姆、馬立克、葛羅米柯這等人物打交道，吾輩可是不容易見到他的了……他們惟有在心裡關注著他，思念著他，祝願著他。

　　到了喬冠華晚年，他們才又有了見面敘舊的機會。但其時喬已由忙人「賦閒」在家，而且患了不治之症，豪氣亦非復當年了。舊友相見，他仍然笑語朗朗，但一道陰影已罩在每個人的心上了。一九八三年農曆中秋之時，喬冠華溘然長逝，撇下了一群舊日的知心友人，也撇下了晚年的紅顏知己。

　　喬冠華去世後，他的骨灰葬在蘇州東山之巔，與他的故鄉，與美麗的太湖遙遙相望。山明水秀，魂歸淨土。他給朋友們留下了無盡的懷念。徐遲、馮亦代、李顥等，或以文字緬懷他的師恩友情，或親上東山祭掃他的墓塋亡靈。

文壇「三劍客」

一

二十世紀三〇年代，戴望舒、施蟄存和杜衡三人，曾被出版家趙景深先生稱為「文士三劍客」。趙氏曾描寫道：「這文壇三人，我皮相地觀察起來，外面所表現的是各有不同的：望舒的説話聲音很輕，很溫柔，跟你很親熱；蟄存則很豪爽，説話時很有精神，聲音很高，雖然面部和身材都很瘦削；杜衡則不大説話，即使説也是很慢的，時常手支著額，像是哲學家一般的思索。」（《文人剪影》，北新書局一九三六年版）

不過，後來這「文士三劍客」還是不歡而散，乃至分道揚鑣了。那是抗戰期間的事：一九三九年春，杜衡附敵，身為「中華全國文藝界抗敵協會香港分會」實際負責人的詩人戴望舒，在香港毅然宣佈開除曾是自己摯友的杜衡的「文協」會籍，與之決裂。其時施蟄存與杜衡雖也意見不合，但念及舊情，仍曾勸説過戴望舒，是否能夠挽救杜衡。結果沒有成功。曾經擁有過「第三種人」之稱的杜衡，終於淪為革命陣營的對立面人物。

本文要説的「三劍客」，並非趙景深先生所説的這組「三劍客」，而是比戴、施、杜略晚幾年的另外三位要好的文人：袁水拍、徐遲和馮亦代。其中有一點相關聯的是，從三〇年代開始，這一先一後的兩組

「三劍客」人物都是互相認識的，其中有的還是非常親密的朋友，如徐遲與戴望舒、施蟄存等。

稱徐遲、袁水拍和馮亦代為「三劍客」，也是有根據的。徐遲在長篇自傳《江南小鎮》第四部裡就說過：「因為袁和我在詩歌上堪稱同行，我們的關係最好。我們兩個，和馮亦代一起，三人自稱『三劍客』……」其時是四〇年代，雖然他們三人周圍還有喬木（喬冠華）、夏衍、龔澎、楊剛等堪稱「亦師亦友」諸公，但在徐遲們看來，「他們都是要比我們高出了一個檔次的」，在感情上和日常交往上，他們更多的是把喬木等人當成自己的引路人和指導者來尊敬的，而不像「三劍客」自己之間那麼隨便。

二

徐遲生於一九一四年，湖州人；袁水拍生於一九一六年，蘇州人；馮亦代生於一九一三年，杭州人。不用說，三人都深受家鄉吳越文化風氣的濡染薰陶，說起話來，「猶帶吳音」。在他們相識之前，各自都有了良好的文學準備，並且已經開始在文壇嶄露頭角了。

馮亦代在童年時就讀到了不少家藏的林紓翻譯的域外小說，十二三歲時，又讀了如魯迅、郭沫若等許多現代新文學作家的書，同時讀到了狄更斯、莫泊桑、契訶夫、果戈理等外國作家的小說。一九三二年他考入上海滬江大學，接觸到了更多的外國文學名著原著和中文譯本，英國的如莎士比亞等人的作品，蘭姆的散文小品等等；美國的如易坎人（郭沫若譯）的《石炭王》、《煤油》和《屠場》等，還有海明威早期的小說《永別了，武器》等；俄國的如屠格涅夫、陀思妥耶夫斯基和托爾斯泰的著作，蘇聯的高爾基的《克里姆·薩姆金的一生》、《母親》等；還有法國的小仲馬的《茶花女》、莫泊桑的《水上》、都德的《磨坊文札》等等；德國的則有郭沫若譯的施托姆的《茵夢湖》和歌德的《少年維特之煩惱》……馮亦代回憶記：「我認識到要開掘外國文學的寶藏，必須首先磨利語言這把刀，因此在不同時期先後頻頻叩打法、德、日、俄和世界語的大門……」（〈荒漠中的摸索〉，載《聽風樓讀書記》，三聯

書店一九九三年版）少年和青年時代，馮亦代就是一個外國文藝的狂熱的愛好者，後來他果然成了知名的文學翻譯家。而在他結識徐遲、袁水拍之前，他除了已讀過不少外國文藝作品外，還受到施蟄存主編的《現代》雜誌刊登的新感覺派小說的影響，寫了不少「感覺」頗好的散文作品。

青年時代的馮亦代。

徐遲出身於書香門第和體育教育世家。他的曾祖父、祖父和父親都有舊體詩集存世。三〇年代，他已經先後就讀於燕京大學和東吳大學，閱讀了不少外國作家特別是「現代派」作家如艾略特等、「意象派」詩人如龐德等以及「新感覺派」作家如橫光利一等人的作品，在創作上也已經小有成就，並顯示了自己的「現代」傾向。他已經出版了自己的第一本詩集《二十歲人》（一九三六年上海時代圖書公司出版），編譯了三本音樂著作《歌劇素描》（一九三六年上海商務印書館出版）、《樂曲與音樂家的故事》（一九三七年長沙商務印書館出版）和《世界之名音樂家》（一九三八年上海商務印書館出版）。同時，還在《現代》、《時代畫報》、《矛盾》等刊物上發表了不少譯

馮亦代四〇年代翻譯的《守望萊茵河》，初版也是由美學出版社出版的。五〇年代裏又在平明出版社再版。

詩和評論文章，深得施蟄存、戴望舒、葉靈鳳等人的賞識，而且與馮亦代不謀而合的是，一九三六年前後馮亦代在讀了海明威的《永別了，武器》之後，特別欣賞海明威的簡練的文風，因而忍不住動手翻譯起來，幾乎同時，徐遲也以《永別了，戰爭》的譯名，譯了這部名著。海明威成了徐遲和馮亦代相識之後常常討論的一個共同的話題。在「三劍客」相識之前，徐遲應該說是三人中創作成就最大的一位，而且在文壇上已有一定的名氣了。

袁水拍畢業於設在蘇州名園「滄浪亭」內的蘇州藝術專科學校，學美術，但卻興趣廣泛，尤愛評彈藝術。讀書期間，每逢星期天總要跑跑新舊書店，並到茶館裡去聽聽評彈演唱。這可能是使他後來成為一名優秀的抒情詩人和「山歌手」的因素之一。在結識徐遲和馮亦代之前，他除了從事一點屬於本專業的繪畫之類外，也開始在報刊上（如茅盾主編的《力報》副刊《言林》等）發表一些短文了，而且在徐遲看來，「他知識面很廣，文字清新俊逸，頗為幽默有趣，讀者看了喜歡」。

三人結識之前，都在上海生活過一段時間，卻無緣聚在一起。馮亦代和徐遲當時都是與施蟄存的《現代》雜誌時常過從的，卻也還沒有結識，而只是「神交」。

<h1 style="text-align:center">三</h1>

一九三七年八月，日本人侵佔上海。設在上海的許多機構紛紛遷往香港等地，在上海的文化界人士也分批流亡香港。馮亦代是一九三七年下半年去了香港，因為他是滬江大學工商管理系畢業，所以進了孔祥熙的中央信託局，成為一名高級職員，屬於「白領階層」；袁水拍先是考進設在上海的中國銀行，當上了一名練習生，戰爭開始後，被調到香港分行的信託部裡作職員；徐遲則是一九三八年五月，作為流亡文人，和戴望舒全家一道去香港的。

徐遲初到香港，一家人住在環境優美的學士台，但人地生疏，不免苦澀。加上挈婦將雛（他的女兒徐律剛出生才幾個月），人海茫茫，就更

覺得前途未卜。好在他很快就適應了環境，結識了一批新朋友，其中就有馮亦代（原名馮貽德）。二人一見如故，遂成至交。徐遲曾回憶道：「他特別喜歡我的文風，在海明威的散文風格上，有了我們的共同點。我們有說不完的話，談論到現代文學和現代藝術。我特別記得他曾送給我的女兒一條毛毯。他還表示，想要當我女兒的『寄父』。這當然是很好的事，他的好意使我感動，就這麼當上了。我們很快成了最好的朋友，且經過了半個多世紀，多少的風雨，而一直保持到了今天……他是我走上新的旅程的第一個好朋友。」（《江南小鎮》第四部）

　　不久，國民黨中央財政部公債司的上海債券核銷處遷往香港。徐遲在上海時曾是這個債券核銷處的職員，現在為了生活，徐遲前去一說，馬上得到同意，仍然可以作為它的職員。於是徐遲走進了香港有名的那座滙豐銀行大樓，在四樓上辦公。馮亦代所在的中央信託局也在這座大樓的七樓辦公。這時候，他們又得知五樓上的中國銀行信託部裡，還有一位愛好文藝的蘇州人，即常在報刊上發表短文的袁望諸（後來才改名為袁水拍）。這樣，三個人就在這滙豐大樓裡互相結識，從此形影不離了。三個人都是「身在曹營心在漢」，手裡點著票息、單據，心裡卻在想著文藝上的事。常常是，馮亦代從七樓跑到四樓找徐遲聊天，然後又一起上五樓去看袁望諸。因為袁望諸比他倆更守規矩，他是先從練習生

一九五五年出版的《馬凡陀的山歌》，由丁聰插圖並設計封面。

做起，一步步地升上來才當上了辦事員的。徐遲記得當時這位蘇州人給他的印象是：身高一米八以上，長方形的臉型，中間略凹，架著一副金絲邊眼鏡，説起話來，猶帶吳音，未開口自己先笑，説出話來，聽者大樂，風趣而不庸俗，有雅謔與機智之妙才……看來，袁望諸此時已顯示出了他後來使舉國皆知的「馬凡陀山歌」的諷刺與幽默的氣質了，而且其時尚未成婚，神態瀟灑不凡。

亂世生涯，物以類聚，人以群分。三個人惺惺相惜，很快成了好朋友。雖沒有「桃園結義」，但滙豐銀行大樓卻成了「三劍客」友誼的起始點。

四

他們開始在一些朋友主持的報刊上寫詩、寫文章了。如在姚蘇鳳的《星報》上，在戴望舒主編的《星島日報》副刊《星座》上，在陸丹林主編的《大風》旬刊上，在茅盾主編的《力報》副刊《言林》上等等。馮貽德開始用「馮亦代」作筆名，袁望諸則署名「袁水拍」，徐遲也用了不少新的筆名。

一九三九年春天，戴望舒和當時在湖南教書的艾青，以兩人的名義編輯一種名為《頂點》的詩刊。徐遲為它寫了詩，還寫了那篇有名的論文〈抒情的放逐〉（曾經引起不小的爭議）。戴望舒同時又讓徐遲去向袁望諸約稿。袁望諸欣然應命，兩天後就送來一首〈我是一個田誇老〉（後改題為〈不能歸他們〉）。這首詩署名袁水拍。詩寫得當然很好，受到好評。從這首詩開始，袁水拍一發而不可收，很快成了有影響的抒情詩人。〈我是一個田誇老〉是袁水拍公開發表的第一首詩，如今收在《袁水拍詩歌選》裡。徐遲自是功不可沒。

這時候，又有更多的文化界知名人士來到了香港，群賢畢至，少長咸集，人才濟濟，可以説是極一時之盛。「三劍客」這時候和喬木（喬冠華）、夏衍、戴望舒、楊剛、葉淺予、馬耳（葉君健）、張光宇、張正宇、魯少飛、廖冰兄、黃新波、郁風、葉靈鳳等一批文化人都過從甚密，並參與了「中華全國文藝界抗敵協會」香港分會的對外宣傳抗戰的

刊物《中國作家》英文版的編輯工作。馮亦代還出任了《中國作家》的經理職務，徐遲則列名於編輯名單之中，並動手編輯了第二期的《中國作家》。

這期間，對「三劍客」產生了巨大的思想影響，差不多可以稱之為「精神領袖」的一個人，就是常在《時事晚報》上撰寫國際述評社論文章的喬木（喬冠華）。他成了這三位年輕的知識份子的精神世界的播火者和追求進步路途上的引路人。當然，也不僅僅是「三劍客」三人，當時許多流亡青年都曾受惠於喬木的風雷文章，而且可以說是「深受其惠」。

喬冠華在他的《童年・少年・青年》（根據錄音整理的喬冠華臨終前身世自述）裡曾回憶到這段時間與徐遲、馮亦代和袁水拍等人的交往：「（一九三九至一九四一年在香港）我當時的工作用簡單的話講，就是夜晚（為《時事晚報》）寫社論，白天睡大覺，下午起來就找材料，或是找朋友談談天……在這裡結識的範圍比較廣泛，我認識了許多文化界的同志。其中在《香港日報》工作的白望春和白的好朋友徐遲。除了寫社論稿外，我還和一些志同道合的進步青年，在一起搞讀書會，研究學習馬列主義。我記得，我在香港搞起來的第一個讀書會，是在馮亦代家裡的一個讀書會，參加的人除了馮亦代夫婦之外，還有徐遲。……他們在灣仔那一帶有房子，比較寬敞一點。我們每個禮拜就在那裡聚會，大家一起唸書，我當主持人。因為在這以前，這些朋友傾向進步，嚮往進步，但他們並不很瞭解馬列主義。我們唸的最初的一本書，不是《共產黨宣言》，而是《法國的革命戰爭》。」（章含之等著《我與喬冠華》，中國青年出版社一九九四年版）

除了「三劍客」是這個馬列主義讀書會的三個主要成員，其他人員還有沈鏞、張宗祜、盛舜、鄭安娜（馮亦代夫人）等。徐遲還記得，每次集會，老喬都要先講一點國際時事。徐遲第一次參加這個讀書會那天，聽到的就是喬木的關於蘇芬戰爭的新發展的講演。他講了當時歐洲戰場的西線和東線，講了英法聯軍和美國之想要西線和平而把戰爭引向反蘇反共的東線的幻想。講完國際時事，大家再一起讀書，逐段逐頁地讀，讀一部分，喬木講解一部分。大家也插嘴議論，有時還爆發爭論，

混戰一場，然後由喬木出來收拾，做總結性發言。他的話大都熱情洋溢，精彩極了，使徐遲覺得那「簡直就是詩朗誦」。

在由喬木主持的這個讀書會上，徐遲他們第一次讀到了米丁的《新哲學大綱》、馬克思的《資本論》等著作，而且開始明白了資本主義社會的內幕——血跡斑斑的歷史，看到了無產階級謀求自身解放的鬥爭的必要性……這些道理對於徐遲他們來說，簡直促成了他們在思想上的「飛躍」。徐遲承認說：「我個人則是如同從沉睡中被他喚醒了一樣，覺醒了過來，從此追隨真理而不捨了。」馮亦代也回憶道：「三〇年代末期在香港流浪的幾位舊友——當然如今都已進入耄耋之年——聚在一起敘舊……都對他（喬木）滿懷感激之情。他們對他不能忘懷的是年輕時所受老喬對他們的啟發與教育」。「那時從座談會上老喬循循善誘的談話、犀利分析時事和評述抗戰形勢的文章中，他們看到了個人的前途和希望，同時跟著走上了為國為民不惜犧牲一切的道路」。馮亦代還說到，「我自己就是在這個思想渾渾噩噩時，得到他指點而走上要求進步的道路的。」（〈憶喬冠華〉，載《我與喬冠華》）

喬冠華不僅從思想上和人生道路的選擇上導引和提升著他們，他的以「風雷之筆」抒寫出來的「史詩」般的激動人心的文章，也對他們產生著深遠的影響。徐遲稱喬木的國際述評是「我們這個時代的最好的史詩」，並為之傾心之至，直到晚年仍讚歎不已；袁水拍後來的從事國際題材詩歌的創作，其原因之一也不能不說是得之於喬木的影響。「三劍客」與喬冠華的友誼（確切地說是對喬的尊敬）一直保持到八〇年代喬冠華去世。喬冠華的去世，使他們都覺得失去了一位好兄長和老朋友。

五

「三劍客」之間也在互相幫助，互相關心和影響著。《袁水拍詩歌選》裡，保存了一首題為〈悲歌贈徐遲〉的詩，寫於一九四〇年一月十一日。這首詩是他們當年動人的友誼的記錄。我們不妨索隱一點其中的「本事」。

那時候，「三劍客」中比較起來，徐遲是一個更加「散漫」和「自由」的人。用徐遲後來的話說，「我一點也不知道我周圍有許多朋友在為我發著愁。他們真的是為了我好，還研究怎樣幫助我『進步』。」袁水拍就是想幫助徐遲進步的最誠摯的一位。還在參加喬木主持的那個讀書會之前，袁水拍就已是較早接觸了馬列主義書籍的人了。正是他，最先拖著徐遲去香港聯誼會（一些來港的銀行業、保險業機構的青年組成的社會團體）聽到了喬木的《哀華沙》的演講。在以後的日子裡，袁水拍又極力督促著徐遲去看一點馬列主義的書，並為徐遲找來了《什麼是列寧主義？》等書籍。

徐遲在《江南小鎮》第四部第十三章，用整整一節的篇幅，記下了和袁水拍在植物公園中發生的一場爭論。袁水拍誠懇地想和徐遲談談馬列主義，但徐遲卻更願和他談談《尤利西斯》。他們爭論了好半天，最後以袁水拍的「大發脾氣」來結束了這番談話。袁水拍說：「真正快活的人，首先要拋棄自己的偏見，最要緊的是拋棄自我。你是一個徹頭徹尾的個人主義者。你對社會漠不關心。人在哭泣，你在歡笑；人在生活，你在逃避。你就死抱著個人主義不放，可你要上班辦公、領薪水。吃的睡的，是人家給你勞動了，才讓你享受的。你只管享受，不替別人想想……」

這番話固然是衝著自己的好朋友徐遲說的，其實也點明了當時一大批像徐遲這樣的個人理想主義者思想深處的弱點，而徐遲今天原原本本地把它寫出來，卻也反映出了他的坦誠和自我披瀝的勇氣。徐遲說，當時「我看他這樣激動，心裡有點抱歉，一連串的『人』字鑽進我的耳朵，心裡也有點動。我皺著眉頭聽著。而且膽怯起來了……」

這番爭論性的談話，發生在三〇年代的最後一年的歲末。不久，一九四〇年的元旦來臨。戴望舒這樣寫道：「新的年歲帶給我們新的希望……新的年歲帶給我們新的力量……」（〈元旦祝福〉）而對徐遲個人來說，一九四〇年元旦所帶給他的，將不僅僅是「希望」和「力量」，而且還給他帶來了一個「覺醒之日」──他的「第二次誕生」。

雖然他固執地覺得袁水拍就「像推銷什麼商品似的把那些書塞給我，他只能是一個很不高明的馬克思主義的推銷員」，而不像喬木那樣

戴望舒〈元日祝福〉手跡。

循循善誘，也不像另一位朋友、女畫家郁風那樣簡單明瞭，一語中的，但袁水拍的一番發自內心的「斥責」，還是引起了徐遲內心的極大的觸動的。

又是一天（該是一九四〇年元月十日）晚上，袁水拍和夫人在家裡請客，座上除了徐遲，還有郁風。徐遲回憶説：「一晚上的話，講得那麼多，全不想它們了，可是有一句話在黑夜中閃耀著，散發出一種光亮：『什麼是人民？呵，人民，人民！工人農民，就是人民！』這麼簡單明瞭！以前從沒聽説過……」這句話是郁風説出來的。僅僅是這一句話，使徐遲當夜「從深夜一直到黎明，腦袋裡好像有一個交響樂隊在演奏似的，演奏著我的一曲命運交響樂。」

第二天一早，徐遲就跑到一個書店裡去。非常巧合，另一位朋友葉靈鳳也在那裡挑書。徐遲説：「靈鳳，早安，幫我個忙，替我挑選兩本馬克思主義的入門書。」葉靈鳳驚奇不解地為他選了一本恩格斯的《社會主義從空想到科學的發展》，另一本是恩格斯的《費爾巴哈論》。當天上午，徐遲在滙豐大樓的四樓上讀完了這兩個小冊子。他的心裡豁然開朗，長久的疙瘩，解於一旦，原有的成見，隨即消除。當天中午，徐遲興沖沖地上樓去找袁水拍，告訴他，自己已讀了這兩本書，「堅冰

已經打破，可以繼續灌輸什麼進來了，因為，孔隙已經疏通……」袁水拍大為吃驚和高興。交談了幾句後，兩人分手，各自回家進餐。午後上班時分，袁水拍從五樓下來，交給徐遲一首詩，這就是那首〈悲歌贈徐遲〉。

詩中寫道：「……我們記得這裡的路，／這裡的天氣，永不變換……你會想遙遠的風景？／玻璃天窗明亮的，／一雙雙勞動的手，歌唱的輪軸？／麥場上的歡迎、寒喧，慶祝會的燈彩？／你會忘記火焰、城市與山頭的得失嗎？／鬥爭在遠地，燦爛的組織，構圖，／在日子後面……幾時他亦睡在船裡／車裡，走在泥土上……」徐遲說：「它不是悲哀的悲歌，而是慷慨的悲歌。」他還記得，最初詩裡還有這麼兩句：「幾時他也因房租太貴／而遷移了……」這首詩記下了寫作的時間：一九四〇年一月十一日。在以後漫長的人生道路上，徐遲一直是把這一天作為自己的「覺醒日」的。他承認自己的這個「覺醒」是一次「奧伏赫變」，一次「自我革命」。革命是一個最艱辛的漫長的歷程，一九四〇年的一月十一日，是徐遲的這個歷程的開端。

應該說，不僅僅是「永恆的女性，引我們上升」，除了郁風，重要的還有袁水拍、喬木等等，都站在徐遲這次「奧伏赫變」的背後，可謂「苦口婆心」而終於如願以償。如歌德的詩所言：「那不可思議的，在此地完成。」

六

一九四〇年八月三日，「文協」香港分會等文藝團體聯合舉行魯迅誕生六十周年的紀念大會，三百多人出席了紀念會，盛況空前。「三劍客」是紀念會的最得力的組織者和具體操辦者。

大會在孔聖堂舉行。許地山致開幕詞，蕭紅介紹魯迅先生生平事蹟，徐遲朗誦了《野草》中的〈立場〉、〈聰明人、傻子和奴才〉，《二心集》中的〈我們要批評家〉，《偽自由書》中的〈從諷刺到幽默〉和〈現代史〉五篇文章。紀念會是下午開的，晚上繼續演出蕭紅創

作的默劇《民族魂魯迅》和魯迅自己的詩劇《過客》，以及田漢改編、李景波導演的《阿Q正傳》第五場「阿Q之死」。

　　這場晚會可忙壞了「三劍客」。徐遲充當了「前臺主任」，接待來客、記者（包括西方記者），安排座席，分發說明書，以及事先的佈置會場等等，一應俱全；馮亦代則是「後臺主任」，實際是晚會演出的監督和導演，而在這之前，他又約請徐遲、小丁（丁聰）對蕭紅的默劇劇本作了適應於演出的修改，直使演出時和喬木並排坐在台下的蕭紅大加讚賞；袁水拍呢，則成了晚會節目的「主創人員」之一，他寫了一首句式很長的〈獻給魯迅先生六十誕辰〉的詩，徐遲拿了去找小提琴家趙不偉，趙不偉大加刪改後譜了曲。刪改後的歌詞成為這樣：「今天給生命歡呼，／八月浙江潮誕生。／民族魂誕生了，／歡呼今天，八月三日／歡呼革命人道主義的誕生……」

　　原詩已收入《袁水拍詩歌選》中。這首歌卻幾乎成了紀念會的「會歌」。張宗祜扮演魯迅，且表演得非常出色，不僅形象酷似，而且能得其神韻。這是魯迅的形象首次出現在舞臺上。如今，這次紀念活動是早已作為一件盛事，寫進了魯迅研究活動史裡去了。徐遲為之自豪的是，還保留下了一張他當時朗誦魯迅作品時的照片，一身白色西服，神態激昂，顯得非常投入。

一九四〇年，在香港文藝界舉辦的魯迅先生六十誕辰紀念會上，徐遲在朗誦魯迅作品。

七

　　太平洋戰爭爆發後，香港淪陷，「三劍客」先後到了號稱「陪都」的重慶。這時候的袁水拍，已經寫出了〈寄給頓河上的向日葵〉、〈鈴鼓〉等抒情詩名篇，不久又出版了《人民》、《向日葵》等詩集。用徐遲的話說，僅僅幾年的工夫，「一個革命詩人迅速地成長起來並進入了成熟期」。（《袁水拍詩歌選・序》）他是高唱著自己根據一首流行歌曲填詞的〈陽臺山之春〉，通過東江縱隊的幫助，過了一個短期的游擊區的生活之後，才轉道到達重慶的。到了重慶，他雖然仍在中國銀行工作，但職位已有些上升。而且重要的是，他已由一位優秀的抒情詩人變成了一位成熟的革命詩人。從一九四四年起，他在山城以「馬凡陀」為筆名寫作了諷刺詩〈馬凡陀山歌〉，無情地嘲弄和揭露了國民黨反動派統治下的人民的生活疾苦，諷刺並揭穿了國民黨內部的種種無恥言論和罪惡勾當……

　　這時候的徐遲，思想上和創作上也都在迅速地成熟起來。他已經和郭沫若、夏衍、喬木等一大批文化界的長者和知名人士有了較深的往來，甚至還有機緣聆聽了周恩來副主席的一番殷殷的教誨。在文學上，他雄心勃勃，一方面在著手寫《詩的誕生》這樣的詩論專著，一方面又在試譯荷馬史詩《伊利亞特》，同時不斷地在《新華日報》等報刊上發表散文和評論，協助郭沫若編輯大型文藝季刊《中原》。

　　這時候的馮亦代，已經離開了中央信託局，到了專門印鈔票的工廠──中央印鑄廠，當上了副廠長。在文學上，他不停地從事著他所熱愛的文學翻譯工作，譯了海明威的《蝴蝶與坦克》和《第五縱隊》，又譯了奧達茨的劇本《千金之子》，接著又譯海爾曼的《守望萊茵河》。

　　雖然霧都生涯，陰晴顯晦，但「三劍客」又聚在一起，天上地下，無所不談；國內國際議論風生。山城歲月，正如狄更斯的《雙城記》第一章「時代」所說：那是最昌明的時世，那是最衰微的時世；那是睿智開花的歲月，又是渾濁蒙昧的歲月；那是信任篤誠的年代，又是疑雲重重的年代；那是陽光燦爛的季節，又是長夜晦暗的季節；那是欣欣向榮

一九四四年美學出版社版《守望萊茵河》
（馮亦代譯）書影。

的春天，又是死氣沉沉的冬天；我們眼前無所不有，我們眼前又一無所有；我們都徑直奔向天堂，我們又都徑直奔向地獄。

在重慶，喬木的國際述評文章又在《新華日報》上重新開張。那一篇篇文章恍若霧氣掩映下的一盞盞明燈，在「三劍客」的心頭再度閃爍著迷人的光輝，就像在香港時一樣，給了「三劍客」以無限的鼓舞和希望。那時候，「三劍客」都是喬木所居住的曾家岩五十號「周公館」三樓上的常客。徐遲回憶說：「我們差不多三兩天都要去一次『五十號』的又叫『周公館』的地方。也聽說這個地方，是被國民黨的特務包圍著的，去時多少有點提心吊膽。但那時膽子也特大，還是照樣去，因為只有在那裡，可以得到光明的啟示，得到精神的安慰，得到生活的力量。」

那時候，他們都想過到延安去，嚮往著延安的光明。袁水拍還寫過一首〈無題〉的詩：「我不願吹滅我的蠟燭，／讓它深夜還點在床前，／它有時不動，有時眨眼，／眼睛一樣尖尖的光焰。／沉沉黑夜包圍在這裡，／我一刻不停來回想念。／它是我所曉得的一種／溫暖，注視著我的心田。」這溫暖的眼睛，所指的就是從那遙遠的延安傳來的光明。這首詩，也表達出了「三劍客」當時共同的心聲。不僅如此，他們都

已在悄悄地傳閱著〈在延安文藝座談會上的講話〉等文章了。徐遲說：「它對我們所有人的影響都是很大的，對袁水拍的影響最大。使袁水拍放棄了抒情詩的創作，而轉到民間風格的山歌體去的原因，卻正是《講話》。」而徐遲自己，看見了毛澤東的「言必稱希臘，毫不及中國」的話，也立刻內心有愧地停止了當時正頗為起勁兒的希臘文的學習。

使「三劍客」特別厭惡的，是那種類似「陰陽界」上的生活。他們身在「陪都」而心向光明，便不能不引起特務們的盯梢。那時候，「三劍客」無一例外都是被特務們注意的人物。袁水拍為此還專門寫了一首諷刺詩，名為〈釘子〉：「無所不在的釘子呵，／在地窖裡，／在屋頂上，／在牆壁後面，前面，中間，／在抽屜裡，／在字紙簍裡，／像槍口那樣瞪著人……」「三劍客」在這樣的環境裡，接受著艱難時世的最嚴峻的考驗。

八

就在這樣的歲月裡，「三劍客」聚在一起，對文學癡情難忘，且不免技癢。馮亦代更是「長袖善舞」，竟提議辦一個出版社，為國統區的作家們做一點實事。不久就湊起了一筆不小的資金。馮亦代身為印鈔廠副廠長，自願承擔印刷任務；他和袁水拍（還有沈鏞）都出了資；徐遲當時一文不名，只好出力當編輯。因為他當時「正在玩弄一張美學的紙牌」，於是出版社便被命名為「美學出版社」了。

美學出版社成立之後，出版的第一本書是徐遲約來的，尚在印度遊學的止默（金克木）寫的《甘地論》，第二本書是葉以群從延安帶過來的嚴文井的童話集《南南同鬍子伯伯》……接下去又出版了袁水拍的詩集《人民》，夏衍改編的托爾斯泰的《復活》，馮亦代翻譯的《蝴蝶與坦克》、《千金之子》，于伶的劇本《杏花春雨江南》，袁水拍翻譯的《我的心呀，在高原》，亦代、水拍合譯的斯坦培克等人的小說《金髮大姑娘》等等。這些書有不少是列入馮亦代主編的一套叫作「海濱小集」的叢書的，這是專門為從上海和香港撤退而來的文藝家們編輯的一

套叢書，夏衍的劇本《法西斯細菌》、《天上人間》、《芳草天涯》等，都收錄在這套叢書裡。這些書一本本地出來後，「美學出版社」的美名便聲聞四方了。

徐遲自己在美學出版社出了三本書，即《依利阿德試譯》、《美文集》和《托爾斯泰散文集》。它們當然是徐遲四〇年代的主要著譯集。豈止是徐遲一人受惠於美學出版社，把這個小小的出版社視為窺探四〇年代大後方文藝出版的一個視窗，亦無不可。

那時候，還有喬木、楊剛等，都同時捲入了讀托爾斯泰作品的熱潮之中。馮亦代曾回憶說：「……喬冠華和楊剛都是熟稔托翁作品的，其他三人（指『三劍客』）第一個讀托翁著作的該推徐遲。他在一九四一年初離渝赴港的前夕，在舊書店裡買到了一部牛津版三卷袖珍本的《戰爭與和平》，讀了之後，讚不絕口，將書介紹給袁水拍，袁讀完了又將書轉給了我。……從此我與托翁的著作，結了不解之緣。」（〈《托爾斯泰散文三篇》出版引起的回憶〉，載《聽風樓讀書記》）馮亦代還寫到，徐遲、袁水拍從淪陷的香港回到重慶後，他們即相約翻譯托翁的著作。徐遲譯的就是《托爾斯泰散文集》，並作為〈海濱小集〉之一在美學出版社出版。馮亦代自己則譯了托翁的《論藝術》等。

這段時間裡，徐遲不僅譯了《托爾斯泰散文集》，還譯了英國人艾爾默・莫德的《托爾斯泰傳》（三部），又和袁水拍合譯了愛倫堡的《巴黎的陷落》。徐遲譯前一半，袁水拍譯後一半。有趣的是開譯時兩人把書一撕兩半，譯完後合起來一看，徐遲譯文的最後半句和袁水拍譯文的開頭半句，正好一字不改地接上了。馮亦代也和袁水拍合譯了一本美國短篇小說集《金髮大姑娘》等；袁水拍自己又譯了拜倫、霍思曼、彭斯等人的詩。徐遲為他譯的彭斯的詩集《我的心呵，在高原》寫了跋語。

一九四五年八月十一日，日本投降。「三劍客」一起度過了那使舉國沸騰的「狂歡之夜」。徐遲還特意寫了一篇小說，題名就叫〈狂歡之夜〉。小說後來發表在上海的《大公報》上，曾引起過爭論。徐遲沒說什麼話，倒是作為〈狂歡之夜〉的見證人之一的馮亦代，替徐遲抱不平，寫了一篇〈「狂歡之夜」評〉，針對有人批評徐遲的小說違反了真

實的問題，作了回答。馮亦代寫道：「這是事實，一個未能為我們想像到，卻在生活裡真正存在的事實！因為在現實生活裡，有著這樣的一種威脅的存在，才使一個快活的日子，成為詩人的恐怖……作者只是忠實地復述了一篇故事，卻也給我們開啟了一扇門，一扇通達現實的門。」

（載上海《文聯》第一卷第七期，一九四六年六月十日出版）

九

抗戰勝利後，「三劍客」一同結束了漫長的流亡生涯，先後離開了山城。馮亦代回到上海，跳出了國民黨的「官場」，和著名報人姚蘇鳳（就是曾在上海辦過《辛報》，又遷到香港改名為《星報》的一位）一起，辦起了一份新的報紙《世界晨報》。他本來還想約請徐遲和袁水拍都來參加《世界晨報》的編輯工作的，但徐遲和袁水拍都沒能去成。袁水拍回到上海，在外灘上的中國銀行大廈裡，繼續從事信託業務，同時還為《新民晚報》副刊「夜光杯」做文學編輯。當然他也繼續寫著聲譽越來越大、越來越好的《馬凡陀山歌》。這時候他對山歌的形式運用自如，進入了出神入化之境，再加上上海灘上當時是素材遍地，俯拾即是，對國民黨政府種種腐敗行徑的揭露，對時局的分析，對庸俗的世態的諷刺……確實就像每天的氣象預報一樣，《馬凡陀山歌》起到了政治氣候的預測作用。像著名的〈大人物狂歡曲〉、〈發票貼在印花上〉、〈朱員警查戶口〉、〈四不像〉、〈關金票〉、〈萬稅〉、〈人咬狗〉等等，都是這一時期的作品，是從一個側面反映了那個時代的真實面目的「變奏曲」。

徐遲在上海稍做停留，便打馬馳過江南，回到了睽違已久的美麗的家鄉小鎮南潯。他在南潯中學開始從事著他的「教育實驗」。事前他通過陳家康見到了董必武同志，從董老那裡得到了明確的指示：「回去要緊的是安安心心地辦學校，不要鋒芒畢露，最要緊的是搞好學校，搞好學校和地方的關係……然後，等著，等著……到了時候自然會發生變化，自然會有用處……自然會起作用的……」

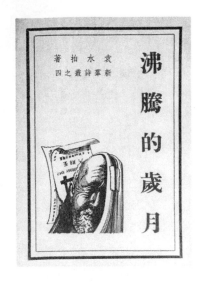

一九四七年上海新群出版社出版的
袁水拍詩集《沸騰的歲月》書影。

　　徐遲明白了這番話的分量，安心地「歸隱」在江南小鎮上。當然
也時常悄悄地去上海打探一下。尤其是「三劍客」之間的聯繫，從未
隔斷。這一時期，他一面教書，一面為袁水拍編輯的《新民晚報》副刊
「夜光杯」寫系列雜文曰《鄉居散記》，署以「野鷗」等筆名；同時又
為費正清和馮亦代夫婦組織的那套「美國文學叢書」譯出了梭羅的一部
《瓦爾登湖》（初版名為《華爾騰》，由趙家璧經營的上海晨光出版公司於
一九四九年出版）。

　　隨著解放戰爭的勝利進程，全國解放在望，「三劍客」都分頭擔
起了各自的重任。袁水拍先是因為山歌的聲譽而漸漸受人注意，不大安
全了，便聽從黨的指示，於一九四八年轉移到香港《華商報》工作，暫
時避開了上海的白色恐怖。一九四九年五月，上海解放，袁水拍再度回
滬，並且寫出了他在開國前的最後的詩篇〈在一個黎明〉、〈上海解放
之歌〉和〈「溫和派」艾契遜升官記〉等。馮亦代則以知名文化人和民
主人士身份，在上海解放前夕的一片白色恐怖下，默默地為黨做了大量
的工作，如幫助喬冠華在上海出版英文版的《新華週刊》，組織揭露國
民黨反動派的時事座談會等等。

　　徐遲則在大軍渡江之前，奉命又去上海一趟，接受了「在大軍到來之前，維護好南潯地方治安，免受匪軍破壞，並保護好糧倉中的全部糧食，以便供應幾十萬大軍過江以後的需要」的任務。領到任務便迅速趕回南潯。坐在火車上，他掩不住自己內心的激動，心頭湧出了一首詩來：「……清明之後，穀雨之前，／江南田野上油菜花，／一直伸展到天邊。／／……透過最好的畫框，江南旋轉著／身子，讓我們從她的後影，／看到她的前身。」（〈江南〉）徐遲說：「這是我一生所寫的最美的政治抒情詩，雖然裡面沒有絲毫的『大氣磅礴』、『慷慨激昂』的嚇人語言，但在它的深處卻是有著石破天驚的重大資訊的……」數日之後，由於他和小鎮上的其他同志的努力，終於使南潯迎來了和平解放，大軍過處，地方治安井然有序。他親自率領鎮上的學生出城迎接大軍進入小鎮……

　　到此為止，袁水拍、馮亦代和徐遲這「三劍客」都在自己的人生歷程上寫下了最輝煌的一筆。不是用詩，也不是用散文，卻勝過最美的

「三劍客」之一的袁水拍在「文革」結束後寫給徐遲的一封信手跡。九〇年代裡，徐遲曾交給本書作者若干封袁水拍的書信抄寫整理。後來這些信件寄給了《蘇州雜誌》。

詩，最動人的散文。他們的親密的友情，共同的志趣和追求，也經過了一個動盪不安年代的嚴峻考驗，而愈發誠篤，更加崇高和珍貴了。

　　開國前夕，「三劍客」先後北上，喜氣洋洋地歡聚在北京。七月，他們一起參加了第一次全國文藝界代表大會。十月一日開國大典之後，袁水拍分配到《人民日報》，任文藝部主任；馮亦代和徐遲則分配到了新聞總署的國際新聞局，馮亦代任秘書長，徐遲在《人民中國》（對外宣傳的英文刊物）作編輯。尤使他們高興的是，他們當年的「精神領袖」，他們的人生道路上的引路人的喬木（喬冠華），正是他們的局長兼《人民中國》的主編。他們又得以在這位才華橫溢的國際問題專家和兄長般的朋友身邊共事一段時光了。和新生的人民共和國一道，「三劍客」的人生和友誼，進入了新的歷程。

晚年的袁水拍。

高山流水

──徐遲和馬思聰的友誼

中國現代作家當中，愛樂者是不少的，但真正懂得音樂的人，卻不多見。徐遲可以說是一個熱烈的，時而還是狂熱的愛樂者，也是一個懂得音樂的人。三〇年代，當他還是「二十歲人」時，居然就編譯和出版了三部關於音樂的書：《歌劇素描》（一九三六年）、《樂曲與音樂家的故事》（一九三七年）和《世界之名音樂家》（一九三八年），而且三部書都是由老牌兒的商務印書館出版的。

其實也難怪。徐遲早在童年時期就接受了良好的音樂薰陶，可以說，他是在音樂的濡染下長大的。他很小的時候，每天就能聽到父親創辦的貧兒院裡的西樂演奏。貧兒院裡有鋼琴、風琴，父親還有一把小提琴，能拉一些曲子。貧兒院裡每天都有風琴伴奏的合唱音樂。童年的記憶使他很自然地對西洋音樂發生了興趣。到了中學時代，徐遲已能彈月琴，會吹口琴了。而且不久，又被好萊塢的電影音樂迷住了。之後又喜歡上了古典音樂。及至進入燕京大學，他更是迷上了音樂課，懂得了音樂學（Musicology）這個詞兒，從格萊高里的宗教音樂，到派勒斯特里那、巴赫、韓德爾、海頓、莫札特，再到貝多芬、舒伯特、柴可夫斯基……他開始自己閱讀西洋音樂的書籍，自己購買最新的音樂唱片了。他還記得，三〇年代他買的許多音樂書中，對他影響最大的，是奧林・唐尼的那本《音樂之意義》（又譯《音樂的誘惑力》）。

到了三〇年代末，四〇年代和五〇年代，作為抒情詩人的徐遲，已經擁有了一批了不起的音樂家朋友了，如陳歌辛、趙不偉、姚錦新、

吳曉邦、馬思聰、李德倫等。他成了他們的座上客，成了他們在文學界的知音。他也欣欣然地為這些音樂家「服務」：用詩和散文，來譯析和欣賞他們的樂曲。尤其是和音樂家們談史詩、談劇詩（歌劇）、談交響樂，這可以說是徐遲的「強項」。他後來說過這樣的話：「幸而我雖狂熱，而不狂妄，儘管有點自鳴得意，尚有自知之明。我能寫出一篇篇音樂的美文，甚至評論一番，均能適可而止，沒有說過了頭。即使有說錯的地方，還是能得到諒解。」

　　馬思聰先生是徐遲最好的音樂家朋友之一。他們的友誼，從四〇年代初開始，一直延續到八〇年代後期，馬思聰在美國費城逝世止，幾近半個世紀，高山流水，互為知音。徐遲曾多次說過，他這一生，有兩位朋友的傳記，他很想寫，但恐怕都完不成了。一位是喬木（喬冠華），另一位即是音樂家馬思聰。我在編選《徐遲文集》卷七（音樂卷）時發現，有關馬思聰的文章，從四〇年代到八〇年代，竟有十幾篇之多。由徐遲予以編號整理的《馬思聰音樂作品目錄》，也是目前國內外最完備的一份目錄。他曾這樣評價過馬思聰：「（馬氏的）全部作品是真誠的，是他的感情的結晶，心血的凝聚，愛國的證件，歷史的記錄，珍貴的遺物，價值連城的國寶，瑰麗的精神財富，漢民族文明的一座高峰。這些作品中必有一些將傳至千秋萬代，這些不朽的作品也就是他永生的靈魂了。」

音樂家馬思聰先生在演奏。

一、和馬思聰相識於「陪都」

在結識馬思聰本人以前，徐遲對馬思聰有一個「神交」階段，追溯到一九三九年春天。那時候，徐遲和馬思聰都在香港。

有一天，馬思聰在半島酒店的玫瑰廳，舉辦小提琴獨奏會。徐遲慕名前往。天公不作美，那天暴雨如注。但也許正因為天氣的關係，馬思聰的琴聲更顯得柔和、溫馨，乃至哀傷。這種情調自然深深打動了挈婦將雛而流離異鄉的詩人徐遲。尤其是最後一個節目，馬思聰拉了他自己創作的一首民歌旋律的變奏曲（即後來的《思鄉曲》）作為壓場的曲子。徐遲在晚年回憶說：當時這個曲子給了我一陣子的靈魂的顫抖。我那水晶晶的家鄉小鎮，那橫跨小鎮的三個穹窿形的大石橋，小蓮莊上的亭臺樓閣，分水墩的江浙省界，以及童年的夢幻和青年的懷戀，父親的死別，母親的生離，再加上戰亂的年月，苦難的祖國，淪陷的大地……全在一剎那間，從琴聲中顯現了。「城牆外的馬呵城頭上的人，／想起我的親娘呵我肉兒牙兒抖。」這首《思鄉曲》的主題，原本來自一支包頭民歌。馬思聰把它引納進了自己的《蒙古組曲》（亦稱《綏遠組曲》），作為它的第二樂章（慢樂章），聽起來真是纏綿哀婉，撕心裂肺地使人感到哀痛，喚醒了所有中國人的懷鄉之情。聽了這首《思鄉曲》，徐遲對馬思聰突然變得萬分傾心了。

一九四〇年，徐遲從香港到了重慶。這年二月，馬思聰也來到重慶。三個月後，由孫科主持的中華交響樂團理事會成立，任命馬思聰為樂團指揮。五月十六日，中華交響樂團正式成立。六月七日，舉行了盛大的典禮演奏會。短短幾個月裡，中華交響樂團演奏的大型曲目就有貝多芬《第三（英雄）交響樂》、莫札特《費加羅的婚禮序曲》、莫索格斯基《荒山之夜》、鮑羅亭《第二交響樂》以及馬思聰自己的《絃樂四重奏》等，後來又不止一次地演奏了貝多芬的《第五（命運）交響樂》以及莫札特、布拉姆斯、柴可夫斯基等作曲家的《D大調小提琴協奏曲》。其中獨奏部分都是馬思聰先生自己演奏的。這些演出曾轟動當時的山城。徐遲成了中華交響樂團的最忠實的聽眾，而且很快就認識了樂

團的指揮馬思聰，第一小提琴兼樂隊隊長王人藝，副指揮黎國荃等。那時徐遲住在張家花園六十五號，即中華全國文藝界抗敵協會重慶總會的三樓上。幾乎每天，他都要穿過被敵機轟炸過的廢墟，到江家巷的樂團裡去聽馬思聰們排練節目。像他這樣坐在樂隊中間聽排練的文學界人，當時也只有徐遲一人而已。他自己得意洋洋，興致盎然，音樂家們也把他引為知音，樂於請他當「座上客」。

已經記不清楚第一次和馬思聰會晤的情景了。徐遲說，反正他們很快就成了天天見面的知己朋友了。每次聽完排練，音樂之聲尚在腦海和耳中縈繞，他就和馬思聰夫婦一起出去吃飯了。邊吃邊談，所談當然幾乎全是音樂問題。

徐遲給馬思聰出了兩個主意：一是以後最好把作曲放在第一位，把小提琴演奏放在第二位；二是演奏小提琴時，不必捨近求遠，不要另找鋼琴伴奏了，就請夫人王慕理承擔吧。這兩個建議音樂家都高興地採納了。同時，王慕理女士也盛情請徐遲教她學英語，徐遲毫不含糊，就讓她從但丁學起。他還教給她一篇海涅的音樂美文〈翡冷翠之夜〉，那裡面有著帕格尼尼演奏小提琴時的如夢似幻的感覺的細膩而形象的描寫。王慕理大開眼界。

徐遲和馬思聰，一位詩人和一位音樂家，在戰時的「陪都」結識，一起度過了一年多的互相傾心、以音樂為友的藝術時光。但是，戰亂的歲月，時局的影響，使得「陪都」人口成倍地增加，物價也成倍地飛漲。大官要員雲集，而又各懷心機⋯⋯馬思聰決計再回香港。那裡畢竟掛著英國國旗，是戰亂之中唯一還算寧靜的綠洲。徐遲也打算暫時離開「陪都」返回香港。這樣，詩人和音樂家，不久又似老友重逢似的一先一後地到了香港，並且開始了他們的友誼的新進程。

二、亂世香港時期的友誼

馬思聰是在一九四一年夏天，歷盡千辛萬苦，經貴陽，過桂林，繞曲江，而後才到達香港的。他在九龍天文臺道租了一套房子，準備在香港長住下去。先期到達香港的徐遲，為了把他的這位音樂家朋友介紹給

矗立在故鄉的馬思聰先生雕像。

更多的文藝界人士，便在天文臺道組織了一個頗具規模的「沙龍」音樂會，請馬思聰為二十多位文藝界名流演奏他自己的作品。那天到場的有茅盾、喬木（喬冠華）、夏衍、楊剛、孫大雨、袁水拍、郁風、戴愛蓮和葉淺予等。馬思聰演奏了他的《蒙古組曲》（當時叫《綏遠組曲》）以及其他一些民族樂式的小提琴曲子。

　　這次「沙龍」音樂會曾轟動一時，在亂世香港傳為美談。馬思聰夫婦也很快成了香港耀眼的明星了。幾次音樂會都是高朋滿座，盛況空前。徐遲回憶說，當時英國人也辦了一個很高級的室內樂的音樂會，貼出的海報上，把音樂家的名字Ma sitson（馬思聰）掛在頭牌，其他幾位演奏家的名字則分兩排印刷。和馬思聰並列在第一排的演奏是某一位名叫Mary的小姐，因此海報上出現了Ma sits on Mary Xx的字樣，意即「馬坐在瑪麗某小姐的身上」，一時傳為圈內的笑談。

　　生活的安定也使馬思聰樂思滾滾。他嚮往著創作，更甚於嚮往演奏了。在天文臺道，他寫下了著名的《劍舞》的初稿，並演奏給徐遲聽過；他同時在構思著他的《第一交響樂》和一個小提琴協奏曲。徐遲在心裡暗暗稱讚：他是他所認識的人中間的一個最純潔、最純粹的人，可

以成為中國的民族音樂最傑出的大師、最偉大的作曲家的人。當時的另一位友人沈仲章，也曾對徐遲說過：「中國要是有一個柴可夫斯基或者德沃夏克，可就不得了啦！」徐遲在心裡把這樣的願望寄託在他的朋友馬思聰身上。

關於《劍舞》，馬思聰有過這樣的自述：「一九四一年，我在香港時，趙渢同志要我搞一部紀錄片的配樂（當時他在重慶電影廠工作）。影片是一九四一年度在重慶拍的，音樂寫得很簡單，用的樂器也很省，絃樂器重奏加上一些管樂和打擊樂。影片中有一段關於西藏的介紹，我寫了《喇嘛寺院》這段音樂。因為要寫西藏，我就很注意收集關於西藏的材料。當時李凌同志給了我一些西藏民歌的材料。在寫完《喇嘛寺院》之後，我又繼續寫了《述異》和《劍舞》，組成《西藏音詩》。……寫《劍舞》是看了徐遲同志給我一本寫西藏的英文書，那書裡有關於西藏劍客的描寫，他們唱道：『我的寶劍，我的愛情，冬天我把寶劍放在山頂，夏天把它放在海底，劍鋒刺向敵人……』對我有些啟發，才促使我寫這段音樂的。舞劍者唱一番歌，舞一番劍。歌詞曾由徐遲譯出。從香港出來，不敢帶有文字的紙張，已將此詩遺失了。」（轉引自葉永烈《愛國的「叛國者」馬思聰傳》）《西藏音詩》是馬思聰這一時期的重要作品之一。其中的《劍舞》氣勢磅礴，不同凡響。徐遲在一九四五年春天還曾專門寫過一篇長文〈馬思聰的樂曲「西藏音詩」釋〉，發表在重慶《新華日報》上。我們後面還會談到。徐遲還記得那遺失了的譯詩中有「渴血的劍」，「勇敢的人前去，懦怯的人退後」等句子。他當時只覺得這樣的詩很合乎馬思聰的樂曲的氣勢。在徐遲看來，《西藏音詩》其實正是「一個時代的輓歌」，是一個「過去了的文明禮義之邦的式微」。而作曲家創作這部作品時的心情，更是當時整個民族的心情。

在香港，馬思聰一心撲在創作上，夜以繼日。然而好景不長。一九四一年十二月九日，香港各報都在頭版頭條位置上，醒目地刊登了令人震驚的消息：日本昨日偷襲了美軍在太平洋的海軍基地珍珠港！太平洋戰爭的爆發，一下子打碎了香港的平靜，也粉碎了音樂家的創作美夢。

徐遲在當天晚上，奮筆疾書，寫完了他的〈太平洋序詩：動員起來，香港！〉詩中寫道：「暴風雨襲來了，來吧。太平洋的碧綠的波浪，本是溫暖的太陽的愛人。現在暴風雨襲來了。來吧！阿比西尼亞的淪亡，西班牙的史詩，法蘭西的悲劇，戰爭在飛翔，恐怖在飛翔！中國在流血、流淚和流亡，但還支撐著。……動員起來！香港。武裝起來！香港。組織起來！香港。號手，吹！鼓手，敲！炮手，搜索天空、水平線、地平線和水下！如果香港燃燒了，東京也要燃燒！香港，血戰吧！太平洋，血戰吧！」黑雲壓城城欲摧，整個香港已亂得可怕。十二月九日清晨，徐遲夫婦、詩人戴望舒、翻譯家錢能欣等一起見到了馬思聰夫婦。大家情緒都非常不平靜。唯有馬思聰，竟還在防空洞裡，攤開了五線譜。徐遲不解。音樂家笑笑說：「我應該開始譜寫我的《第一交響樂》了。」「現在？」「是的，正是因為現在。你不也已寫出了自己的〈太平洋序詩〉了嗎？」

到了九月十一日，九龍已經失陷，日軍和香港只有一水之隔了。就在這天中午，在對岸還轟響著敵人的炮火的時候，在馬思聰暫時避難的羅便臣道上，他們夫婦二人竟沉著、冷靜地演奏了在香港的最後一場小提琴和鋼琴的合奏「音樂會」。聽眾卻只有徐遲夫婦和錢能欣三人。徐遲回憶說，這真是一場舉世罕見、獨一無二的，在炮火底下的精彩演出。音樂家夫婦，一位拉小提琴，一位彈鋼琴，從巴赫的《G弦上的歌》開始，連續演奏了貝多芬的《春天奏鳴曲》和《克萊艾采奏鳴曲》，孟德爾松的《D大調小提琴協奏曲》，拉羅的《西班牙交響樂》，最後又演奏了馬思聰自己的《第一迴旋曲》、《第一奏鳴曲》以及包括《思鄉曲》在內的《蒙古組曲》。

「音樂的和聲完全壓倒了日本侵略軍的大炮，並且安慰了可憐的陳松（徐遲夫人）的膽怯病和憂鬱症，使她增添了一些勇氣和歡樂精神。這是她一生所聽到了最出色的演奏會，獻給她的專場演出。」八〇年代，徐遲在他的回憶錄裡這樣寫道。他忠實地、滿懷感激地記錄下了他們在亂世香港時的音樂之誼。

不久，香港淪陷，朋友們星散。馬思聰一家在日本兵的刺刀下，被押上了「遣散船」，去了廣東海豐老家。徐遲則經澳門、中山、江門、

肇慶、梧州、桂林……歷盡流亡的艱辛，第二次到了重慶。這中間還有一個小插曲，頗值一提。流亡途中，在一個名叫白土的南國小鎮上，有一天晚上，徐遲做了一夢，夢見馬思聰在給他拉琴。徐遲後來是這樣記敘了這個夢的：「那音樂是從來也沒有聽見過的甘美，細極細極的金色的琴音盤旋而上，快速得如帕格尼尼在演奏，聽得我完全入迷了。然後我忽然醒來。」

三、黎明前的「最強音」

徐遲是在一九四二年春天到達重慶的。到重慶不久，他就和輾轉在家鄉海豐和梧州、昆明等地的馬思聰有了通信聯繫。

一九四二年八月二十九日桂林出版的《大公報》上，發表過徐遲和馬思聰的〈兩封關於音樂的公開信〉，副標題是「論純粹音樂、標題音樂、舞劇、歌劇、世界性、民族性」。兩封信，一封是徐遲的「提問」，另一封則是馬思聰的「陳義」。其中他們談到：「音樂直接喚起某種情感，它並不告訴喚起某種情感的原因」。「各人憑著自己的經驗、自己的生活去回憶，去發生聯想作用。所以一首樂曲的解釋是因人而異，而且不可能是同樣的」。這是關於純粹音樂的議論。關於歌劇，他們說道，「音樂加形象：舞蹈。音樂加形象加文學：歌劇」。「在音樂史上，歌劇是盡了最大的誘惑，去把群眾領入音樂圈子的一種形式」。馬思聰在信中表示過，希望將來能嘗試一下歌劇。這也正是徐遲的建議。到了晚年，馬思聰果然實踐了他的願望，和他的女兒、詩人馬瑞雪合作，創作了大型歌劇《熱碧亞》等。此是後話。兩封公開信現已收入《徐遲文集》的「音樂評論卷」中了。

而在徐遲的那篇〈馬思聰的樂曲「西藏音詩」釋〉裡，我們也看到了他們之間通信的頻繁與熱烈。他們討論的是音樂藝術，但也凝結著兩人友誼的果實，體現著他們友誼的光彩。這些寫於戰亂年月裡的書信，現在讀起來竟是如此動人。這可是烽火連天中的友誼。

一九四三年二月十二日，馬思聰寫信告訴徐遲：「這次音樂會，慕理奏我的《月光奏鳴曲》（第一樂章），這是我的《羅米歐與茱麗

葉》。《西藏音詩》較為粗野，其中《喇嘛寺院》與《劍舞》，你是曉得的。第一樂章是《西藏述異》，有一個很近土耳其風格的民歌。」六月三日，馬思聰又給徐遲寫信：「音樂會開過了，《喇嘛寺院》效果不錯，慕理的木魚敲在鋼琴上搞得好極了，每個聽眾都感覺出來。」

有天晚上，徐遲偶爾從廣播裡聽到了馬思聰的「寺院」，便拍了電報告訴他：「感覺到了一種非常深沉的悲哀。」馬思聰在七月六日又回信說：「這是乾了眼淚的悲哀。一首送葬曲，願我以後少作這樣的曲子。」九月二十二日，他又回信：「我的靈魂是標準的E長調……離《喇嘛寺院》遠了。」

這些通信無疑成了我們今天珍貴的音樂史料了。其實，徐遲和馬思聰的這段頻繁的通信時期，也正是馬思聰音樂觀的轉變時期。無須說徐遲在其中所起的作用。至少，徐遲是馬思聰音樂觀念走向的見證人之一。

到了一九四五年前後，馬思聰自己也在當時出版的《音樂藝術》上，這樣表述心跡了：「中國音樂正處在兩條或數條河流的交流點。我們失去原有的特性。不，它將因外來的影響，而變成一種更新鮮更具有特性的國樂。……中國的音樂家們，除了向西洋學習技巧，還要向我們的老百姓學習，他們代表我們的土地，山，平原，河流。新中國的音樂不會是少數人的事，它是蘊藏在四萬萬顆心裡頭的一件事。……」如同徐遲在這一時期寫出了他的〈詩歌朗誦手冊〉和〈最強音〉一樣，馬思聰也在這裡喊出了他的「最強音」，完成了他自《思鄉曲》以來的創作思想的轉變。徐遲欣喜地看到了自己的這位朋友在音樂觀念上的飛躍了，也就難怪他在當時寫給郭沫若的一封信上，稱馬思聰為「國寶」了。

一九四五年一月二十五日，馬思聰的故鄉海豐也落入日軍之手。二月，他攜妻扶幼，再度流亡，千里奔波，又赴山城。但此時的山城，紙比線幣還要貴。「市民用鈔票糊牆壁。一雙皮鞋值九萬餘元！」已算不上什麼新聞了。二月十二至十六日，馬思聰的音樂會在重慶民眾戲院舉辦。售票收入的鈔票，要用幾條麻袋來裝了。音樂家哭笑不得。

在重慶，徐遲和馬思聰又一次相聚了。他們都在關乎民族存亡的戰爭中變得堅定和成熟了。這期間，還有一件對徐遲、馬思聰來說，

都非常重要的事情。一九四五年八月二十八日，毛澤東主席自延安飛抵重慶，和蔣介石談判。二十九日，徐遲的一首熱誠的〈頌歌〉，已經送到《重慶日報》。三十日，詩刊登了出來，署名「史綱」。其中寫道：「……你的名聲江河樣，奔流南北城鄉。……這裡的人民在期待你，前來展示你的力量。……你是我們的唯一的希望。」徐遲的這首詩，成了國統區作家在毛主席到重慶時，最早發表的歌頌他的詩篇了。九月十六日，喬冠華告訴徐遲：「今天下午三點鐘，你和馬思聰兩人，一起到紅岩村去，到時候會有車子來接你的。」就這樣，一對好朋友，兩位文藝工作者，一起見到了毛主席和周副主席。

這次被毛主席和周副主席接見，談話主要是在毛主席和馬思聰兩人之間進行的。馬思聰向主席提出了普及與提高的問題，主席對此做了些解釋。主席說：既要有普及工作者，也要有寫提高的作品的作者，魯迅先生是一個寫提高作品的作者，但如果大家都來作魯迅先生，那就也不好辦了。按徐遲的理解，主席也是希望馬思聰這樣的大音樂家去寫一些提高作品的，但同時又是希望他去做一些普及工作的。當主席又問徐遲在寫什麼時，徐遲說，他寫了不少東西，但都寫不好，不好他就寧可先放著，不拿出來，以待來日吧。主席聽了，哈哈大笑道：「看來你是要不鳴則已，一鳴驚人！」後來這句話傳了出去，一時成為笑談。也就是這次會見之後，徐遲得到了毛主席給他的那幅著名的題詞：「詩言志。」在紅岩村見到了毛主席和周副主席這件事，成了徐遲和馬思聰後來最美好的回憶之一。

抗戰勝利的消息傳到山城，人們一夜間都喜歡上了杜甫的〈聞官軍收河南河北〉那八句詩：「劍外忽傳收薊北，初聞涕淚滿衣裳。卻看妻子愁何在，漫捲詩書喜欲狂。白日放歌須縱酒，青春作伴好還鄉。即從巴峽穿巫峽，便下襄陽向洛陽。」一九四六年春天，經過了八年多離亂的馬思聰和徐遲，一先一後告別山城，都到了上海。一到上海，他們就又「接上了頭」。

上海，素稱「東方藝術之都」。上海的音樂界，更是中國音樂界的「半壁江山」。上海曾經給予馬思聰以熱烈的掌聲和美好的記憶；徐遲平生聽到的第一場交響樂，也是從他的家鄉南潯鎮，坐了一

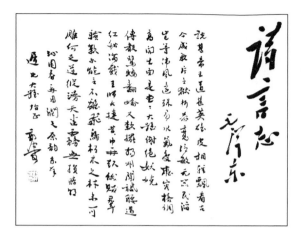

毛澤東主席的題詞和郭沫若的題詩〈沁園春〉。

天的車趕到上海才聽到的。那是一九三六年，由上海工部局交響樂團演奏的貝多芬的《第九交響樂》，指揮是梅百器。一晃，竟是十年多了。但這時的上海音樂界，卻是群賢畢至，少長咸集。一九四六年的《音樂雜誌》曾報導說：「近一月來，上海音樂會頗見蓬勃，計有伍正廉個人音樂會、喻宜萱個人音樂會、董光光個人音樂會、馬思聰作品演奏會……以及上海音協舉辦之聯合音樂會等。」馬思聰此時也以三十四歲的年齡，而被同行們擁戴為上海音樂協會理事長。這也正好說明了他在音樂界的聲望。

這時候的馬思聰是非常活躍的。他和集革命者與音樂家於一身的李凌談心，和同樣是革命家又是詩人的郭沫若談詩，和陽翰笙談戲劇，和丁善德談音樂……自然，更常常和徐遲談歌劇，談他的《西藏音詩》……徐遲也同樣忙得不亦樂乎。他「橫跨」數界，既參加馬思聰、丁善德們的音樂活動，也時常與鄭振鐸、吳祖光等人聚會，醞釀著恢復中國文學家協會，還偶爾光顧葉淺予、張光宇等朋友們的漫畫家協會……

就是在這樣忙碌的日子裡，馬思聰寫出了他的《祖國大合唱》（一九四六）和《春天大合唱》（一九四七）。徐遲說，這些作品，號召人民團結戰鬥，抒發了對新中國的期待和呼喚，同時代的潮流緊密合拍，正是迎接新中國誕生的最好的歌聲。如《春天大合唱》：「天雷在

這是徐遲寫給本書作者的一份關於一九四九年以後的回憶錄的「梗概」。

天邊隆隆地響，／天空閃閃地亮著電光，／它帶來春天的暴風雨，／來掃蕩這寒冷的大地……」

在新中國的黎明和新中國的春天到來之前，這無疑是音樂家獻給祖國和人民的「最強音」了。心有靈犀，他們都堅信，勝利的春天就要來臨。徐遲這時候也寫下了他「一生所寫的最美的政治抒情詩」：「清明之後，穀雨之前，／江南田野上油菜花，／一直伸展到天邊。……」

四、相見時難別亦難

星轉斗移，柳色秋風。未來的事情，誰能預想？距徐遲和馬思聰相識近半個世紀、闊別也近二十年之後，一九八四年秋天，七十高齡的徐遲，有了一次難忘的美國之旅。

在費城訪問賓夕法尼亞州大學時，徐遲向東道主提出了一個問題：「聽說我國古代的昭陵六駿，其中二駿是在貴市，可否一見？」於是徐遲見到了堪稱為我國「國寶」的「二駿」──唐太宗陵墓前六匹駿馬（即「昭陵六駿」）的浮雕石刻的其中兩塊。一塊叫「拳毛騧」，另一塊叫「颯露紫」。不知道什麼時候被美國人弄了去，現存賓州大學博物

「他保持了他獨特的性格。除了他音樂的民族性和世界性，他還有最純潔的、最天真的、最美的音樂的個性。」一九八四年，徐遲訪問美國期間，與音樂家馬思聰、王慕理夫婦劫後重逢。

館。然而在費城，徐遲渴望見到的，還有一「駿」，就是早在四〇年代便被徐遲尊為「國寶」的大音樂家馬思聰先生。分別近二十年來，徐遲無時無刻不在思念著這位流離在異鄉的老朋友。

往事不堪回首。一九四九年七月，徐遲和馬思聰都輾轉北上，到達了北京（當時還叫北平）。他們一起參加了具有劃時代意義的第一屆全國文藝界代表大會。徐遲歸入了詩人的隊伍，馬思聰則當選為中國音樂家協會副主席。而且不久又以無黨派人士的身份，出席了全國新政協會議。開國大典之後，馬思聰擔任了中央音樂學院院長。徐遲則到了出版總署的國際新聞局，當了對外宣傳刊物《人民中國》的編輯。

開國之初的那幾年裡，大家都是喜氣洋洋的。中央音樂學院於一九五〇年秋天在天津誕生，馬思聰是它的創建者之一。一九五四年春天，音樂學院從天津遷到首都，馬思聰一家便住進馬杓胡同五號，一座有著二百多年歷史的古老的四合院裡。一個飽經顛沛流離之苦的大音樂家，終於有了一個安定的居處。

關於馬家小院，當時有位記者這樣描述過它的恬靜與溫馨：「這是個四合院。院裡種了矮柏、石榴、玉蘭、桃樹。客廳、創作室、臥室，甚至走廊、屋簷下都擺滿了橡膠樹、貴妃竹、紅山茶，院裡還種了扁豆、絲瓜，這些都是馬思聰夫婦親手栽種的……」

馬思聰一家在這裡住了十二年。在開國初期的數年間，他樂思奔湧，靈感不斷襲來，先後創作了《歡樂組曲》（一九五〇年）、《第二

小提琴迴旋曲》（一九五○年）、《新疆狂想曲》（一九五二年）、《淮河大合唱》（一九五三年）、《屈原》（戲劇音樂，一九五三年）、《山林之歌》（交響音詩，一九五四年）以及《民歌十首》（一九五三年），第二和第三交響樂等等。同時，他的《蒙古組曲》、《西藏音詩》也不斷地由中央樂團演出，北京西郊八大學院的高音喇叭裡，也常常播送著他的小提琴演奏曲。

徐遲在開國初期那幾年裡，住在南池子銀絲溝的一幢小洋房裡。自然，他也是馬家小院裡的常客，而且是最受馬家歡迎的人之一。後來，徐遲馬不停蹄地跑建設工地，從塞外到江南，從青海高原到雲貴高原……他以他的「美麗、豐富、神奇」的共和國的讚歌，與馬思聰的音樂遙相呼應。形式不同，但主題、主旋律是一樣的：以最大的熱誠，歌頌新生的人民共和國的偉大與壯美……

「文化大革命」開始以後，用徐遲自己的話說：「文藝界是全軍覆沒的。」而且連歷次運動中都沒有觸及過的徐遲自己，這次也在劫難逃。馬思聰在音樂界更是首當其衝，受盡了狂妄無知的侮辱和肆無忌憚的、非人的折磨。其間的「酷虐」，這裡就不必再說了。葉永烈先生的那本《馬思聰傳》裡曾專闢一章，讀來真是駭人聽聞，觸目驚心！徐遲在後來的一篇〈祭馬思聰文〉中曾披露過一個細節：「有一次中央音樂學院一位前院長和我談到他們在『文革』中的往事。這位前院長在黯然傷神中，突然顏容扭曲，喘息地說道：有人用有釘子的鞋子猛打馬院長……怎麼打得下去！……他再也說不下去了！」

然而這一切，徐遲當時並不知道。他正在湖北省文聯的「牛棚」裡，被關著，被監督著從事著諸如打磚坯之類繁重的體力勞動。一九六七年有消息傳來：他的老友馬思聰一家除大女兒外，均「叛逃」國外了！從此以後，徐遲無時不在惦念著他這位純真的藝術家朋友的命運，多少次在寒夜的長夢中，又依稀聽得馬思聰如泣如訴的《思鄉曲》的琴聲……

一晃二十年過去了！和祖國一道，他們都受盡了煎熬，也忽然又盼來了歡欣。徐遲現在到了美國，便立即請求駐美大使章文晉先生及其夫人的幫助，和馬思聰取得了聯繫。徐遲後來在為《人民日報（海外

版）》寫的專稿〈賓州費城訪馬思聰〉中，是這樣記下了他們分別了近二十年之後的這次難忘的相見的：「當在出站口我見到馬思聰和王慕理夫婦時，那麼熟稔的形象！兩個親切的身影！我咽喉作哽，頰上神經發酸，鼻流清水，眼注鹽泉，心房劇烈地跳動，往事和全部激情震撼了我的全身。我撲上前去。但沒有動作、沒有表情。他們倆像兩尊大理石的雕像，十分冷靜，十分莊嚴，冷冷的眼色，觀察著我。直等到發現我是那樣的驚訝、迷惑、痛苦、痙攣，相信我還是愛他們的，才慢慢地出現了一絲微笑，目光也漸漸溫暖起來。當我們出站馳車到唐人街中國餐館進午餐時，我們又像四十多年前二十幾歲時那樣地興高采烈。隔在我們中間的一座冰山已經融解了。友愛的暖流激蕩著我們的軀殼……」

　　這次賓州相見，徐遲終於確切地瞭解到了馬思聰一家在「文革」中的遭遇和他們出走的曲折經過。同時徐遲也真切地感到，經過了全部的人事酸辛和十數年的塵海蒼茫，馬思聰仍然絲毫沒有放棄他為中國而奔走的民族音樂事業！「我發現他全身浸沉在一泓音樂的大洋中，時而浮上水面與音波嬉戲，時而潛入深處享受著深海的協和音。」而且大有「洛陽親友如相問，一片冰心在玉壺」的情結纏繞在馬思聰的心靈間。這使徐遲大為感動。作為相交相知多年的摯友，徐遲由衷地感到：「我真正地放心了，對他完全滿意了！人間休戚，我們管得了嗎？我們管不了。它們干擾我們。但是我們的心靈始終如一，我們歌唱祖國，我們歌唱人民。中國現代的新音樂事業，黃自、趙元任之外，聶耳、冼星海之外，成就最大的，影響非凡的，其唯馬思聰耳！」

　　徐遲親眼看到了，馬思聰在美國仍在勤奮而執著地從事著中國民族音樂藝術的研究與創作。在美國，馬思聰創作有獨唱、合唱、小提琴獨奏曲和奏鳴曲、迴旋曲、鋼琴曲、交響音詩、管弦樂組曲、交響樂、三重奏、四重奏、五重奏和取材於《聊齋》的同名小說的舞劇《晚霞》（三幕四十二曲）等等。他的作品已達到六十多個OPUS（作品），但他還在繼續寫著。而且他正在和他的女兒、詩人馬瑞雪合作，創作一個取材於新疆的歌劇《熱碧亞》，全部歌詞由馬瑞雪執筆，而由馬思聰譜寫全劇的曲子。這樣的大歌劇，正好圓了馬思聰在四〇年代向徐遲表達過，希望將來嘗試一下大歌劇的夢想。在費城的那一天中午，徐遲在馬

思聰家稍事休憩，而馬思聰就在徐遲臥榻前的一張書桌上坐著，一邊看老友酣睡，聽老友的鼾聲，一邊寫著他的樂曲。當徐遲醒來，馬思聰笑著說：「你睡了四十分鐘，而我正好寫了四十分鐘的曲子。」徐遲在心裡暗自為老友高興：如天假以年，則馬思聰一生的OPUS，肯定會超過一百個！

在費城，兩位老友度過了一段短暫的歡快的日子。他們一起遊覽了美國獨立戰爭的戰場，徜徉於大亨杜邦的私家名園，自然，也盡情地欣賞了舞劇《晚霞》等作品的錄影。相見時難別亦難。分手時，兩人都不免黯然而神傷！其時國內尚未為馬思聰先生平反。徐遲在賓州訪問馬思聰，也只是作為老朋友間的探望，純屬「民間」交往而不帶「官方」色彩。這就使徐遲不能不在心中為馬思聰憂慮：他們何日能夠回歸故土？祖國能夠熱情接受這一家天涯遊子的歸來嗎？他們的傷痕是那麼深，那麼慘烈，能治好嗎？他的幽雅的琴音，磅礴的民族之聲，還能不能迴盪於祖國的大地山川呢？

五、含淚寫祭文

一九八四年年底，徐遲訪美歸來。他始料未及的是，僅僅過了一個多月，一九八五年一月二十五日，文化部就發出了「為中央音樂學院前院長馬思聰先生徹底平反的通知」。這樣，馬思聰的冤案歷經近二十個春秋，終於冰釋融化了！徐遲獲得消息，抑制不住自己的激動，立即寫信給馬思聰說：如果我能是一方諸侯，將傾楚國的所有，來歡迎和接納你這天外的歸客。他在焦急地等待著馬思聰歸來。

馬思聰和徐遲共同的老友、畫家葉淺予，也在報上發表了〈為馬思聰饒舌〉，其中寫道：「受過欺凌而被迫出亡的人，最懂得祖國的可愛，愛國之心也是最切。……馬思聰不欠祖國什麼，倒是那些竊國篡權的人卻欠他太多了。」其時馬思聰曾經異常痛楚的心靈，也獲得了莫大的慰藉，並表示一定要回國，早就盼著這一天哪！他還希望不久就能在北京音樂會上演奏他生平最得意的作品《晚霞》。

一九八五年八月十六日，他從美國寄給徐遲一封長信，是他剛從歐洲遊歷回來後寫的。其中談到了南斯拉夫的岩洞，威尼斯水手的歌聲，羅馬的音樂噴泉，翡冷翠的大教堂，比薩的斜塔，瑞士的阿爾卑斯山雪峰，巴黎的國家音樂院（他的母校）等等。最後他感歎道：「盛衰轉換，月圓月缺，周而復始，自是天地之軌道。」信上還告訴徐遲說：「待我從西雙版納出來，立刻跑新疆。」徐遲覺得，他這是身在美洲而心在祖國。「西雙版納」指的是他正在修改的一部以雲南民歌為主要旋律的《A大調鋼琴協奏曲》；「新疆」則是指他那部寫新疆生活的大歌劇《熱碧亞》，以新疆民歌為主要旋律。他是以這種方式神遊在祖國的山水之中，神遊在日思夜夢的熱帶雨林和天山南北牧場上的。

然而就在馬思聰先生預想的歸國之期即將到來之際，不幸他的靈魂已經先自飛升到了萬里雲天之外！一九八七年五月二十日，七十五歲的馬思聰病逝在費城，夢斷異域而抱憾終生！彌留之際，他還表達過這樣的願望：「病好之後，我要去爬喜馬拉雅山！」還有，他這樣對女兒馬瑞雪談到自己的一生：「狄更斯講過一句話，他生在一個動亂的年代，所以，每一份耕耘都比太平的時候艱苦。我們生活在和狄更斯一樣的時代，越是這樣我們越要努力工作，儘管我們付出的辛勞總是受到很大的

青年時代的馬思聰先生。

阻力……」他講這段話時，已經十分吃力了。他沒有留下遺囑，除了他的六十二個作品。那麼，這段話，便可視為他留諸後人的遺言了。

徐遲聞知噩耗，不勝悲痛。他噙著老淚，寫下了萬言長文〈馬思聰〉，回顧了他這位音樂家朋友的坎坷的一生和非凡的創作成就。他在文章的末尾，深情地寫道：「我總有一種感覺，他並沒有離開我們，我們擁有他的唱片、錄音匣子和一些樂譜，就像他還在，永遠在，在遠方。」

一九八八年，馬思聰逝世一周年忌日，徐遲又一次念及兩人半個多世紀的高山流水的友誼，情不自禁，揮筆寫下哀聲動地的〈祭馬思聰文〉，一如伯牙的擗琴之音。文末辭曰：「逝者如斯，從茲離分。恨別經年，夢睹英靈。你是珍珠，晶瑩蒙塵。你是國寶，橫遭蹂躪。黃鐘墜地，瓦釜雷鳴，美人離宮，騷客出境。夢思沸騰，莫此為甚。魂逐飛蓬，愛國有心。嬬閨淚盡，永安幽冥。歡怨非貞，中和可經。幽幽琴聲，一往情深。民族之音，冬夏常青。百世芳芬，千秋永恆。」

〈祭馬思聰〉一文手跡之一頁。**此份手跡係從北京潘家園舊書市場購得。**

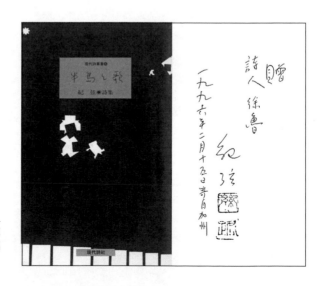

大宇宙中的「雙子座」

　　一個黃昏，我帶了紀弦的詩集《半島之歌》去徐遲先生那裡談天。

　　《半島之歌》是紀弦一九八五年至一九九二年定居美國三藩市半島時期的作品結集，共收詩作一百一十二題，由臺北現代詩季刊社出版，屬該社《現代詩叢書》第六種，初版於一九九三年八月。徐遲用圓珠筆在書的末頁上寫了這麼一行小字：「一九九三年十月十八日下午通讀一遍。」我讀完全書，緊接著這行小字也順手記下了一筆：「十月二十三日，我也將此集通讀了一遍，從黃昏，讀至午夜。」

一九九六年，老詩人紀弦在贈給本書作者的詩集《半島之歌》上的題簽。

家裡只有徐遲和一位小保姆。好像一下子安靜了許多。「剛剛把兩個房間的床調整了一下。」一進門，徐遲就笑嘻嘻地告訴我，「準備就在這裡過冬了。」他的臉上紅撲撲的，似乎很興奮。他已穿上那件薄薄的綢面的中式黑襖了，便去試了試他那張大床上的墊絮，挺厚實，像是準備過冬的樣子。可不是麼！外面的秋天，已經很深了。街上已經鋪滿落葉。

　　走進了他的書房兼工作室，他指著茶几上的幾個大蘋果説：「你看，這麼老大的一個蘋果，一個人一次根本吃不完它。」這幾個蘋果的確很大，而且很好看，是我上次來時特意為他買的。他好像是捨不得吃掉它們。不過，掛在門楣上的那串香蕉，我覺得好像少了一些。他關閉了電腦，又給助聽器換了一副新電池，然後坐定下來。我説：「《半島之歌》已經拜讀過了，依然是那個『在火車上寫宇宙詩』的詩人路易士。」

　　紀弦先生，本名路逾，號易士，原籍陝西，一九一三年四月二十七日生於河北省清苑縣。他比徐遲大一歲又幾個月。紀弦早年曾在武昌美專和蘇州美專學習西洋美術，一九三三年畢業前後始從事新詩創作。同年十二月自費出版了第一部詩集《路易士詩集》（收一九二四至一九三三年間寫的詩）。一九三六年十二月又出版了第二部詩集《行過之生命》（收一九二九至一九三五年間的詩作）。這一年，徐遲也在上海時代圖書公司出版了他的處女詩集《二十歲人》。

徐遲第一本詩集《二十歲人》書影。封面係張光宇創作的木刻作品。

一九三七年三月，徐遲有一首詩〈贈詩人路易士〉這樣寫道：

你匆匆地來往，
在火車上寫宇宙詩，
又聽我說我的故事，
拍拍我的肩膀。
我記得你的烏木的手杖，
是它指示了我的，
豔麗的毒樹產在南非洲，
又令我感傷，又令我戒備。
出現在咖啡座中，
我為你述酒的頌；
酒是五光的溪流，
酒是十色的夢寐。
而你卻鯨吞咖啡，
摸索你黑西服的十四個口袋，
每一口袋似是藏一首詩的，
並且你又搜索我的遍體。
我卻常給你失望，
因為我時常緘默，
因為你來了，握了我的手掌，
我才想到我能歌唱。

這首詩原載當年的《新詩》第一卷第六期，後收入徐遲的第二部詩集
《明麗之歌》中。它至少使我們知道了兩點：一是紀弦早在三〇年代便
開始寫他的「宇宙詩」了，直到今天還在寫，寫了半個多世紀的「宇宙
詩」了；二是徐遲與紀弦，從三〇年代起，就開始了他們動人的友誼。
直到今天，這番友情仍然連綿不斷，且愈加深厚。友誼的光芒曾經照耀
過他們的青春歲月，如今又在照耀著和溫暖著他們的晚年，即便是遠隔
重洋，一個在中國大陸，揚子江畔；一個在大洋彼岸，三藩市半島。

有詩為證。年老的路易士在遙遠的三藩市半島上依依懷想著昔日的朋友。他在八○年代寫下的最後一首詩，就是獻給徐遲的：

> 踩著琥珀色和草莓色的
> 法國梧桐樹的落葉，
> 漫步於Millbrae的人行道上，
> 美是美的；但總覺得
> 這半島的秋意
> 不如我們上海霞飛路的
> 那麼濃，那麼夠味──
> 一九三四，和徐遲在一起⋯⋯
> 我們跳的是三拍子的華爾滋，
> 不是穆時英的狐步。

這首詩題為〈秋意〉，寫於一九八九年除夕的前一天。而進入九○年代，他在〈風景〉一詩中又寫道：

現居美國的老詩人紀弦，即三○年代的詩人路易士，是徐遲青年時代的朋友之一。兩個人同為當年戴望舒身邊的最親密的「小嘍囉」。

> 吳奔星看我，
> 我看徐遲，
> 徐遲看大江東去。
> 都是些看風景的人，
> 而也都成為風景的一部分了。

那麼，「一九三四，和徐遲在一起」，他們在幹些什麼呢？這實在是應該寫進中國文學史的一筆了。徐遲在《江南小鎮》第三部裡，回憶過這段快樂又充實的時光。那時候，「二十歲人」的徐遲已經暫時離開了家鄉小鎮南潯，到了上海。他在上海公債司的債券核銷處謀到了一個辦事員的差使。但他每天手上點著息票，而心裡卻繫念著他的文學。他已經出版了《二十歲人》和《歌劇素描》兩本書了，現在又著手譯開了海明威的《永別了，戰爭》。用他自己的話說，他的文學事業正在進入「第一個時期之第一個高潮」。

他已經結識了施蟄存、戴望舒和葉靈鳳等當時的文壇名家，並且已經以自己的才華和實績贏得了他們的認同。一九三五年，當詩人戴望舒和小說家穆時英的妹妹穆麗娟結婚時，徐遲還頗為榮幸地當了詩

一九三六年五月，在詩人戴望舒和穆麗娟（作家穆時英的妹妹）的婚禮上，徐遲第一次穿上了黑色燕尾服，當了一回男儐相。

一九三四年，戴望舒在西班牙。

人的男儐相。婚禮是在當時的北
四川路的新亞大酒店舉行的。徐
遲平生第一次穿上黑色的燕尾
服，一派英俊少年的樣子。——
半個多世紀後的今天，徐遲仍然
保存著戴望舒婚禮上的一張照
片，徐遲和詩人都是一身西式禮
服，且手握雪白的手套。新娘則
長紗拖地，鮮花擁懷。

那時候，霞飛路上有個叫
Renaissance的咖啡店，是一個
真正的「文藝沙龍」。上海的
文藝界人士都愛去那兒喝茶、聊
天、交流情況，或約稿，或交
稿，或贈送書刊和稿酬……這些
人中，就有戴望舒、徐遲、路易
士等。

一九三六年九月，戴望舒
邀請了徐遲、路易士，三人合作
籌辦了一個詩歌刊物，定名為
《新詩》。戴望舒出一百元，徐
遲和路易士各出五十元，這樣，
一個二十五開本的詩刊便誕生
了。創刊號在這一年的十月十日
問世了。接著又出第二期、第
三期……先後推出了卞之琳的
〈尺八〉、〈魚化石〉，金克
木的〈情詩〉，路易士的〈海之
歌〉、〈雲及其他〉、〈時間之
歌〉，徐遲的〈念奴嬌〉、〈一

一九四二年的詩人戴望舒。

天的彩繪〉、〈六幻想〉、〈靜的雪，神秘的雪〉，以及方令孺、林徽因、莪茄（艾青）、陳夢家、陸志韋等不少詩人的名作。孫大雨翻譯的勃萊克，梁宗岱譯的歌德，馮至譯的里爾克，周煦良譯的霍思曼和艾略特，以及戴望舒自己創作的〈贈克木〉、〈眼之魔法〉，翻譯的普希金和阿爾拉季雷的詩作等，都最先發表在這個刊物上。徐遲和路易士是這個刊物的僅有的兩名編輯。戴望舒成了實際上的「主編」。

　　那時候他們多忙呵！忙著約稿，忙著看稿，忙著跑印刷所，忙著校對。《新詩》當時有二百多個訂戶，印數一千本，卻總能銷光。有了盈餘，他們就考慮出「新詩社叢書」了，而且每月出一本：趙蘿蕤譯的艾略特的《荒原》，南星的《石像辭》，玲君的《綠》，路易士的《火災的城》，周煦良譯的霍思曼的《西洛潑州少年》，以及已經見了預告的徐遲的《明麗之歌》、施蟄存的《紈扇集》，林徽因的《題未定》，戴望舒譯的《現代西班牙詩抄》……

　　是的，年老的路易士，在八〇年代的三藩市半島上所懷念著的，就是這段忙碌的、為藝術而工作的時光。霞飛路上，留下了他們快樂的青春的笑語，也銘記著他們的最真誠的家國興亡的哀歡與激動。當時小說

一九三七年出版的戴望舒詩集
《望舒詩稿》。

家穆時英創作的最有名的小説是〈上海狐步舞〉，所以紀弦的詩中乃有
「不是穆時英的狐步」之句。

　　但是不久，盧溝橋上一聲炮響，使這一群浪漫的文學家們如夢初
醒！從此，徐遲和路易士，誰也沒有例外，都從青春的夢幻與陶醉中清
醒了過來，差不多是在一夜之間告別了青春的華爾滋和現代的狐步舞。
而且從此以後，徐遲和路易士，便分別踏上了各自選擇的不同的人生之
路，再也沒有相聚的機緣了。戰亂的年月，友誼也像旱天裡的蘆葦，
微弱得發不出一絲聲息。及至一九四九年，一個去了臺灣，一個留在大
陸，之間阻於一條深深的海峽，兩人更是互無聞問，音訊杳杳了。這段
空白，竟長達三十多年之久。

　　徐遲和紀弦（即路易士），都是跨現代與當代兩個時期的詩人，而
且也可以説，徐遲之於大陸的新詩的發展，紀弦之於臺灣的新詩的發
展，都是舉足輕重的人物。在大陸，徐遲早年的詩歌創作，通常是被視
為「現代派」的。對此，詩歌史學家和編選家周良沛先生是這樣分析和
看待的：

　　　　《現代》是一九三二年「一·二八」之後，上海現代書局老闆洪
　　　雪帆、張靜廬以書局之名命名的文藝刊物。其刊名，正如該書局

出版的《現代少年》、《現代出版》一樣，冠以「現代」二字，並非標榜「現代派」而來的。書局請施蟄存負責編輯，就是要辦成一個不左不右、不冒政治風險，採取中間路線的刊物。刊物的詩稿，在戴望舒去法國之前，施蟄存多是請他幫助處理的，而且，由於戴望舒詩名之故，許多新文學史家，也將戴望舒作為《現代》代表人物的新詩流派來論，徐遲就是當時其中最年輕的一位詩人。那時，在《現代》上的詩，並非詩風完全是同一路子的，作者思想傾向也不盡相同。而一般被看作「現代派」的詩人，如廢名、何其芳等，文學史家又不把他們劃歸在這一流派中，然而他們那被看作具有「現代」詩風的作品，又正好和《現代》上的作品在同一時期內出現和成長，於是，將他們分別看作不同的文學社團、同仁自是順理成章的。要是依照這幾十年的作法，將一個個的文學社團和諸多同仁，簡單地當作一個藝術流派來看待，那就成一大怪事了。雖然人們已經見怪不怪，但是，為了分明這一複雜的歷史現象，在沒有尋到更好的辦法之前，依照施蟄存的設想，將戴望舒、徐遲等寫成：「《現代》派之《現代》派」，還是一個可行的辦法。

這段話出自周良沛編選的《中國新詩庫・徐遲卷・卷首》。他是不贊成簡單地把徐遲歸於「現代派」的。他認為徐遲早年的作品（以《二十歲人》為代表），「除了排斥了千百年我們認為詩所以是詩就必須是韻文的觀念，和不同於過去的語言、結構外，並非是道地的『現代派』作品」。徐遲自己也不認為自己是「現代派」。他認為除了「過去」便是「未來」，而「現代」只是「瞬間的瞬間」。他在〈《二十歲人》新序〉中就說到過，《二十歲人》那樣的作品，先前是自己欣賞過，自鳴得意過的，後來自己把它們「放逐」了，然後又給予否定了。

在臺灣，紀弦卻真正地走了一大段「現代派」的路子。五〇年代，他親自主編《現代詩》達十年之久。一九五六年，又在臺北成立「現代派」，他被認為是臺灣「現代派」文學的開創者，是「現代派」詩

人的「旗手」和扛鼎人物。那時候他之倡導「現代派」，主張「橫的移植」，向西方現代派詩學習，否定「縱的繼承」，排斥詩的傳統。可是進入六十歲後，他似乎是「十年一覺洋場夢」，忽然反對起「現代派」來，大聲疾呼詩人「回到自由詩的安全地帶來」，並且發誓永不再用「現代派」三個字。

對於「現代詩」，紀弦曾有這樣的主張：「現代詩必須是自由詩而非格律詩。現代詩必須使用『散文工具』，採取『自由詩形』，而絕對不可以使用『韻文工具』，採取『格律形式』。一個現代詩的作者必須是一個現代主義者，無論他自覺或不自覺，承認或不承認，他必須是一個現代人而非古代人，他必須是一個工業社會人而非農業社會人，其意識形成之現代化是具有決定性的。」（《半島之歌》自序）

這一點倒是與當年《現代》上的主張是如出一轍的：「所謂現代生活，這裡面包括著各式各樣的獨特的形態：彙集著大船舶的港灣，轟響著噪音的工廠，深入地下的礦坑，奏著Jazz樂的舞場，摩天樓的百貨店，飛機的空中戰，廣大的競馬場……甚至連自然景物也和前代的不同了……」（《現代》四卷一期〈關於本刊的詩〉）有趣的是，徐遲和紀

紀弦致徐遲書簡手跡。

弦，在自己的晚年，竟不約而同地，都和早年與自己緊密相關的「現代派」開了個不小的「玩笑」——來了個「否定之否定」。歷史，就有這樣驚人的相似之處。

現在，我們再來看看紀弦那寫了大半個世紀的「宇宙詩」。《半島之歌》中除了那些懷鄉念遠以及取材於自然山水人物的作品之外，另有一個比較獨特的題材——對於紀弦來說，也是「更重要的一種情操之持續」，那便是對於全宇宙的熱愛與狂想。這一點竟也與徐遲不謀而合。

當八○年代以後的徐遲，把詩人的目光投向了純數學、地質力學、湍流力學、植物學、高能物理、分子生物學及電子電腦等自然科學和高科技領域，其案頭讀物也由原先的文藝著作轉換成了原子、粒子以及《火星》、《我們到達了月球》等自然科學方面的著作之時，在地球的另一面，已經定居加州的詩人紀弦，也正乘坐著他想像中的「超光速太空船」，在大宇宙之中遨遊著。徐遲和紀弦，都是天生的抒情詩人，到了晚年，卻都懷著一顆科學家的心。

當徐遲坐在他的二樓的書房裡，不無憂患地寫著他的〈再創生之歌〉：

> 宇宙觀望著這神氣的小地球，
> 再三地搖頭，失望地歎息道：
> 可憐你又變得醜髒醜陋了，
> 天賜的翠綠森林全部糟塌了，
> 臭氧層破壞到鳥兒不再歌唱。
> 你盜盡了天上地下海底的寶藏，
> 最後竟毀掉了自己的心腸，
> 又變得如此殘暴，狡猾，倡狂。
> 最聰明的人創造了核能，
> 不料竟用了它來進行自戕！
> 說著他聽到再創生的爆炸，
> 外空中隕落了一粒小光斑，
> 只有破滅，才能再創生，他說。

這時候，年老的紀弦，坐在他的「美西堂半島居」裡，也在憂心忡忡地寫著他的〈悲天憫人篇〉。他設想著，如果有那麼一天，宇宙瞧著我們的地球不滿意，諸如戰爭、殺戮、生態失衡及種種的作惡，他只要「唉」的一聲歎口氣，便一切都歸於烏有，太陽也成了一個大黑洞，連一絲光線都不見了……詩人便不得不疾聲警告道：

> …………
> 然則你藐小的地球呀，
> 你可憐的人類呀，
> 你給我好自為之吧！

對於人類的未來，徐遲是寄希望於對於大宇宙的開發的。他堅信二十一世紀是太空的世紀，他曾經這樣表達著他對未來的憧憬：「地球資源還沒有枯竭，而月球的寶藏卻已為我們儲存好。我們將飛入明月中，建築太陽能的電站，煉出純鋼和玻璃，製造出一切來滿足人類的需要。航太機將穿梭來往，多如過江之鯽。從月球發射臺上將放出一個又一個宇宙島。」（〈今夜江陵月〉）

而紀弦呢，彷彿是心有靈犀，他也這樣信心十足地幻想著：「總有一天，我們的子孫，是要乘坐超光速的宇宙船，飛到那顆藍色的行星去，向那些文明人學習的。」（〈有一天〉）為此他告誡自己的後代們：「我的孫兒的孫兒的孫兒，立個志，去做太空人吧！去訪問仙女座的大星雲吧！那渦狀的，多美麗呀！她是我們最近的一位好鄰居。」（〈給後裔〉）他甚至還堅信，「即使走遍我們的銀河系，都找不到第二個太陽系，而在其他的大星雲裡，總會有類似地球的行星和類似人類的生物之存在的。」哪怕這是一種純粹的「狂想」，一種「狂想曲之狂想」，他還是相信並希望：「……我的後裔，必定有一天，會把我這首理當獲得諾貝爾獎金的偉大作品，帶到另一個文明世界去當眾朗誦的。」（〈玄孫狂想曲〉）

紀弦的「宇宙詩」，從小寫到老，貫穿在他不同時期的每一部作品集裡。他回憶過，他從小就啃過不少有關天文學的書籍，時常用望遠

鏡看星空。他還曾開玩笑似地說過，如果不是由於數學不及格的關係，他或許早就成為一個天文學家了。然而，「天生紀弦，就是為詩而活著的」。要在抒情詩人和天文學家之間找它們必然的聯繫，在紀弦，惟一能做到的，便是把自己的目光「射向宇宙深處乃至宇宙以外的世界」。因此可以說，紀弦的「宇宙詩」，既是詩人的頓悟與狂想，亦不乏科學的思維和依據。

徐遲沒有寫下太多的「宇宙詩」，但他對於宇宙的探尋並不亞於紀弦。我翻過他案頭的有關火星和月球的書籍，也見過他收集的宇航員從月球拍到的地球的各種照片。我感到這簡直是一位天文學家的所作所為，而且是不一般的天文學家。他在給我看一組太空圖片時，曾激動地說過：「這簡直比趙無極的抽象作品還要美妙！」

徐遲和紀弦，是中國詩壇的「雙璧」，是詩的星空裡的「雙子座」。如果說，大宇宙對於悉心洞察它的奧秘並歌頌它的神奇與瑰麗的人，能夠生出感激之情的話，那番情意首先應該歸於徐遲和紀弦二人。他們是大宇宙的鍾情的歌手。紀弦寫「宇宙詩」，一寫就是整個一生，而且守至老邁，老亦不改，這個現象倒是應了莫洛亞的一種說法：在所有的藝術家身上，人們都可以觀察到一種永不滿足的「複合聲」。一個諧振的主題一旦將其喚醒，這個「複合聲」便發生振動，也只有它才能產生一種特殊的音樂。正是由於這一獨特的音樂，我們才熱愛這個藝術家，也是出於這個原因，某些作家總在重複地寫著一本書。「宇宙詩」，便是詩人紀弦總在「重複地寫著的」一本大書，是他的一個永不滿足的「複合聲」。從這個意義講，徐遲早年的〈贈詩人路易士〉中寫到的「你匆匆地來往，在火車上寫宇宙詩」，簡直就是一個被紀弦用一生所證實了的「預言」。知紀弦者，徐遲也。

有人說，一切詩人都是還鄉的。自稱為「來自銀河系」的紀弦也不例外。五〇年代，去台不久的紀弦，曾寫下動人衷腸的懷鄉詩〈一片槐樹葉〉，至今讀來仍令人凝咽：

　　這是全世界最美的一片，
　　最珍奇、最可寶貴的一片。

而又是最使人傷心、最使人流淚的一片，
薄薄的、乾的、淺灰黃色的槐樹葉。
忘了是在江南、江北
是在哪一個城市，哪一個園子裡撿來的了，
被夾在一冊古老的詩集裡，
多年來，竟沒有些微的損壞。
蟬翼般輕輕滑落的槐樹葉，
細看時，還沾著些故國的泥土哪。
故國喲，呵呵，要到何年何月何日
才能讓我再回到你的懷抱裡
去享受一個世界上最愉快的
飄著淡淡的槐花香的季節？

　　紀弦說，從前在臺灣，寫下了許多懷鄉詩，而以這首〈一片槐樹葉〉為最好。我最早也是通過這首詩而認識紀弦的。而《半島之歌》中，也收有不少懷念家園故人的新作。如〈樹〉：

　　在我還有一大把可以哭的能力時，快讓我回去看看那些樹吧！那些檳榔椰子、蒲葵及其他棕櫚科植物，我最最喜愛，最最喜愛的。

　　我要一棵棵的撫摩，一棵棵的擁抱，一棵棵的親吻，哭他個三天三夜，三個禮拜，以證明我還活著，我還有的是愛，我還不算太老，因為我還會哭，哭得像個孩童一樣。
　　在我還有一大把可以哭的能力時，快讓我回去看看那些樹吧！那些槐樹、榆樹、梧桐及其他落葉喬木，我常常想念的，常常想念的。
　　到有一天，當我連一滴眼淚都擠不出來了時，那就只好讓他們來看看我了。唉唉……願上帝保佑我的那些樹！千萬別讓人傷害我的那些樹！

　　真是其情也真，其聲也哀！血，終究是濃於水。一九九一年十二月，天津南開大學李麗中教授把她編選的一部大陸詩集寄給了老詩人，書和扉頁上寫了這麼句話：「讓這片故國槐樹葉飄洋過海到你身邊。」在這之前，詩人邵燕祥也曾遙寄過紀弦家鄉的槐樹葉給他，以慰年老遊子的異國鄉愁。所有這些，都曾使老詩人禁不住老淚涔然。他在〈致故鄉〉一詩裡這樣寫道：

> 啊啊故鄉！有著世界上最藍最青的天空
> 和詩一般美麗的湖泊的故鄉呀：
> 我不是不想念你，深深地想念你。
> 想你想得發狂，想你想得要命……

　　屈指一算，紀弦離開大陸故鄉，已超過半個世紀了。五十多年的風風雨雨，春去秋來。「書劍尚存君且住，世間何物是江南」！大道默默，小道切切，多少故人墳樹立於秋風，多少干戈已化為玉帛！推想老瘦枯骨、踽踽獨行之紀弦先生，不會不知道「幼年灑淚別家親，老邁回村祭祖墳」這一說吧。知往者不可追，念來日尚可為。那麼，歸來吧，你這年老的、懷鄉的旅人！

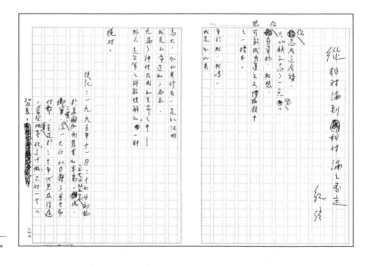

紀弦詩歌手跡。

我知道，至少，在揚子江畔，東湖之濱，有一方小窗上的燈，將永遠為你而亮著──那是你少年時的朋友徐遲的書房裡的燈光。不知道會不會有那麼一天，兩位白髮蒼蒼的老人，相互依偎著爬在窗戶邊，像兩個天真的孩子一樣，遙望著星空，尋找著各自的星座：雙子、天狼、人馬、獵戶或者是大熊座……不是在三藩市半島，而是在故國的星空下。

鎮江舊夢

——賽珍珠和徐遲

看到這個題目，請讀者千萬不要誤會，以為賽珍珠和徐遲之間，莫非也有一段什麼情感瓜葛。沒有。和賽珍珠女士有過一場隱秘而無望的戀情的那位中國詩人，是新月派詩人徐志摩。一九五七年，六十五歲的賽珍珠在她自己寫的那本《北京書簡》中，曾經動情地記敘過這段戀情。而徐志摩的那首〈愛的靈感〉：「愛你，但永不能接近你。／愛你，但從不要享受你。／即使你來到我的身邊，／我許向你望，但你不能／絲毫覺察到我的秘密。……」也許只有賽珍珠更能讀懂。

她的這段纏綿悱側的中國戀情，在心中埋藏了半個多世紀。細心的人們發現，它似乎只在她的小說中若隱若現，例如，她讓自己作品中的所有的好男人，都去感受了那同一場災難——在飛機失事中羽化而進入天國。

女作家劉宏偉曾經寫過一部關於賽珍珠的傳記：《中國戀情——賽珍珠的故事》，非常真實而動人。女作家以同為女人的心理，深深地理解和同情著賽珍珠的這場純真的戀情，為賽珍珠和徐志摩的愛情唱了一曲真誠的讚歌。對此，倘若賽珍珠地下有知，應該感到幾分欣慰的。

那麼，把賽珍珠和徐遲拉到一起，所為何來呢？有兩件事，頗值一說。一件事，劉宏偉在她的書中的「跋語」裡也提及了，那就是，當時

還是青年作家的徐遲，應該算是中國較早的賽珍珠作品的中文翻譯者之一了。

那是一九三三年秋天，正在燕京大學就讀的徐遲，從一本叫做《亞細亞》（Asia）的美國雜誌上，讀到了署名「賽珍珠」的一篇小說〈兩婦人〉。小說寫了東西方的兩個婦人，一個是封閉型的，一個是開放型的。徐遲很喜歡這篇小說，也知道這位「賽珍珠」即是生活在中國鎮江的那位傳教士的女兒。於是他興致勃勃地把小說譯成了中文，並寄給了天津《大公報》的《國聞週報》文藝欄。其時，那個文藝專欄主編是沈從文先生。沈從文分兩期發表了徐遲的譯文。這是賽珍珠的作品差不多第一次與中國的讀者見面。在這之前，雖然她已寫出了她的成名作《大地》，而且剛剛獲了一九三二年度的美國普利茲文學獎，但在中國，知道賽珍珠的人還微乎其微。

〈兩婦人〉譯文的發表，使徐遲也從此和名作家沈從文建立起了友誼。只是不知為什麼，沈從文先生為徐遲的譯文署了個奇怪的筆名：龍八。這個筆名，徐遲後來還用過兩次，便沒再使用。大約是當

沈從文致徐遲書信手跡。

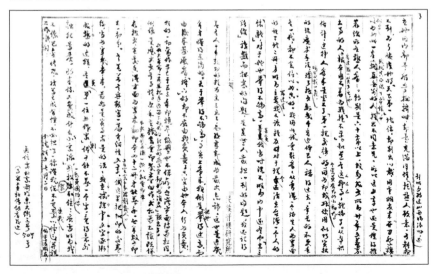

年年底，徐遲把已出版的《國聞週報》寄了兩期給鎮江的賽珍珠，同時附了一封信。徐遲記得，一九三四年元旦剛過，他就收到了賽珍珠的一封親筆回信，信上説了很客氣的話，給徐遲留下了十分美好的記憶。從此以後，徐遲便密切注意和日益敬重這位在中國長大的美國女作家了。可惜的是，賽珍珠當時寫給徐遲的那封回信，因為歲月久遠而早已不知去向了。

離〈兩婦人〉發表僅僅五年之後，即一九三八年冬天，賽珍珠就以她的《大地》三部曲而獲得那一年的諾貝爾文學獎。其時，偉大的中國正蒙受日本侵略者的踐踏，中國人民正處於戰爭的災難之中。瑞典學院的授獎辭中是這麼説的：「……她的著名作品為人類的同情鋪路，這種同情跨越了遠遠分開的種族邊界；還由於她對人類思想的研究，這些研究體現了偉大和生動的寫作技巧；瑞典學院感到這是與艾爾弗雷德・諾貝爾憧憬未來的目標和諧一致的。」而且，她的這些作品所顯示的傾向，「正朝著開拓一個通向更深入的人類洞察力與同情的遙遠而陌生的世界前進——這是一項崇高而艱巨的任務，需要以全部理想主義和豪爽無畏去完成……」而賽珍珠在她的受獎演説中，則動情地説道：「……假如我不按自己完全非正式的方式提到中國人民，我就不是真正的我了。中國人民的生活多年來也就是我的生活，確實，他們的生活始終是我的生活的一部分。……現在全體中國人民正在從事最偉大的鬥爭——爭取自由的鬥爭。當我看到中國空前地團結起來反對威脅其自由的敵人時，我感到從沒有像現在這樣欽佩中國。就憑著這種爭取自由的決心——在深刻的意義上是天性的基本美德，我知道中國是不可征服的……」

在這裡，賽珍珠向全世界袒露了她的真誠的中國情懷。應該説，她始終都是中國人民的可親和可敬的朋友。她愛美國，但她更愛中國。而就她的作品而言，也有不少有識之士堅信，她寫得不比我們自己的最好的作品差，也比我們最好的作家多得多。

徐遲就是持這種看法的人之一。問題在於，長期以來，——用徐遲的話説，我們對這位可敬又可親的朋友是「不夠朋友」的，雖然也有不少欽佩她的人，但更有一些人對她毫不熱情，乃至非常冷漠，甚而至於

口出惡言，予以中傷，結果使她不明不白，失望而去，黯然無語，最後夢斷大洋彼岸──美國賓夕法尼亞州的青山農場的寓所之中。她生前最大的願望──想再到中國看一看，終於成了泡影。這太不公平。在對待賽珍珠及其作品的態度上，一些人的心胸未免過於狹窄了，不知道究竟為了什麼。而更糟糕的是，多少年來竟沒有人出來說句公道話，彷彿現代文學史上壓根兒就沒有過一個外國女士以三部曲的形式反映了中國近代一個農村家族的變遷這樣一回事。

那麼，我們要說的，徐遲之於賽珍珠的第二件事，就是長期以來，徐遲一直在尋找、等待機會，為賽珍珠「翻案」。他無法容忍一些自以為「大旗在手」的人對於賽珍珠的蔑視和譏笑。他更不理解為什麼這些人對一位寫了上十本關於中國人民生活的作品的女作家，不以為榮反以為恥。徐遲說，這是他長久以來的一樁「心事」。好在機會終於有了。

一九九一年元月，幾十位中國學者雲集鎮江，舉辦了一個「賽珍珠文學創作討論會」，對這位女作家第一次公開而公正地評頭論足。在

徐遲四〇年代所寫的小說手跡之一頁。這一疊小說殘稿從上海文廟一家舊紙鋪淘得，亦屬冥冥中的奇蹟。

大會收到的論文中，就有老作家徐遲寫的一篇〈紀念賽珍珠〉。在文章中，徐遲除回憶了點往事，表達了一點對一些人的譏笑和漠視賽珍珠的不以為然，還坦誠地寫出了自己對賽珍珠的作品的敬重。他說：「三○年代的創作，到九○年代再來讀，我覺得更有把握來判斷了。我的感覺怎麼樣呢？我覺得那個文苑英華的三○年代確實不簡單。賽珍珠當時是一個家庭婦女（應稱為布克夫人），和美國文藝界並無關係，和中國文藝界也毫無接觸，而能完成這三部巨大著作（指《大地》、《兒子們》和《分家》這個近二百萬字的三部曲），誠然難能可貴。如果說她並不是寫得盡善盡美的，那又有什麼奇怪呢？可是她確實寫出了那麼豐富的內容，那麼形象又那麼生動，而且是對茫茫神州有那麼深厚的感情，又怎能不給予較高的評價呢？她的局限可以批評，當然應當是善意的批評。不應當作出惡意的中傷，或者說至少應當避免給她以中傷的。全面地來看這三部書，它們是成功地寫出了中國民國的那個時期的生活風貌來的。」

　　喉有骨鯁，一吐為快。徐遲的文章，盡情地表達了對賽珍珠的悼念、感謝、感喟和欽佩。人生冷暖，世態炎涼，賽珍珠生前已經感受了很多，而在她身後，我們又怎忍心讓她仍然處於一片淒冷之中呢！她是在中國大地上長大的女兒。如果說，賽珍珠在中國詩人徐志摩那裡獲得過真切而無望的愛情，那麼，她在另一位詩人徐遲這兒贏得的，卻是一片溫暖無私的友誼了。「四海之內皆兄弟也」，這原也是她生前最美好的願望。

卷
四

坎坷譯路

——徐遲的翻譯生涯

從〈聖達飛的旅程〉開始

　　徐遲先生的文學翻譯生涯，幾乎和他的創作生涯同時開始。一九三二年五月，他的小說處女作〈開演以前〉發表在燕京大學出版的《燕大月刊》上。一年之後，他所翻譯的美國詩人維祺・林德賽（Vachel Lindsay）的一首長詩〈聖達飛的旅程〉，就發表到了上海《現代》（施蟄存主編）第四卷第二期上（一九三三年十二月出版）。同期發表的還有他評介林德賽詩歌創作藝術的論文〈詩人維祺・林德賽〉。到了

一九三一年的少年徐遲。

八〇年代，徐遲到美國訪問。在林德賽的故鄉——伊利諾亥州，他曾特意向美國人詢問，知不知道林德賽這個詩人？結果是他們大多數人已經不知道了。但徐遲是不會忘記他的，而且至今仍十分喜歡這首〈聖達飛的旅程〉。

他回憶説，一九三一年七月，「在上海報考燕大時，我還是在施蟄存的指引下，一起去了商務印書館的外文部看書，並買下了一本《林德賽詩選集》，愛不釋手。他有三首詩吸引著我，一首〈中國的夜鶯〉和一首寫非洲的〈剛果河〉，但都比不上讀〈聖達飛的旅程〉更能激動我。我把這書帶到燕京，一住下就著手翻譯，看來我當時的英語和中文的文字水平都已經有了點樣子。」（《江南小鎮》第二部第六章）

這首長詩描繪的是美國工業化的時代之來臨——來到了從堪薩斯州開往新墨西哥州去的聖達飛旅程上的光景。昔日的西部開發者們的大篷車和馬隊，如今已被轟鳴的馬達機器所代替，田園風光正在逐漸地讓位給工商業大城市。這些車輛發出驚人的聲響，頗有氣勢地從大城市來，經過一些大城市，又向著另外的大城市湧去……而滿懷自然之心與懷舊心理的詩人，卻在夜幕下獨自靜聽著，靜聽著夜風輕輕吹來「從……那……原野上的……仙女們在仙境似的平原送唱的，甜的、甜的、甜的、甜的歌，一隻小鳥的歌。」

如今，這首長詩已作為一篇頗具紀念意義的譯作，附錄在《徐遲文集》第六卷（文論卷）之中了。由〈聖達飛的旅程〉開始，徐遲也踏上了他作為翻譯家的旅程。那時他僅十九歲。

《永別了，戰爭》和《苦盡甘來》

一九三六年下半年，徐遲離開了他美麗的家鄉小鎮南潯到了上海。他在中央財政部公債司的債券核銷處謀到了一個差使。但這時他已迷上了文學，用他自己的話說，他的「文學事業中的第一個時期之第一個高潮」已經到來。他已經出版了第一本音樂著作《歌劇素描》，和知名作家施蟄存、戴望舒等等有了較為密切的聯繫，即將出版第一本詩集《二十歲人》。

一九三五年，徐遲在家鄉南潯中學門前的留影。

　　他坐在上海江西路上的核銷處辦公室裡，點完了票息便埋頭看他的文學書。他正在翻譯美國作家歐恩斯特・海明威的小說《永別了，戰爭》。其時海明威在國外已享有大名，但在中國，知道他的人卻不多。當時只有施蟄存和葉靈鳳等幾位作家在寫介紹海明威及其作品的文章，徐遲應算是中國較早的海明威小說的翻譯者之一。用他自己的話說，「多少有點兒爆一個冷門意思」。

　　他已經懂得了海明威為什麼自稱是「迷惘的一代」的心情，也認識到了海明威的散文語言的簡潔、明瞭的獨特的風格。他說在譯過這部小說之後，「我自己的文風也受到啟發，我力求用最少的文字來傳達最多的感情」。

　　一九三六年秋天，他以《永別了，戰爭》的譯名譯完了全書。同時還譯完了英國劇作家諾艾爾・考華德的一個傷感的話劇《苦盡甘來》。他把這兩部譯作都交給了當時在上海一家叫啟明書店的編輯錢公俠手上。然而這個啟明書店卻是很陰暗的，它的名聲不太好，出了一批一折八扣的廉價書，盜印了一些有名的譯本，只稍稍改了幾個字就算新譯本。徐遲沒能見到自己的《永別了，戰爭》的譯本出版，倒是見到了啟明書店不久之後出版的另一個譯本，書名已改為《告別了武器》，署名也不是徐遲了。就這樣，這《永別了，戰爭》和《苦盡甘來》都不了了之，尤其是《永別了，戰爭》，從此也和徐遲永別了。

徐遲一想起這事來就又氣憤又頗為惋惜。他説，現在再要找這兩個譯本，肯定是不容易找到了，因為當時任何圖書館都不太願意保存啟明書店的出版物的。他的譯作算是「明珠投暗」了。徐遲在晚年回憶道：「有時我想在晚年裡重新譯出來，再出版一次，譯本沒譯好，好書也定歸沒有影響；它就和沒有了生命一樣。」

稍帶寫一筆，第一個將海明威的名字介紹給中國讀者的人是葉靈鳳。當海明威還沒成名，還沒有出版家肯接納他的著作時，詩人戴望舒從巴黎將他買到的一冊海明威在巴黎一家小書店出版的短篇集寄給了在上海的葉靈鳳，葉一看，立刻對他那簡練的對話和清新的句法發生了興趣。於是，葉靈鳳便在他當時所寫的短篇小説裡，讓他的男主人公在公共汽車上偷看海明威的《第七號女性》了。後來，葉靈鳳又譯過海明威的好幾個短篇，寫過好幾篇介紹文章。所有這一切，自然都做在徐遲譯《永別了，戰爭》之前，即三〇年代初期（見葉靈鳳《霜紅室隨筆・想起海明威》）。

《依利阿德試譯》

荷馬史詩是世界古典文學寶庫中的名著和巨著之一。説它是名著，是因為它的原文精美絕倫，無可比擬；説它是巨著，因為它長達二十四卷，約一萬六千行，堪稱史詩之最。

一九四二年，二十八歲的徐遲從香港來到重慶。鬧市弦歌，他在歌樂山大天池旁邊的一個叫蒙子樹的小村裡，借住了一年的時間。他在這鄉間完成了世界文學翻譯的一個創舉：首次用漢語詩體形式選譯了《伊利亞特》。他一共譯了七百餘行的十五個片斷，採用無韻素體詩即 Blank Verse 的形式來做格律，題名為《依利阿德試譯》。書由重慶美學出版社一九四三年七月出版，係該社出版的「海濱小集」叢書之三。

書的封面圖案，選用了一幅希臘雕刻的荷馬半身像。書名則是郭沫若題寫的。書裡除了十五段譯詩外，徐遲還利用萊辛的《拉奧孔》中的提供的材料，寫了兩萬多字的注釋，同時還參考柳無忌教授借給他的一本穆萊著的《史詩之興起》，闡述了一些關於史詩的看法。這本書雖然

很小，卻是我國的第一本用詩體翻譯的荷馬史詩的譯本。先前有過的傅東華和楊憲益兩先生的兩個譯本，都是散文體的。徐遲學希臘文時的老師繆靈珠教授，曾用詩體譯出了《依利阿德》，但據徐遲說，「一直在等它出版，卻始終沒有出來。」

一九四七年六月，徐遲的這個譯本又在上海群益出版社再版了一次。徐遲珍藏過一冊再版本，珍藏了許多年，後來他訪問希臘時，把它贈送給了雅典的國家圖書館，算是給它找了個好去處，也圓了他的「愛希臘者」的夢。

其時已經是九〇年代了，徐遲已經七十八歲。但他對於希臘舊情難忘，也彷彿是雅典娜女神的神秘的召引，他在耄耋之年，有了重新採用希臘傳統詩歌形式中的「六步體長短短格」的格律，從頭再譯《依利阿德》的打算。

主意既定，他竟迫不及待地開始了。面對原作二十四卷、一萬五千三百零三行的古典史詩，要重新全部翻譯出來，這在徐遲晚年，無異於一次艱難的「長途飛行」，一次雄偉的奧林匹斯山的登攀！

遺憾的是，這個浩大的翻譯工程最終沒能完成。我們沒有等到詩人拋給世界的「金蘋果」。半本《伊利亞特》譯稿，成了詩人留給世人的一個「未完成的永恆證」。

雪萊詩歌選譯《明天》

在試譯《依利阿德》之前，徐遲已經有過幾次譯詩的經驗了。如一九三三年譯過維祺・林德賽的〈聖達飛的旅程〉（載上海《現代》第四卷第二期，一九三三年十二月一日出版）；一九四一年譯過華爾特・惠特曼的〈蘆笛之歌〉（載重慶《新華日報》一九四二年十月十五日）等等。

一九四二年，徐遲從香港到重慶，在蒙子樹住了一年的時間。譯完了《依利阿德》的十五個片斷之後，和他一起從香港逃難到桂林的盛舜，在桂林辦了一個雅典書屋，約徐遲譯詩去。徐遲便開始譯雪萊的作品。他的手上有一本桑茨倍萊的評論集，也是柳無忌借給他的，可以幫助他瞭解雪萊。但他明白，雪萊是英國詩人中最精美的一位，他還沒

有能力去把雪萊譯得更好。他把自己譯的一部分雪萊的抒情詩寄到了桂林，桂林雅典書屋在一九四三年二月以《明天》為書名出版了這些譯詩。書中還附了譯者撰寫的一篇〈雪萊欣賞〉。

但這本書在徐遲生前一直沒能找到。或許也如《永別了，戰爭》一樣，《明天》也早已和我們「永別」了。徐遲晚年回憶說：「其實我之翻譯《依利阿德》和雪萊，在當時都是不夠格的，如此不自量力，只能貽笑大方了。」這當然是他的自謙，但也說明了譯事的艱辛與不易。

令人欣喜的是，進入新世紀之後，上海圖書館的藏書目錄實現了電子查閱。我意外地查到，上海圖書館裡竟然還藏有一冊徐遲翻譯的《明天》。這也許可以稱得上是「海內孤本」了。

《第七個十字架》

一九四三年元旦過後，徐遲從歌樂山的蒙子樹鄉間，搬回了城裡。但他還沒有一個固定的職業。正在為《新華日報》寫那著名的國際述評的喬木（喬冠華）是徐遲的朋友，他為徐遲找到了一本書，是德國女作家安娜‧賽格斯的小說《第七個十字架》，一本反法西斯的名作。喬木說他已跟書店說好，此書由徐遲來譯，譯完就由生活書店出版，這樣可以使徐遲有一點點稿費收入。

安娜‧賽格斯在戰後是民主德國的代表性作家，在當時，據說也已經和海明威齊名了。《第七個十字架》寫的是德國的集中營的故事。幾個越獄者，從鐵絲網底下爬了出去，但一個又一個地被抓了回來，給處決了。其中有一個人，卻幾次危險都安全度過了。他是第七個被判死刑（即上第七個十字架）的人。但德國法西斯終於沒能抓住他，第七個十字架始終沒有立起來⋯⋯

據徐遲說，小說寫得很細，心理描寫很是動人，也有極鮮明的反法西斯意義。但徐遲卻譯得吃力，覺得沒有多少味道。後來是馮亦代的夫人鄭安娜聽說他譯得不順利，便拿去幫他譯了幾章，總算交了稿。但這本書最後未能出版，而只在一個刊物發表了若干章。這個刊物現在查到

了，即重慶一九四三年十一月出版的《文藝新輯》。小說節選以〈兩逃犯〉為標題發表。

《托爾斯泰散文集》

袁水拍、馮亦代在重慶創辦的美學出版社，為徐遲出版過兩本譯著。一本是《依利阿德試譯》，另一本則是《托爾斯泰散文集》（美學出版社一九四四年七月初版）。書中收入託爾斯泰的散文三篇：〈為什麼人要把自己弄得昏迷不醒〉、〈《克勞艾采奏鳴曲》後記〉和〈過良好生活的第一步〉。徐遲在譯序裡說：「這裡譯的三篇東西驟看，或驟然聽說時，是要使人失笑的。因為在第一篇裡，托爾斯泰勸人不要吸紙煙與不要喝酒；第二篇裡，他勸男人女人不要性交，並且勸做丈夫的不要跟妻子性交；第三篇裡，他勸人不要吃肉。」顯然，這是一本反映了托爾斯泰的一些人生態度的「怪書」。徐遲說，譯它的目的，只是希望它能幫助讀者建立一個是非格外分明、愛憎格外熱烈的生活態度。美學出版社出版這本小集時，在書名《托爾斯泰散文集》後面加了個括弧「第一冊」。不久，它又出版了《托爾斯泰散文集》的第二冊（馮亦代譯）。

到了一九八八年，徐遲譯的這本小書，又由湖南人民出版社列入「散文譯叢」第三輯，再版了一次，書名改為《托爾斯泰散文三篇》。書裡增加了戈寶權的一篇短序〈關於這本書〉。一九九二年四月，這本小書又由湖南文藝出版社出了第三版，又改名為《酒色與生命》。徐遲說：「這樣一本勸人戒煙、戒色、戒饞的怪書，想不到到了近年，它又有點用處了。」

戈寶權先生的〈關於這本書〉，實在是一則有關這冊譯著的頗有意義的軼話，文不太長，茲錄如下：

「本書的譯者徐遲同志是熱愛托爾斯泰的作品的，記得在抗日戰爭期間，他譯過一本《托爾斯泰散文集》。這本書可能早被人遺忘了，但想不到一九八〇年十二月，我在重慶訪問革命烈士陵墓、白公館和渣滓洞時，竟然在『中美合作所』集中營展覽館的一個櫥宙裡看見了這本用

土紙印的書。原來革命烈士車耀先一九四六年三月在成都被捕後。同羅世文烈士一同被解押到重慶，然後又關進貴州的息烽監獄。車耀先表示他讀書不多，想借這個機會多讀一些書，最好能讓他管理圖書。當時，監獄中堆存有幾千本書，其中不少是難友被捕入獄時被沒收的進步圖書。他就將這些進步書籍加以修補，改頭換面，混在一般圖書中編號出借，還利用管理圖書的機會進行秘密聯絡活動。為了蒙混特務的眼目，他在不少書上用毛筆寫了『文優紙劣，特請珍惜』。在現存陳列出來的《托爾斯泰散文集》的封面上，就有他題寫的這八個字。因此這本書能在監獄中流傳開去。一九四六年七月，車耀先和羅世文兩烈士又被提到重慶的白公館，被就地秘密殺害。車耀先烈士雖然犧牲了，但他保管的這本書卻被留存下來，成了他在監獄中進行合法鬥爭的一個見證。我在當年十二月底經長江三峽到了武漢時，徐遲同志到江漢關旁的輪船碼頭來接我，我第一件告訴他的事，就是在重慶『中美合作所』集中營展覽館裡的這個意外的發現。今年（一九八三年）五月，我參加中國文聯赴川參觀訪問團再到重慶，在重訪烈士陵墓時，又再次看見了這本書，我想應該把這件值得寫出來的事告訴讀者們。」

一冊小小的翻譯散文，竟能成為革命先烈在監獄裡進行鬥爭的一個見證，這大概是譯者徐遲先生所未料到的吧。

《托爾斯泰傳》

一九四三年，重慶的國訊書店，請茅盾出面主編一套「國訊叢書」。茅盾便向徐遲等人約稿。這時，戈寶權便向徐遲推薦了英國的托爾斯泰作品的翻譯和研究專家阿爾麥・莫德的傳記《托爾斯泰一生》，希望徐遲翻譯出來。戈寶權還將自己珍藏的「牛津古典叢書」版的《托爾斯泰一生》借給了徐遲。

莫德的原著卷帙浩繁，有八十萬言。如果全譯，當然是好，可以說將會是當時翻譯出版界的一件大事。但限於人力財力，經過商定，徐遲只擬選擇其中三部分，按青年、中年和晚年三個時期分成三部譯

出。茅盾同意了，徐遲著手譯它。一九四四年一月，《托爾斯泰傳（第一部：青年時期）》出版問世。譯者寫了個〈譯者後記〉，對翻譯此書的起因做了點說明；同年六月，第二部（結婚時期）出版；一九四五年七月，第三部（晚年時期）出版，譯者又寫了第二篇〈譯者後記〉，其中寫道：「我們的靈魂饑渴，我們的嘴唇皮也乾燥，我們的眼睛、四肢、心臟、脈搏都很衰弱，是的，現在我一定要鼓起力量來，借這個譯後記告訴讀者，一本書應該是我們的力量，我們的生命，我們的復活！」一九四七年三月，國訊書店遷到上海，又將這三部合為一厚冊再版了一次。

但它畢竟不是莫德的著作的全譯本。到了全國解放後，徐遲在《人民中國》當英文版編輯時，當時的新聞總署署長胡喬木，還有詩人何其芳，作家劉白羽等，都曾希望徐遲修訂舊譯，並能譯出全本的《托爾斯泰一生》來。一九五七年，徐遲編《詩刊》時，因為很忙，便找了他的一位親戚，已經出版過幾種譯書的宋蜀碧女士，徵得她的同意，請她補譯了那未譯的部分，並校訂了徐遲的舊譯。全部的譯稿交給一家出版社，可惜的是放了三年之久，竟被退了回來。然後是十年浩劫。這部近八十萬言的全譯本的約二千頁稿紙，竟奇跡般地在一隻舊碗櫃裡倖存了下來。

一九八三年四月，北京出版社出版了這個由徐遲和宋蜀碧合譯的全譯本，平裝分為上下兩冊，精裝合為一大冊，真好像一塊磚頭一樣。徐遲為全譯本寫了篇新的序，敘述了《托爾斯泰傳》從初譯到如今全譯本的四十幾年的漫長歷程。他說：「這個英國人，阿爾麥‧莫德，及其夫人是用英文譯出了幾乎全部托爾斯泰著作的大翻譯家，他是研究托爾斯泰的藝術和思想的著名學者。……我看這一本《托爾斯泰傳》的特點，主要是作者掌握了這麼大量的材料。這在我們國內是沒有看到過的。這些材料的整理也可以供我們參考。傳記中選用了這麼多材料，讀者自己就能夠得出一些觀念來。莫德有一種開明的風度，他擺材料很多，很豐富，而講道理較少，緣其不強加於人，因此可供參考的價值也就多一些。」

書中也收錄了戈寶權的一篇〈談莫德和他的《托爾斯泰傳》〉。我們前面所引的戈氏談《托爾斯泰散文集》的一則軼話〈關於這本書〉，即來自這篇〈談莫德和他的《托爾斯泰傳》〉。

《巴黎的陷落》與《解放是榮耀的！》

二十世紀前半葉，第二次世界大戰之中，巴黎的陷落和法蘭西的崩潰，是最使人感到沉痛的一段歷史。有兩本書，分別描寫了這段驚心動魄的歷史。一本是蘇聯作家伊里亞・愛倫堡的長篇小說《巴黎的陷落》；另一本是美國女作家葛特魯德・斯坦因寫的長篇報告文學《解放是榮耀的！》。四〇年代在重慶，徐遲把這兩本書都翻譯了過來。

《巴黎的陷落》是他和詩人袁水拍合譯的，徐遲譯前半部分，袁水拍譯後半部分。更奇妙的是兩人把這本書一撕為二，到了譯好，碰面一對，接頭處徐遲譯的前半句和袁水拍譯的後半句不需修改，正好接上了。他們的譯本先以《巴黎！巴黎》的書名，於一九四七年三月在重慶國訊書店出了一版；後以《巴黎的陷落》為書名，於同年在上海群益出

徐遲和袁水拍合譯的伊里亞・愛倫堡著《巴黎的陷落》書影。

版社出版，一九五一年十二月又在上海文光書店出第二版，一九五三年四月出第三版，戈寶權以〈愛倫堡及其《巴黎的陷落》〉為題，為本書寫了代序，系「蘇聯文藝叢書」之五。

《解放是榮耀的！》則是徐遲一人譯的。一九四五年六月，先在重慶新群出版社出了第一版，十月，又在新知書店、讀書出版社和生活書店在上海的聯合書店再版。袁水拍為這個譯本寫了序言，譯者則寫了篇介紹作者情況的〈作者介紹〉。

斯坦因原是一位非常奇怪的作家。在第一次大戰後，她就相當有名了。瑪蒂斯的第一張畫是她購買的；海明威是她提拔和扶植的作家；畢卡索的每一個「時期」，也都得到過她的建議；超現實派的作家跟著她走路；不少雜誌也在她的保姆似的提攜下出版。更奇怪的是，她在大學裡讀心理學的時候，試驗過一種「自動寫作」（「潛意識的寫作」），專寫自己的潛意識，或說用自己的「潛意識」來寫作。徐遲在三〇年代就譯過她用「自動寫作」法寫的一篇「怪文」，題目叫〈風景與喬治華盛頓〉，但因其太怪，始終也沒發表過。我們不妨在此抄一段見識見識：

斯坦因早年那些帶有語言實驗性質的文學作品，曾經引起徐遲對現代派文學的朦朧的認識。

……秋季的風景可以稱為夏季。

這也能有晴天和雨天。

只需要是他們是而從也是又安好而快樂的時候。

他們可以包括他們的接待。

這是時間的一部分而這是一種利益。

那個所謂秋季的風景的東西他們不能耕植。

那個也所謂秋季的風景的東西因為他

們能收穫一切已經長成了的事物。

不久之後，他們在秋季的風景上所喜

歡的東西他們願意使她變成雨。

…………

就是這樣的夢囈。而且往往可以洋洋灑灑長達十幾頁。據說有一次，一家雜誌發表了她的一篇文章，因為原稿上頁碼不小心被弄亂了，上半篇和下半篇顛倒了。但雜誌的編輯和校對都不能發現這個錯誤，直到第一本樣書裝訂出來，斯坦因自己才看見了這個大錯誤。她立刻要求重排。但編輯們說，反正您的文章是沒有人看得懂的，顛倒了也沒什麼關係，重排一次則雜誌的損失太大了。斯坦因卻堅持要重排，最後只好重排，改正了這個對讀者來說其實改不改都無所謂的錯誤。

但《解放是榮耀的！》卻不是這種「潛意識」的寫作，而是她年逾古稀之後的滿懷激情的寫實的作品。徐遲說：我們「從人的受難，游擊隊的活動，法蘭西的解放中，看出了一個更寬闊，更光明的世界。」他還預言，「這裡面描寫的感情不久我們也會感覺到，因為解放，的確是榮耀的！」

是的，從一九四〇年六月十四日巴黎陷落算起，全世界人民都在密切地關注著這個自由、民主的故鄉。她在黑暗中度過了四年兩個半月的時間，而終於迎來了美麗的曙光！斯坦因是這樣迫不及待地，一開頭就宣佈了這一振奮人心的消息：「今天十二點半，在無線電收音機裡有一個聲音說：注意！注意！注意！於是一個法蘭西人的聲音像爆炸了一樣

地，興奮緊張地說，巴黎解放了！榮耀啊！巴黎自由了！」可以想見，徐遲譯這些文字時是何等的興奮。

九〇年代裡，劉白羽先生為重慶出版社主編的那套大型的「世界反法西斯文學書系」裡，曾選用了徐遲翻譯的《解放是榮耀的！》一些章節。

《我轟炸東京》

二戰期間，日本東京第一次被轟炸，是在一九四二年四月十八日。參加那次轟炸的美軍飛行員中，有一位名叫鐵特・W.勞蓀（CaptTed. W.Lawson）的隊長，事後寫了一本曾經轟動一時的書《在東京上空三十秒》，分六期發表在美國的《Col－Lier》雜誌上。書中記述了美軍的一個飛行大隊，從一艘名為「黃蜂號」的航空母艦上起飛，低空飛行到日本上空，竟然躲過了日本防空部的監視。快要臨近東京時，機隊突然升高，迅速掠過東京上空，時間只有三十秒。三十秒裡，這個大隊的幾十架飛機卻在一瞬間投擲下了無數的炸彈，使東京第一次燃燒起來，處於一片火海之中。在東京方面還沒弄清楚是怎麼一回事兒時，這個航空大隊已迅速飛達中國海岸線上空，向事先預定的中國各個軍用機場飛去。但這時候夜幕已經降下來了，而且更糟糕的是，早幾個月前就與國民黨政府及其軍隊商量並安排好了的計畫，國民黨軍隊卻完全沒有執行，所有中國軍用機場都不僅沒有發出信號，照亮機場跑道，甚至連一點燈光都沒有，幾十架飛機無法降落。當時只有一個機場亮了燈光，那是中國共產黨的新四軍（聶榮臻將軍和張愛萍將軍部）駐守的機場。有兩架重型轟炸機幸運地在那裡安全降落，機上人員全部安然無恙。而其他無處降落的轟炸機上的飛行員，有的迫降，有的被迫跳傘，結果大都是機毀人亡，傷亡慘重。勞蓀隊長也因此失去了一條腿。

這本書是勞蓀隊長轟炸東京的遠征飛行的親身經歷自述，是二戰的一個側影，其中也暴露了國民黨政府及其軍隊的腐敗無能和不守信用。這本書先是連載，後由美國Randon House出版社出版全書。書一問世，即引起轟動，成為當時的暢銷書之一。四〇年代中期，徐遲先生正

在墨西哥駐重慶大使館新聞處做譯員，因而有機會會見了一些美國的空軍人員。一位美軍上尉給了徐遲一份連載的《在東京上空三十秒》，徐遲一看，覺得這是一部很真實的且以現代語言寫成的輕鬆而又驚險的報告文學作品，當即決定把它翻譯過來。因為原文中夾著許多生動傳神的美國俚語，徐遲便又邀請他的同鄉，後來去了巴黎當了駐法大使館秘書的翻譯家錢能欣先生一起來譯這部書。徐遲譯前半部，即描述這項偉大的轟炸行動的準備及其經過的那一部分；錢能欣譯後半部，即記述這些飛行人員如何在中國海岸降落，以及中國游擊隊如何護送他們通過日軍防線而到達自由中國的過程。

一九四五年，重慶時代生活出版社出版了徐遲和錢能欣合譯的這本書，譯名為《我轟炸東京》，列為「時代生活叢書」第五種，徐遲寫了一篇〈譯者序〉，說明了這本報告文學樣式的作品的寫作和翻譯過程。在翻譯這本書之前，徐遲剛剛翻譯並出版了一本《依利阿德試譯》。所以他在《我轟炸東京》的序言中這樣說道：「若有人問我，譯了古特洛亞戰場的史詩之後，再來譯這個近代的戰爭作品，有無感想，我要說，我愛這些近代戰爭的史詩，絕不亞於古代的神話的歌唱。這是一個奇跡，奇跡中充滿了英勇和熱情，中國讀者對此一定感到分外興奮。」

這個譯本，徐遲自己沒能保存下來。我查到了，重慶圖書館裡還倖存了一本。

《帕爾瑪宮闈秘史》

《巴馬修道院》是法國偉大的現實主義作家司湯達在一八三九年出版的長篇小說，也是他繼《阿爾芒斯》（一八二七）和《紅與黑》（一八三〇）之後的第三部重要作品。原作完成於巴黎。而不是如作者在〈告讀者〉裡所說的那樣，在一八三〇年遠離巴黎三百里之外的地方寫成的。實際的情況是，一八三八年十一月四日他在巴黎開始動筆，花了五十二天時間，於同年十二月二十六日完成。司湯達在他的創作札記裡曾這樣記載過：「十二月二十六日，我把六大卷手稿交給柯爾找出版

家。」作者當時住在巴黎戈馬丹路八號，房子現在還在。這樣的一部四十多萬字的煌煌巨著，竟在如此短暫的時間裡寫完，這在整個世界文學史上實屬罕見，司湯達在給巴爾札克的那封四萬多字的著名長信上說：「《修道院》的許多篇幅，都是根據最初口授的本子付印的。」原來，每天清晨，他看一看昨天寫的那一章的最後一頁，便就有了當天這一章。他或是自己寫，或是口授，讓一個名叫波納維的人記錄，平均每天要寫滿二十五頁稿紙。

　　一九四七年夏天，正在家鄉小鎮上從事「教育實驗」的徐遲，因為學校放了暑假，便來到上海，住在姐姐家裡。他說：「我已好久沒有走回文學的園地來了，只有放了暑假，我還可以利用這段時間來幹點翻譯，換點稿費，既可以享受和欣賞文學之美，還可以有點經濟價值。」他想到了有年夏天，茅盾先生向他推薦的司湯達的《巴馬修道院》。他決定就來譯這部大書。他自己有一部Ck Scott Moncrioff的英譯本，又向李健吾先生借了一本Bibliolhegme de la Pieiade的Henri martineau編定的法文本和一本Lady Mary Toyd的英譯本，便開始了工作。他每天一清早進入大餐間，一直譯到吃中飯。飯後稍稍休息一下，再往下譯。頭頂轉著一個大電風扇，也就不怕天熱了，一直又譯到吃晚飯。有時吃了晚飯後，再譯它兩三個小時。中午譯久了感到疲倦時，他就把頭伸到自來水管子底下，用冷水嘩嘩地沖它兩三分鐘，然後回到餐廳，繼續翻譯……司湯達寫這部四十萬字的作品，僅僅用了五十二天時間，也真是巧合，徐遲翻譯這部作品，差不多也是五十天左右，一口氣譯了出來！他在當時寫下的「譯者跋語」裡這樣說道：「這一部書，譯的時候我最愉快，往往從早晨到晚上，一邊譯，一邊渾身緊張而激動。人物的命運這樣感動了我，過去我的譯書的經驗中都未曾有過這樣的現象。我敢於邀請讀者，讀這最動人的小說！我敢於熱情地說，沒有人會失望的。」譯者的興奮與激動，由此可見。

　　四十多年後，他又回憶和回味道：「實在也是原作太精彩了！它非常迷人，我譯得也就帶勁。那時的翻譯並不要求字字精確，不一定要一個字都不能落掉，或不夠妥貼的。而我要求於我自己的是一種筆墨上的神勢，既感染自己又感染別人的激情，有如電磁力的相互作用。我認為

這最重要。當譯到困難處，查查原文，和另一個譯本，三者對照一下，其困難就迎刃而解了……」

一九四八年五月，上海圖書雜誌聯合發行所（因為「生意眼」的要求）以《帕爾瑪宮闈秘史》的書名，出版了徐遲的這個譯本。遺憾的是，譯稿付印時，不知是哪個環節出了問題，把頁碼弄顛倒了，於是有不少頁，前後倒置了。從這個「上聯版」的第六百三十四頁第十二行，到六百四十二頁的第八行（即從第二十七章裡的「十點半，公爵夫人跨進馬車，向波隆涅而去……」開始）共有八頁之多，都應移到最後一章的快要結束的地方去，即挪到第六百五十一頁的第六行那兒，插進去，方才是連貫的、對頭的。這個錯誤當然不應由譯者來負責。有人曾經撰文評論過徐遲的這個譯本，指出他的一些翻譯的不當，但卻沒有一個人發現這個篇頁倒置的大笑話。

譯事雖小，卻也功在千秋。現在，《巴馬修道院》在國內已有另外不止一個譯本了，這也是極其自然和必要的。但也有一些人表示過，比較起來，他們更愛讀徐遲的這個譯本，這也說明徐譯的司湯達自有其獨特的魅力吧。有位當年《帕爾瑪宮闈秘史》的讀者，如今成了優秀的編輯和出版家的汪稼明先生，曾在《中華讀書報》上撰文說，一九七〇年代，他讀到了《帕爾瑪宮闈秘史》（其時它還屬「禁書」），還在上面寫了這樣一段筆記：「讀完此書，我好像看到一出歷史劇。這是真實的、動人的，而且複雜的。我有點後悔一起始因覺這書不好而沒做詳細筆記，而現在這本書就要去了（指即將被人借走——作者注），許多人在等待著讀它……這劃時代的作品，我很願意再拜讀一遍這本書……」（《中華讀書報》一九九四年九月二十八日〈書夢重溫·早年的讀書筆記〉）汪先生還清晰地記得，「這本書是三四十年代譯本，譯者是徐遲。……書挺厚，紙張粗糙，封面上有一個灰紅色方框，框內是書名……」其時他才十九歲。

司湯達在這部作品的末尾寫了一行字曰：「TO THE HAPPY FEW」即「獻給少數幸福的人」。可不可以說，讀過徐遲譯的《帕爾瑪宮闈秘史》的讀者，也是「少數幸福的人」呢？如今這個譯本是早已絕版了。徐遲對此頗有感觸地說道：「晚年我整理自己的文集時，考慮

了我的全部翻譯之後，認為還是應該下決心，將它全部放棄的好。原因就是：翻譯是根本不可能的，尤其對最好的、精彩的文學作品。」

《瓦爾登湖》

一八四五年七月四日，即美國獨立日的當天，二十八歲的亨利‧大衛‧梭羅毅然離開了喧囂的城市，搬進了離波士頓不遠的一個林中小湖——瓦爾登湖畔的一棟他親手蓋起來的小木屋裡，宣告了他個人生活與精神上的「獨立」。這是一位沉默的智者對於生活的十分獨特的選擇。小木屋裡只有寥寥可數的幾件傢俱。他在湖邊種豆、打獵、伐木、收穫，也在湖邊傾聽、觀察、沉思、夢想……他在寧靜的林中小湖邊獨立生活了兩年半的時間。當他認為他已達到了他的原先設計要簡化生活、回歸自然的實驗的目的時，他就走出了林子，重新回到了城市。以後他又花了幾年的時間整理那些筆記。九年後，即一八五四年，他的《瓦爾登湖》（Walden）出版問世。

這本書是梭羅的人生哲學和文學才華的集中體現，真正是情理並茂，文采恬美，引人入勝，而精闢警句，字字閃光，令人拍案叫絕。隨著時間的推移，不僅《瓦爾登湖》這本書的影響越來越大，已經被公認為是美國文學中的一部獨一無二的散文名著，而且瓦爾登這個以前乏人問津的林中小湖，也越來越顯示出它的聖潔與美麗，彷彿前工業化的美國被留下一片，保存在此，專供後人思古懷幽，慕名而來的遊人確也絡繹不絕。

一九四九年夏天，又一個暑假，徐遲應他的老朋友馮亦代、鄭安娜夫婦以及費正清先生之約，為他們正在組織編輯的「美國文學叢書」翻譯《瓦爾登湖》。這套叢書由鄭振鐸主編，趙家璧出版，包括有高寒（楚圖南）翻譯的惠特曼詩集，馮亦代譯的《美國現代文學概觀》等。

但《瓦爾登湖》卻是一本怪書。用徐遲的話說，「這是一本寂寞的書，恬靜的書，智慧的書。其分析生活，批判習俗，有獨到之處，但頗有一些難懂的地方。」梭羅自己也曾多次在書裡寫道：「請原諒我說

話晦澀。」這樣的一本書,它的深奧、晦澀、精闢的特點,也意味著它的翻譯起來的艱難程度。譬如一開始的〈經濟篇〉,徐遲就覺得,這好像是梭羅在故意地難難人家,難難譯者,也難難讀者的。好像一開頭就想要讓人們知難而退似的,凡是一開頭就讀不進去的讀者,便是梭羅故意地把他排斥出去的,有意地把這一部分人推到人世間最美的文字之外去的。他用這種方式來選擇自己真正的鍾情和耐心的讀者。而從第二篇〈我生活的地方;我為何生活〉開始,則漸入佳境,越到後來,越是精彩,可以說是「句句驚人,字字閃光,沁人肺腑,動人衷腸」的。

　　整個夏天,徐遲就陶醉在這清澈、澄明的瓦爾登湖裡,時而吟誦,時而疾書。他採用的版本是The Morden Library,New York 一九三七年版。他像前一年的夏天譯《帕爾瑪宮闈秘史》一樣,仍然住在上海的姐姐的家中,那間大西餐廳,又成了他的工作間。他在那大電風扇下奮筆疾書,大約每天要譯它七八千字。譯得久了,有點頭昏腦漲了,便又是照老樣子,把頭伸到自來水龍頭下,用涼水沖一會兒,然後繼續工作。白天裡碰到讀不進去,或譯不下去的地方,到了黃昏以後,心情漸漸恬靜了,再讀它,則忽然覺得頗為有味;及至夜深人靜,萬籟俱寂之時,

徐遲翻譯的梭羅散文名著《瓦爾登湖》書影之一。
這本書一九四九年夏天由上海晨光出版公司初版；
一九八二年經譯者修訂後，收入《外國文學名著叢
書》，由上海譯文出版社重新出版，並多次重印；
一九九七年又由吉林人民出版社作為《綠色經典文
庫》之一出版。

細讀起來，竟又發現它原來是那麼清澄明朗，如聞其聲，如臨其境。梭
羅的全書共二十二萬字，徐遲只用一個多月的時間，便告竣了。幾個月
之後，一九四九年十月，上海晨光出版公司以《華爾騰》的書名，第一
次把這本書推到了中國讀者面前。

　　其時正值全國人民歡慶解放，舉國上下熱氣騰騰之際，因此注意這
本譯著的人很少。但到了五〇年代，香港卻很快出現了盜版。他們把書
名改為《湖濱散記》，把譯者徐遲改為「吳明實」（無名氏），一版再
版，竟再版了六版之多！而國內也有不少人在詢問和尋找這本書。但等
到國內的再版，卻是在離初版三十多年之後，即一九八二年了。年近古
稀的徐遲，忍不住又花了很大的功夫，對全書進行了重新校譯，然後交
上海譯文出版社再版了。書名正式定為《瓦爾登湖》，譯者補寫了一篇
〈譯後記〉。新時期以來的知識界和少數讀者對於梭羅和瓦爾登湖的瞭
解，大都通過這一版。一九九三年五月，由中國社會科學院外國文學研
究所、人民文學出版社和上海譯文出版社聯合編輯出版的「外國文學名
著叢書」，又將《瓦爾登湖》納入其中，分精裝和平裝兩種形式又由上
海譯文社重新出版。譯者對第二版的譯文又做了點修訂，並重新寫了篇

較為詳備的〈譯本序〉。這樣，一部優秀的外國散文名著，總算有了它最好的歸宿。

有人評價說，徐遲先生所有的譯著裡，當以《瓦爾登湖》譯得最為美妙。此語雖非定論，卻有道理。《瓦爾登湖》的譯文之美，應當歸功於我們的抒情詩人的傳神的手筆，而其根源則在於譯者對於梭羅的最深切、最誠摯的理解與熱愛。對於《瓦爾登湖》的讀者，徐遲是這樣代替梭羅希望著的：「你能把你的心安靜下來嗎？如果你的心並沒有安靜下來，我說，你也許最好是先把你的心安靜下來，然後你再打開這本書……」這幾句話見於他的〈譯本序〉的開頭。《瓦爾登湖》也是一本「獻給少數幸福的人」的書。

值得一記的是，二〇〇六年，我在武漢的一個舊書店裡，竟然與一冊品相頗為完好的初版的《華爾騰》相遇。這莫非是冥冥中有某種因果聯繫？自然，我毫不猶豫地花高價買回了這冊珍貴的初版本。

結束語

徐遲先生首先是創作家，然後才是翻譯家。他主要是以創作名世，老的說法是，翻譯之名為創作之名所掩了。上面所列述的他的部分譯著，也只限於他建國前的翻譯活動，以出版的單行本譯作為主。其實，他的六十餘年的翻譯生涯裡，留下了不少零散的和值得一讀的譯作。如，他是我國最早的翻譯賽珍珠作品、翻譯美國意象派詩人的作品、翻譯新土耳其詩人希克梅特等人的翻譯家之一；他在不同的時期也譯過拜倫、惠特曼、聶魯達、馬蒂、何塞等著名詩人的作品；他翻譯過泰戈爾、畢卡索、傑克·倫敦、法捷耶夫等人的長篇文論；即便是在晚年，他還興致勃勃地翻譯了關於人類登月、遨遊太空的科學報告以及一些現代藝術評論等等。所以我認為，我們在研究徐遲先生的創作的同時，也應該重視他的翻譯。他的創作所受的影響，與他所接觸的外國文學是分不開的。而他的翻譯，更顯示了他對某一類作家或作品的情有獨鍾。

徐遲的編輯生涯

徐遲先生是詩人、作家，也是編輯家。他的文學編輯生涯和他的創作、翻譯生涯一樣，在三〇年代就開始了。但他主要是以創作名世，老的說法，是編輯之名為文名所掩了。作為詩人和作家，他的六十多年的創作生涯，為我們的文壇奉獻了近一千萬字的作品，包括詩、小說、散文、雜文、報告文學、音樂評論、文學理論研究和評論、傳記等體裁。這些作品已編輯成《徐遲文集》十二卷，文學史上自會有它們的地位的，這裡可以不論。而作為文學編輯家，徐遲在三〇年代、四〇年代、五〇年代和八〇年代，都做過一些重要刊物的具體編輯，甚至是主要編輯。可以說，他為我國現代文學和當代文學的編輯事業，做出了不可磨滅的貢獻。

編輯《新詩》和「新詩社叢書」

一九三五年，詩人戴望舒從法國留學歸來，回到上海。已經在施蟄存先生主編的《現代》上發表了一些詩作，且對戴望舒心儀已久的青年詩人徐遲，立即從他的家鄉浙江南潯鎮上跑到上海，去拜望戴望舒。二人一見，遂成知交，亦師亦友，不勝親密。這時的《現代》，自一九三二年五月一日創刊，已出版了三十一期。施蟄存已退出了《現代》編輯部。戴望舒遂邀徐遲和另一位圍繞在《現代》身邊的青年詩人路易士（本名路逾，亦即後來的臺灣老詩人紀弦），三人一起籌辦「新詩社」，並出版一份詩歌刊物，來接替《現代》。於是，戴望舒出資一百

元，徐遲和路易士各出五十元而辦起的一份二十五開本、一百二十五頁的定名為《新詩》的詩刊，便在一九三六年十月十日正式創刊了。戴望舒邀請了馮至、卞之琳、梁宗岱和孫大雨，連同他自己共五人作為編委，徐遲和路易士二人則成了具體的編輯，兼任編輯之外的各種事務的工作人員。

《新詩》的創刊，實際上也成了《現代》之後的「《現代》派」詩人們的藝術活動的繼續。從創刊號開始，一大批具有「現代」風格的知名詩人和新作者，都集中到《新詩》上面來了。如馮至、卞之琳、梁宗岱、孫大雨、方令孺、林徽因、陳夢家、陸志韋、羅念生、艾青（莪伽）、羅莫辰、周煦良、陳江帆、番草、廢名、侯汝華、金克木、林庚、玲君、呂亮耕、南星、史衛斯、吳奔星、孫毓棠、趙蘿蕤、嚴文莊、陳雨門、雨櫻子等等。當然也包括《新詩》的主編和編輯的戴望舒、徐遲、路易士。從這份名單即可看出，《新詩》的陣容是相當強大的，可以說是展現了一派蓬勃的氣勢。難怪文學史家們有言，是《新詩》把現代派這股詩潮，推向了一個「頂峰」。

還在戴望舒出國前編《現代》詩稿時，施蟄存就曾對他說過：「有一個南京的刊物說你以《現代》為大本營，提倡象徵派詩，現在所有的大雜誌，其中的詩大都是你的黨徒……」（見孔另境編《現代作家書簡》，花城出版社一九八二年出版）現在，《新詩》更是成了現代派的大本營。徐遲晚年也回憶說，當時的《新詩》確實是個考究質量、追求藝術表現的刊物，陣容強大，名家如林，一批現代風格的新詩人紛紛登場。相比之下，半個世紀後，他所參與編輯的《詩刊》，在五〇年代末和六〇年代初，其編輯的路子便顯得太狹窄，不尷不尬了。路易士後來也回憶說，一九三六年至一九三七年這一時期，可以說是「中國新詩自五四以來一個不再的黃金時代……人才輩出，質佳量豐，呈一種嗅之馥鬱的文化的景氣」。（轉引自藍棣之編選《現代派詩選‧前言》，人民文學出版社一九八七年版）而徐遲作為《新詩》的具體編輯之一，親逢其盛，且直接參與其中，也為這個新詩的發展的「狂飆期」（詩人吳奔星語）立下了汗馬功勞。他不僅親手約來和編發了諸如嚴文莊的〈彈蕭邦作品二十八之十五後〉、〈一串珍珠似的幻想〉

及〈時光外兩首〉，還有沈旭春（雨櫻子）的〈戀如斯〉等新人新作，他自己也在《新詩》上發表了〈念奴嬌〉、〈一天的彩繪〉、〈六幻想〉、〈靜的雪，神秘的雪〉以及〈假面跳舞會〉（詩劇）等具有現代風格的作品。這些作品，都收進了他的第一本詩集《二十歲人》之中，也成了他早期詩歌創作的里程碑。

《新詩》出刊半年之後，每期印數一千冊，總能銷光。其中有二百多個固定訂戶。當他們算計後感到略有盈餘了，三人又計畫著出版「新詩社叢書」了。從一九三七年三月開始，趙夢蕤譯的艾略特的《荒原》，南星的《石象辭》，玲君的《綠》，路易士的《火災的城》，周煦良譯的《西洛潑州少年》等詩集，便每月一本地由「新詩社」編輯出版了。徐遲當然是其中的編輯之一。八月份，他自己的一本《明麗之歌》也編好了，清樣都打出來了。計畫中還有李白鳳的《鳳之歌》，施蟄存的《紈扇集》，戴望舒的《現代西班牙詩抄》，林徽因的《題未定》等，都已見了預告。

然而，八月中旬，「八‧一三」事變爆發，日軍侵入上海。僅僅創刊十個月（一九三六年十月至一九三七年七月）的《新詩》月刊，不得不匆匆停刊。「新詩社叢書」也不能如期出版了。戰火燃起，朋友們星散，作為徐遲最早的一段文學編輯生活的《新詩》月刊的編輯工作，也宣告結束了。這是編輯史上的悲劇。但《新詩》在文學史和中國新詩史上活下來了。

編輯英文版《中國作家》

一九三八年五月，作為上海的流亡文化人士，徐遲和戴望舒等一同抵達香港。當時的香港，集中了一大批從內地來的知名文化人，可謂群賢畢至，少長咸集，人才濟濟，極一時之盛。徐遲其時和夏衍、喬冠華、戴望舒、馮亦代、袁水拍、楊剛、葉淺予、馬耳（葉君健）、張光宇、張正宇、魯少飛、廖冰兄、黃新波、郁風、葉靈鳳、馬思聰等一批文化人都過從甚密。一九三九年，為對外宣傳抗戰，中華全國文藝界抗敵協會（總會設在重慶）由老舍先生出面，授權在香港的戴望舒出任總

經理，並由馬耳任主編，馮亦代任經理，辦起了「文協」總會的對外宣傳抗戰的英文刊物：《*CHINESE WRITERS*》（《中國作家》）。徐遲列名於編輯名單之中。英文版的《中國作家》第一期於一九三九年底出版，由馬耳主編。馬耳編完這一期，就回內地去了。因戴望舒只懂法文，他便提出，第二期由精通英語的徐遲執編。徐遲說幹就幹，如期完成了第二期的編輯工作。這一期的頭條是新感覺派小說家穆時英的〈The Birth of A God〉（〈一個菩薩的誕生〉），是他自己用英文寫的。另有徐遲翻譯的艾青的名詩〈雪落在中國的土地上〉。此外他還寫了一篇社論，署名H.C.。這期刊物，現在大約只在香港中文大學還能找到。接下去一期由馮亦代編，再接下去由戴望舒編，之後便因資金不夠，匆匆收了場。這份刊物的壽命比《新詩》還要短，僅僅出了四期。它卻是徐遲親自參與編輯的第一個英文刊物。

編輯《中原》季刊

珍珠港事變後，香港淪陷。徐遲和一些進步文化人士一道，輾轉四省，遷居重慶，在山城過起了一種近乎自由文人的生活。一九四三年四月前後，一直關心著徐遲的喬冠華和夏衍，先後都找到徐遲，要徐遲去給郭沫若即將創辦的大型期刊《中原》季刊，作一名編輯。徐遲在他的長篇自傳《江南小鎮》第四部裡回憶過：「這是要從創刊號編起的，還說這個刊物很重要，一定要編好。我問，一共有多少個編輯？就是一個。我說，恐怕我承擔不起。喬木（喬冠華）說我用不著害怕的。他們有一個強有力的編委會，只要你看到，是有著這麼一個編委會的，就立即不會害怕的了。」確實，《中原》的編委會成員都是當時和後來都赫赫有名的文化人，如郭老、喬冠華、胡繩、夏衍、戈寶權、楊剛、于伶、石西民、陳家康、徐邁進等。《中原》作為一份大型的文化學術季刊，將由重慶群益出版社出版，出版人是沈碩甫，沈病逝後由郭培謙接任。具體的編輯和編務人員只有徐遲和屈楚二人。徐遲負責文稿，屈楚負責排印校對。

徐遲還記得他第一次參加《中原》編委會議時的情景：「他們談得都很具體，一面縱橫議論，一面選定題目。還確定好了哪些人寫什麼文章和大體怎麼寫，等等。第一期的目錄就出來了，但還留有很多的篇幅，給其他的作家們寫稿。經過一個多小時的談話，我的心就篤定了。然後我聽到他們談到了廣泛的話題，專門探討了整個中國文化界的現狀和若干個具有典型性的事件，或當時的一些值得注意的觀點，對此發表了許多無與倫比的精彩評論。」

《中原》的創刊號於一九四三年六月正式出版。封面用的是粗糙的白色的厚紙，丁聰設計的封面鮮明大方。內文是淡黃色的土紙印刷，雖顯粗糙，但也校對認真，很少錯訛，且字跡疏朗清晰。創刊號頭條文章是美學家蔡儀的〈藝術的主觀性和客觀性〉，然後是喬冠華的署名「于潮」的〈論生活態度與現實主義〉和胡繩的署名項黎的〈感性生活與理性生活〉，還有楊剛的〈一個知識份子的自白〉，陸侃如的〈初平興平文學繫年〉，柳無忌譯的〈拜倫詩抄〉，戈寶權譯的〈萊蒙托夫詩抄〉，馮亦代譯的海明威的小說，茅盾譯的彼特洛夫的戰地通訊等等。此外還有力揚的詩，徐盈和蕭蔓若的小說。徐遲自己寫了一篇〈美國詩歌傳統〉。

第二期在九月出版。頭條文章是徐遲譯的泰戈爾的萬言長文藝術之意義》。送審時這篇譯文本來是排在目錄最後的，郭老審完後竟把它放在頭條位置上了，說是原文非常重要。第三期脫期，到一九四四年三月才出版。第四期在一九四四年九月出版。像那份英文刊物《中國作家》一樣，《中原》也僅僅出版了四期便停刊了。其原因，一方面是經濟比較困難，另一方面大概是郭老還有更重要的事情要去做吧。《中原》的歷史雖然也很短暫，但有幾點優良的編輯作風，徐遲是記憶猶新的，對於我們今天的編輯人來說，也不無啟示意義。

一個機構精幹。一份大型的文化學術刊物，整個編輯部只徐遲和屈楚二人就應付自如了。連徐遲現在想來也不免奇怪：怎麼當時辦事就那麼簡單容易？他們具體的操作方式是：屈楚作為編務，從書店、從主編那裡拿來稿子交給徐遲，徐遲自己也從編委和別的作者那裡約一些稿子來，合在一起，由徐遲一一讀過，選定，作點編輯加工，輯合成一期，

編定，列出目錄，然後送郭老審定。郭老總是在一兩天內看完，然後簽字付印。事情就這麼簡單和乾脆。據説當時茅盾主編的《文藝陣地》，也只有葉以群一人當執行編輯兼事務員；老舍主編的《抗戰文藝》也只有梅林一人執編；還有巴金的文化生活出版社出版的《文義》月刊，也只有靳以一人具體編輯。哪像今天這樣，一個編輯部，一個雜誌社，人浮於事，人多得不得了，而事情卻總是辦不好。

二是園地公開，百家爭鳴。按説《中原》創刊，應該多登一點郭老自己的文章，當時也正是他創作精力最旺盛的歲月。然而據徐遲回憶，《中原》自始至終，只發過郭老寫的一篇〈編者的話〉，占一頁，其中説道：「大凡主編雜誌，向來的習慣似乎是以主編為主的，某人主編雜誌，似乎就是某人或某一小部分人的天下。這情形我看多少還是封建意識的表現。」因此他表示，《中原》的「園地是絕對的公開，內容相容並蓄」。具體地説，只要是合乎以文藝為中心的範圍，只要他們覺得對讀者多少會有一點好處的，他們都一律歡迎，創作也好，翻譯也好，小説詩歌或戲劇評論……他們都一視同仁，毫無軒輊。當然，他們也講究原則性。「譬如思想上袒護法西斯的自不用説，即使稍微帶那樣的氣息，我們也只好敬謝不敏，不能讓那樣的豪俠先生來擾亂《中原》。」又譬如，「接受遺產，我們是強調的……如一味的泥古不化，或拘泥於文言文與舊形式的古董，則自然有接受它們的古董店和博物館，我們這兒也只好恕不招待。」《中原》是四〇年代大後方的一份頗有影響的文化學術刊物，已成了珍貴的歷史文物。

編輯英文版《人民中國》

一九四九年七月，徐遲在北京出席了全國第一次文代會。文代會結束後，他被分配到出版總署的國際新聞局，在英文版半月刊《人民中國》從事編輯工作。《人民中國》的主編由國際新聞局局長喬冠華兼任，副主編是蕭乾先生。《人民中國》的創刊號在一九五〇年元旦問世。徐遲在他的長篇自傳《江南小鎮》第五部裡回憶當時的情景：「當時的報刊流行一種『人民』牌號。黨中央的報紙，叫《人民日報》；文

學刊物叫《人民文學》；音樂刊物叫《人民音樂》，等等。唯我們的半月刊最神氣，叫《人民中國》。當時，人民是最珍貴的寶貝。『為人民服務』為最高的行為準則。我們住在一樓，我們對面是張彥（筆名端納）和車懋奇（筆名車卡）這兩位黨員。張彥是編輯部主任。二樓是副主編蕭乾和他的夫人梅韜⋯⋯又有一位美國女士白蒂・葛蘭姆（Betty Graham），她是從老解放區來的新聞方面的專家。就這麼幾個人日夜在一起，組稿，寫文章，畫版樣，當編輯，跑印刷所。」

《人民中國》的創刊號上發表了郭沫若在文代會上的報告，譯文出自徐遲之手。編輯英文刊物，徐遲以前有過經驗。四〇年代初他在香港曾協助戴望舒編輯對外宣傳抗戰的英文刊物《中國作家》。況且現在編的是新中國的對外宣傳刊物！他的激動與興奮，自不待言。一九四九年的最後一天，他和國際組的段連城一起去了印刷廠，等待著《人民中國》的創刊號。他當時是這樣在暢想著：明天，這書就要問世了！而明天，是二十世紀上半葉的結束，二十世紀下半葉的開始。

徐遲在《人民中國》編輯部做了一年多一點時間的編輯工作。到一九五一年初，便以《人民中國》記者身份，兩次奔赴朝鮮戰場，用英文寫下了〈轟炸平壤〉（一九五一年二月）、〈平壤被炸目擊記〉（一九五一年五月）等通訊和特寫，並發表在當時的《人民中國》上。一九五二年他去廣西農村參加土改，寫了〈一個農民協會的誕生〉等英文通訊。一九五三年一開春，他又以《人民中國》記者和《人民日報》特約記者身份，深入長城內外、大河上下的重點建設工地採訪，用英文寫下了一篇又一篇對外報導和通訊、特寫。至此，他的編輯生活暫告一段落，而代之以做一個「中國工業化的記者，基建工地的發言人或代言人」的願望，連續五年奔走在全國的工地上。他的這一時期的主要作品，就是發表在《人民中國》上的英文通訊和報告文學。

英文版《人民中國》在反映建國初期中國人民在政治、經濟、文化等各個領域裡從事社會主義建設的成就和精神面貌等方面，功不可沒。而徐遲作為它最早的編輯和記者之一，適逢其盛，參與其中，可以說是在他的編輯生涯上，寫下了雖然短暫卻又嶄新和獨特的一筆。

六〇年代初期，作為《詩刊》副主編的徐遲，和老詩人、《詩刊》主編臧克家（右一）、評論家葛洛（左）在一起討論工作。

編輯《詩刊》

　　一九五七年元月，由中國作家協會主辦的詩歌月刊《詩刊》，在北京創刊。據熟知當時情況的人回憶，《詩刊》的創辦，首先應該感謝徐遲，是他首先在作協理事會上倡議，說我們國家解放後竟沒有一份詩刊是令人遺憾的，而解放前竟有大大小小的詩刊五十多家。徐遲的倡議得到了很多人的支援，而後他又四處呼籲奔走，終於使這份定名為《詩刊》的月刊得以辦成，直到今天。這是作為詩人和編輯家的徐遲在解放後為新詩運動所做出的一項重大貢獻。

　　《詩刊》創辦之初，由臧克家任主編，徐遲和嚴辰任副主編。但嚴辰是兼職，不常到編輯部。臧克家每週到辦公室兩次。編委除正副主編外，還有田間、艾青、呂劍、沙鷗、袁水拍。主持編輯部日常工作的，主要是徐遲。一九九四年三月，臧克家曾撰文回憶《詩刊》創刊時的情景：「攤子擺好了，第一炮怎樣打響？首先忙於拉稿，東奔西走。我拜訪過郭老、雪峰；徐遲去找了艾青、馮至，聽取意見並請他們大力支持。徐遲心靈手巧，會想點子，他與呂劍到處搜求社會上流侍的毛主席詩詞八首，上書毛主席，得到支持，……《詩刊》創刊號一出版，由於有毛主席詩詞十八首，艾青、馮至等眾多著名詩人的作品，引起轟動，形成了排大隊買《詩刊》的文苑佳話。」（見〈老《詩刊》瑣憶〉，《詩刊》一九九四年五月號）

六〇年代徐遲在寫作中。

　　《詩刊》的創辦，得到毛澤東主席的熱情支持，這件轟動一時的文壇盛事，眾人皆知。毛主席不但同意將徐遲等人抄送的流傳在社會上的詩詞八首校改後公開發表，而且又加上了他自己那裡有的十首，一共十八首，同時還給臧克家和《詩刊》編輯部的同志寫了那封署名的回信。毛主席的詩詞和回信一起發表在創刊號上，被人稱為「世界詩史上，值得大書特書的事件，也是《詩刊》值得自豪的事件」（阮章競語）。徐遲在〈慶祝《詩刊》二十五周年〉的紀念文章裡也回憶過這件事，覺得「從來沒有刊物能像《詩刊》這麼幸福」，「《詩刊》真正是在毛澤東同志的關懷之下成長的」。自然，在這件事上，徐遲是立了大功的。

　　不僅如此，當時也屬編委之列的詩人沙鷗，還回憶過這樣一件事：當稿子跑得差不多了，沒有想到封面設計卻成了一大難點。要請人設計封面，就得確定多大的開本，意見又一下統一不起來。最後是徐遲力主用二十四開，大家都同意了。請畫家設計封面，以為很簡單，誰知一張一張的設計圖都不使人滿意。最後又是徐遲想到了早年曾是畫家的艾青。充滿智慧的艾青答應了，很快為《詩刊》設計出了樸實、淡雅和大方的封面。

　　《詩刊》的任務是在當時毛主席提出的「百花齊放，百家爭鳴」的方針指導下，繁榮詩歌創作，推動詩歌藝術的發展，發表各種題材、體裁和風格的詩歌創作，也登載理論批評和譯詩，報導全國詩歌動態。當

時編輯部人手少，但效率頗高。編輯選出稿子，徐遲當即決定去留，有重要問題隨時找臧克家談談，或者就近請教作協黨組分管《詩刊》的郭小川同志，他的辦公室就在《詩刊》編輯部對面，三言五語即可解決問題。臧克家在〈老《詩刊》瑣記〉裡還寫道：「徐遲提議《詩刊》搞一部分『毛邊本』，新鮮，富於情趣。為了打開銷路，在內容上多方面拉稿，還出了『工人詩歌一百首』，在一次『作協』大會上受到周揚同志的稱讚。接著又出了『戰士詩歌一百首』。為了聯繫群眾，眼睛向下，我們到國棉三廠、一廠去賣《詩刊》，並且開了座談會，工人同志們熱情很高……」

　　從一九五七年元月到一九六〇年十月這四年的時間裡，徐遲的主要時間和精力，都用在抓好作品，扶植和發掘詩歌新人，「為他人做嫁衣」上了。而他自己，基本上犧牲了創作，只留下一部富於指導性和史料意義的詩歌理論和批評集《詩與生活》（北京出版社一九五九年版）。其中有〈談民歌體〉、〈談格律詩〉、〈漫談敘事長詩〉、〈怎樣朗誦詩？〉、〈南水泉詩會發言〉等指導和普及詩歌創作的文章；也有〈四川新民歌優美而機智〉、〈初讀長詩〈李大釗〉〉、〈讀《草葉集》〉、〈民族語言的魅力〉等對當時出現的一些優秀詩歌新作和一些外國名家名作的評論與欣賞文章。這些文章的寫法和出發點，都是從一個詩歌編輯的目光和職責來進行的，可以說，它們是除遲的編輯工作的補充和繼續。

　　除了直接處理各地基層作者的來稿，不斷地發現和培養新作者（實際上，《詩刊》創刊後的最初幾年裡，確實向全國推薦了不止一代有才華的青年詩人，他們到今天已經成為很有影響的詩人了），徐遲還經常和編輯們一道去北大等高校，與中文系的一些同學談詩。他們的詩觀既新鮮又有一定的水平。沙鷗曾回憶說：「我們請幾位同學為《詩刊》寫一篇中國新詩簡史。他們在我們的鼓動下終於答應了。文章寫得很漂亮，很有見解，但很長，我們分多期發表。發表後反響強烈。這幾位同學現在已是著名的詩論家了。」（〈寶馬雕車香滿路〉，載《詩刊》一九九四年五月號）這些當時的北大學生中，就有謝冕、孫玉石等。他們今天回憶起往事來，仍然念念不忘徐遲、沙鷗對他們的鼓動和扶持。

如今回憶在《詩刊》做編輯的那段生活，徐遲是既覺得自豪，又有些遺憾的。他在一篇談鷗外鷗的詩的文章裡談到了這個意思：「（那時）每天坐班，負責具體的編務，掌握著選稿發稿的大權，頗受主編的信任。當時在大躍進之後，有新民歌運動；然後三面紅旗飛揚，作協書記邵荃麟起了一個『開一代詩風』的雄心。我們也就提倡著一種狹隘的現實主義文學。聞浪漫主義而不悅，見『廣闊的現實主義』也生疑。《詩刊》初創時，我有意地發了一些現代精神的作品，但到第四第五期之後，開展了風暴鬥爭。那時我爭取到了南星、呂亮耕等現代詩人的作品，但對鷗外鷗之詩卻還有難處……」（〈鷗外鷗〉，《花城》一九八八年第六期）

就在這篇文章裡，徐遲還引用了朱自清記錄過的聞一多的一段關於新詩的議論：「請放心，歷史上常常有人把詩寫得不像詩，如阮籍、陳子昂、孟郊和渥滋華斯、惠特曼，而轉瞬便是最真實的詩了。詩這東西的長處就在它有無限度的彈性……只有固執和狹隘才是詩的致命傷。」徐遲針對這段議論，誠懇地反思道：「經朱自清記錄下來的，聞一多的這些話，談得多麼深刻呵！如果説這些話有針對性，所針對的中間的肯定部分應該有鷗外鷗的詩在內，而其中的否定的部分，就應當包括我後來作為編輯時的那種固執和狹隘了。」

現在看來，這個責任不應由徐遲們來負。那只能説是當時那段歷史的「固執和狹隘」，是歷史的失誤。所幸的是，它所留給新詩藝術的教訓，我們今天早已經吸取了。作為那段歷史的「固執和狹隘」的另一種記錄，徐遲在那段時間裡還編輯了《暖泉民歌集》（蜜蜂詩歌叢書之一，百花文藝出版社一九五八年十月版）、《萬首詩歌寫滿牆》（懷來縣詩歌第一集，河北人民出版社一九五八年七月版）以及《一九五八年詩選》（署名《詩刊》編輯部編選，作家出版社一九五九年八月版）等詩集。一九六〇年，第三次全國文代會後，徐遲辭去了《詩刊》副主編職務，到湖北的長江水利委員會綜合治理和開發規劃辦公室報到去了，從此一直生活在武漢。

「七月派」詩人朱健先生在九〇年代出版的《瀟園隨筆》一書裡，收錄了他的一篇回憶文章〈胡風這個名字……〉，談到了他與胡

風的淵源關係以及胡風對他的創作和人生命運的影響。這篇文章也收進了那部具有文獻和史料意義的大書《我與胡風‧胡風事件三十七人回憶》之中。撇開朱健與胡風的關係不談，我在這裡要摘引出來的，是發生在朱健與徐遲之間的一點往來故事，可以作為徐遲先生編輯生涯裡風誼一例。

一九五五年夏天，朱健因為胡風事件被捕入獄。一年之後，急風驟雨式的群眾運動一過，他在公安局的單身牢房裡，居然可以讀書看報和寫詩了。自己本來就是無罪的，現在，「親友故舊一定會為我在這場風暴中的命運而憂心忡忡或避之惟恐不及。那麼，此日寫詩，異日發表，便是自己為自己『平反』以昭告天下、安眾親友之心的最佳方策。」於是，在一九五七年創刊不久的《詩刊》上，竟然堂堂正正地登出了署名「朱健」的詩作，而且還不止一次，用朱健的話說是，「接二連三地發表了我的詩」。

更有意思的是，熱情而敬業的編輯們大約認為發現了一位「詩壇新秀」，竟然不斷地馳書詢問作者的現狀和過去，甚至連當時正擔任著《詩刊》副主編的詩人徐遲，也親筆寫信給這個「詩壇新秀」，表現了足夠的熱情和關心。「對此，我頗感為難，實在沒有勇氣挑明自己一年前還關在公安局，現在正留黨察看，以觀後效。」朱健說。但是又不能長久地隱瞞下去。於是，他略施小計，在回覆徐遲的一封支支吾吾的書信裡，「順便」拜託徐遲找另一位詩人王亞平，幫助他打聽一位老朋友的下落。不久就有了徐遲略含幽默的回信：「原來你不是新人而是老手，恕我眼拙了。」

「完全是善意和友誼，毫無芥蒂之意。」這是徐遲的回信給朱健留下的深刻感受。要知道，那時候人人對所謂「胡風分子」都是避之惟恐不及，生怕沾上一點點關係，甚至還有為了表示自己的「清白」而檢舉揭發、落井下石的。果然，朱健推測，徐遲很快就「嚐到了與胡風這個名字相聯繫的一枚吞不下吐不出的苦果」。因為不久他就又收到了徐遲的一封來信，信裡附著一個顯然是從一張稿紙上裁下來的小紙條，上面明確地寫道：「這完全是胡風到處有生活的謬論，作者……」云云。朱健一看就明白了，這是《詩刊》的別的編輯，對朱健寄給該刊的信中的

幾句話的「評點」或「按語」。如果照此生發開去，在當時的形勢裡，是足以使朱健重陷囹圄的。徐遲也未必不會想到這個後果。但他可能是為了不使朱健過於尷尬甚至可能產生新的恐慌，就只在信上淡淡地「提醒」了一句：「一位編輯提了這樣的意見，供你參考。」

「參考什麼呢？」朱健回憶說，在當時的情勢裡，不僅朱健感到了尷尬，而且，徐遲的尷尬之狀也可想見。「於是，《詩刊》，請從此別！」朱健在回憶了這件鮮為人知的往事後，由衷地寫道：「今日重提此事，我仍然不能不感激徐遲的美意。他沒有按照當時政治風尚，把這些『材料』加『按語』轉到我所在單位的『組織』，實在風誼可欽。」

而這件事，徐遲先生在世時，我曾筆錄過他談《詩刊》創刊前後的經過，以及他任職《詩刊》副主編的那段時間裡的編輯經歷，卻從未聽他談起過。這可以說是又一種編輯風誼了吧。

主編《外國文學研究》

徐遲先生是一位外國文學的熱愛者，也可以說是一位外國文學專家。幾乎在他自己的創作同時，他也開始了作為一位文學翻譯家的生涯。一九七八年春天，湖北省社聯主辦的《外國文學研究》季刊在武漢創刊，主辦者堅邀徐遲主編該刊。這是當時國內唯一的一份專門研究外國文學的學術刊物。徐遲出任主編，得到了國內外許多外國文學研究者和專家們的信賴和擁護。其時徐遲正在雲南做報告文學《生命之樹常綠》的採訪工作。他在旅途上應邀為這份刊物的創刊號寫了熱情洋溢的〈吸收外國文藝精華總和〉的文章。

不久，全國第四次文代會在北京召開。徐遲和副主編周樂群一起，把這份刊物帶到了一個外國文學專家會議上，得到了大家的熱情支持。刊物辦了幾年後，聲譽很好，國內歡迎，國外亦有不小的影響。這自然得力於徐遲的威望。《外國文學研究》創刊最初的那幾年裡，人們的思想還未完全放開，許多應該寫的文章還很少有人敢寫。徐遲在這方面做了不少可以說是開拓性的和「敢為天下先」的工作。如老詩人曾卓寫於一九七四年前後的〈陰影中的凱旋門〉（關於雷馬克的小說《凱旋門》的

欣賞性的散文）就是經徐遲的手發表在一九七九年第一期上。曾卓後來回憶說：「當時當然完全沒有想到發表，只是和另外寫下的幾篇短文以及一些詩，悄悄地在幾個接近的人中傳看過而已。……當時我的問題還沒有處理。因而，我不能不感激該刊主編徐遲同志和其他幾位編輯的好意和感佩於他們的勇氣。在被迫離開了二十多年後，我是帶著這一篇文章重新走回文壇的……」（〈《聽笛人手記》後記〉，見《曾卓文集》第二卷，長江文藝出版社一九九四年八月版）

還有一些極其重要的，帶有文獻性質的文章，也是經徐遲之手而最先發表在《外國文學研究》上。如作家周立波的一份關於域外的許多著名作家和作品的研究遺稿，八萬多字，分三期連載於該刊一九八二年第二、三、四期上。徐遲親自寫了「編者按語」——〈讀周立波遺稿有感〉，其中寫道：「我們感到，這份《立波遺稿》真正是我國近代文藝理論研究的極為重要的一個文獻，更是一件彌足珍貴的美學的瑰寶。能發表這份遺稿，本刊引以為榮」。「這是立波同志一九四一年在延安魯迅藝術學院的講課的提綱。它經歷了漫長的戰爭年代，歷次運動，特別是經歷了十年的文化大浩劫而得以保留下來，它簡直可以説是奇跡一樣地保存了下來的」。徐遲還覺得：「從這份遺稿也可以看出立波同志的外文底子很厚，他引用一些外文警語，非外語程度貧乏的人所能用得上的。」（《外國文學研究》一九八二年第二期）

還有一些身在海外的著名華裔學者的文章，也是由徐遲親自組稿而來，發表在《外國文學研究》上的。如法國的翻譯家和學者程抱一先生的一系列談外國作家的文章：談波德賴爾的，談雨果的，談阿波里奈爾的，談蘭波的等等，都陸續發表在八十年代初期的該刊上。再如臺灣詩人、評論家葉維廉寫的〈評論美國：「意象派」詩歌〉的文章，也是發表在該刊上。

而最引人注目的，是從一九八○年第四期開始，該刊發起的〈關於西方現代派文學的討論〉，一九八一年就討論了一年，吸引了全國的文藝理論界人士和外國文學專家。討論文章有三十多篇，其中涉及了廣泛的內容，學術探索和思想解放都達到了可喜的深度。對此，學術界當會記憶猶新。徐遲自己寫了對這場討論的總結性文章〈現代化與現代派〉

（載《外國文學研究》一九八二年第一期），結果又引出了署名「理迪」
的〈〈現代化與現代派〉一文質疑〉（載《文藝報》一九八二年第十一
期）、袁可嘉的〈西方現代派文學三題〉（載《文藝報》一九八三年第一
期）、關林的〈文學的提高和現代主義的呼聲〉（載《文藝報》一九八三
年第一期）和李准的〈現代化與現代派有著必然的聯繫嗎？〉（載《文藝
報》一九八三年第二期）等等爭論文章。此波未平，一波又起，其間的是
非曲直，如今早已昭然若揭，但回顧歷史，卻也使我們至少知道，《外
國文學研究》季刊在進入新時期之初，對於文藝思潮的發展，對於學術
界的活躍與繁榮，是起了極大的引導和推動作用的。作為主編，徐遲當
然是功不可沒。除了〈現代化與現代派〉這篇曾經轟動一時，並被《文
藝報》加了「編者按」轉載，影響甚廣的文章之外，徐遲在《外國文
學研究》上還發表過另外兩篇重要的文章，即〈外國文學之於我〉（第
一至三節載該刊一九七九年第一期，第四至七節載該刊一九八〇年第三期）和
〈日丹諾夫研究〉（載該刊一九八一年第一期）。這兩篇文章對於研究徐
遲的文學道路和文學思想，有著極其重要的價值。

徐遲晚年所寫的〈論真理〉一文
以及寫在此文邊上的文字。

八○年代中期，徐遲因為年事已高，又擔任著省作協的領導工作，事務繁多，便辭了《外國文學研究》的主編之職。但作為一份嚴肅認真的學術刊物，《外國文學研究》已漸入佳境，影響深遠了，直到今天還在按期出版，在學術界繼續發揮著它的作用。

　　除了主編過《外國文學研究》季刊外，徐遲在進入新時期以後，尚做過下列書刊的編輯工作：編輯了湖北省一九四九至一九七九年散文、特寫和報告文學選集《永恆的春天》並作序（長江文藝出版社一九七九年十月第一版）；編選了《袁水拍詩歌選》並作序（人民文學出版社一九八五年第一版）；還有，自一九八三年迄今，他一直擔任《人民文學》雜誌的編委。所有這些，都是徐遲先生的為文名所掩的編輯生涯中，未可忽略的活動。

《徐遲散文選集》序言

　　個漫長而艱辛的、充滿了悲歡離合和風雲變幻的世紀，即將降下它最後的沉重的大幕。而從遙遠的世紀初葉，肩負著文化的啟蒙與傳承的使命，背負著歷史無盡的苦難，忍受著靈魂的救贖與自救的煎熬，一步步跋涉過來的那一代學界巨擘和文苑英華，也正伴隨著這世紀的終結，而一個個相繼渡過忘川，到達了彼岸。

　　舊的世紀結束了，新的世紀接踵而至。我們今天為這無可挽救的日薄西山而歎息，而明天我們又將為嶄新和壯麗的日出而歡呼。百年滄桑，天地激變；歐風美雨，內憂外患。回眸一代文化英才所走過的世紀之路，雖然是曲折坎坷、艱苦卓絕，乃至於驚心動魄、血淚交織，但是在那無數的盜火者、拓荒者、墾殖者和殉身者的背後，我們不也可以看到一片又一片郁郁蔥蔥的、花繁葉茂的理想之樹——「與日月俱增其美麗、智慧與生命的」美學之樹，思想之樹？時間的雷電、歷史的煙雨、命運的風暴，最終所摧毀和揚棄的，也只是那些迎風媚俗的詩歌、戲劇、小說和散文，而更多的作品，優秀的作品，卻經受住了一次次嚴厲的考驗和磨難而流傳了下來，而且必將流傳千古。

　　我們現在要說的這位作家，就是在二十世紀中國文學的各個領域（詩、小說、散文、報告文學、文學翻譯、文藝批評⋯⋯）都有過嘗試和貢獻，而其中尤以詩歌和散文的成就最為突出的詩人散文家徐遲。

一

　　徐遲原名商壽，曾用筆名龍八、史綱、唐琅等。一九一四年十月十五日出生於浙江湖州南潯鎮上的一個書香人家。他的曾祖父和祖父均為舊式詩人，分別著有《怡雲館詩稿》和《植八杉齋詩集》等。他的父母都是我國近代熱心從事新教育的教育實業家，二○年代曾毀家興學，在上海和南潯等地創辦新制學堂和「貧兒院」。其父徐一冰先生還是我國近代第一代的現代體育教育家，是我國最早的體操學校「中國體操學校」和我國第一個現代體育刊物《體育雜誌》的創辦者。徐遲在父母親創辦的「貧兒院」裡度過了自己的幼年時代，在家鄉小鎮上的絲業小學和南潯中學，讀完了小學和初中。一九二九年，徐遲考入蘇州東吳大學附屬中學讀高中。一九三一年秋天，考入東吳大學文學院，開始攻讀外國文學。「九・一八」事變後，他出於愛國義憤，毅然參加上海愛國學生組織的「援馬團」，棄學北上，準備奔赴東北前線抗日。行抵北平後，「援馬團」分裂，他欲去山海關受阻，乃於次年春，借讀於燕京大學，師從女作家謝冰心，攻讀英文詩歌和其他英文文學。一九三二年五月，他的第一篇散文作品〈開演以前〉發表在《燕大校刊》上，幾乎同時，他也寫出了自己的第一首詩〈獻〉。他的漫長的文學生涯從此開始。

徐遲關於自己的小說處女作〈開演之前〉的說明文字。

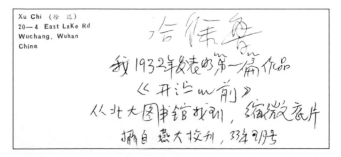

Xu Chi（徐　遲）
20—4　East LaKe Rd
Wuchang, Wuhan
China

冶徐魯

我 1932年發表的第一篇作品

《开沿山前》

从北大图书館找到，縮微底片

搪自 燕大校刊，33年刊号

　　三〇年代裡，徐遲的文學活動以詩歌創作和音樂、文學方面的譯介為主。一九三三年秋，他從北平重返東吳大學復學，並開始向當時由施蟄存先生編輯的上海《現代》雜誌投稿。這年年底，他在《現代》第四卷第二期上發表了長篇譯作〈聖達飛的旅程〉以及評介文章〈詩人維祺‧林德賽〉。不久，他又在該刊上撰文介紹了美國現代詩歌中以艾茲拉‧龐德為首的七個「意象派」詩人。與此同時，他也讀到了詩人艾略特的《論文選集》及其長詩《荒原》，讀到了並且動手翻譯過海明威的《永別了，戰爭》，還對格特魯德‧斯坦因的充滿實驗性的作品產生了較大的興趣。受著這樣一些歐美現代作家與作品的影響，徐遲在這一時期寫下的詩和散文，大多晦澀難懂，充滿了主觀神秘色彩，具有明顯的「現代派」風格。一九三六年十月，他在上海時代圖書公司出版了自己的處女詩集《二十歲人》。同年十一月在上海商務印書館出版了根據英文本翻譯並重新改寫的音樂散文集《歌劇素描》。一九三七年和一九三八年，又出版了另外兩本音樂散文集：《世界之名音樂家》（長沙商務印書館一九三七年十二月初版，係王雲五主編的「百科小叢書」之一）和《樂曲與音樂家的故事》（上海商務印書館一九三八年四月初版）。這三本音樂散文集的風格都是「輕倩的，故事的」，而不是「沉悶的，論文的」。八〇年代，散文家何為先生曾在一封公開發表的書信裡談到：

徐遲寫在潘子農〈秋到江南懷徐遲〉一文邊上的文字。潘在三〇年代曾編輯過《矛盾》雜誌，發表過徐遲早年的詩歌。

「《歌劇素描》是我少年時代迷戀的讀物之一，是這本書引領我進入輝煌的歐洲諸大歌劇院的第一層臺階……」而且在這位散文家看來，《歌劇素描》真是「一本用散文筆調抒述外國歌劇的好書」。這個時期，徐遲除了在《現代》上發表作品，還在上海的《矛盾》、《婦人畫報》、《文匯報·世紀風》、《文飯小品》、《六藝》等雜誌上發表了不少散文作品。這些散文大都寫個人的生活感受和青春酒神的愛的困惑，在風格上既有現代派作品的影子，也有新感覺派的味道，還呈現著唯美主義的傾向。

抗日戰爭，開啟了青年詩人的眼睛和靈魂。「看見了血污的現實和苦痛的生活，我受到感召和一些革命文藝家的教育。」（〈外國文學之於我〉，《文藝和現代化》第二〇二頁，四川人民出版社一九八一年二月第一版）他如夢方醒，大踏步地走出了自我的狹小樊籠，積極投身到了全民族的抗日救亡運動之中。他走向街頭，用詩歌的強音宣傳抗日救國。他深入戰區，走上前線，慰勞抗日將士，以戰地記者身份進行採訪和調查，寫出了〈悽愴的南市〉、〈在前方──不朽的一夜〉、〈太湖的游

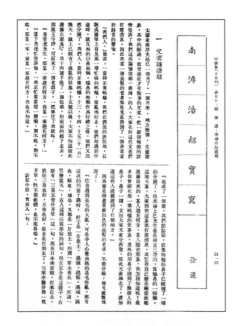

發表在「孤島」時期上海出版的《宇宙風》雜誌上的報告文學〈南溟浩劫實寫〉之一頁。

擊戰〉、〈南潯浩劫實寫〉、〈兵荒馬亂做父親〉、〈烽火篇〉等戰地通訊和散文、特寫，揭露和譴責了日寇的暴行，報導和歌頌了抗日軍民不屈的鬥爭精神。一九三八年五月，他和詩人戴望舒等上海文化界進步人士一同去香港。不久，便作為《星報》記者赴桂南，又與詩人韓北屏一起深入昆侖關戰役前線採訪。一九四○年二月返回香港後，他參加了戴望舒主編的英文版雜誌《中國作家》的編輯工作。十月，他和丁聰、張光宇等一行離港赴渝。一九四一年初「皖南事變」發生後，他再次回到香港，直到太平洋戰爭爆發，香港淪陷，他又與一批愛國人士和進步文化工作者一道，輾轉數省，抵達重慶，結束了歷時三年的流亡生活，定居下來。

「抗日戰爭的爆發與發展，改變了我的生活、思想和文學風格。」他在時代的大浪潮中迅速堅強和成熟起來。在三○年代就要結束、新的年代的朝陽躍出海平線的時刻，他先後發表了〈抒情的放逐（詩的意見）〉和〈夏天的最後玫瑰〉兩篇散文，表明了自己「和現代派告別」的決心。一年之後，一九四一年，他在桂林出版了詩集《最強音》和《詩歌朗誦手冊》。這兩本書的出版，不僅標誌著徐遲創作風格的大變，更反映著他在思想上的飛躍。一個曾經沉湎在青春的感傷與夢幻、陶醉於個人的戀愛與感覺中的詩人，終於能夠從現實生活中汲取重大題材，發出了明朗而強大的聲音：「老百姓的聲音」。這一時期，無論是在香港、桂林還是重慶，他與茅盾、夏衍、喬木（喬冠華）、袁水拍等交往甚密。受著他們的影響，他的政治思想和文藝觀念都在發生著「奧伏赫變」。他開始閱讀馬恩、列寧和毛澤東的著作。他讀到了恩格斯對英國工人階級說過的一席話：「我拋棄了社會活動和宴會，拋棄了資產階級的葡萄牙紅葡萄酒和香檳酒，把自己的空閒時間幾乎都用來和普通工人的交往；對此我感到高興和驕傲。高興的是這樣一來往，我在獲得實際生活知識的過程中有成效地度過了許多時間，否則這些時間也只是在客廳裡的閒談和討厭的禮節中消磨掉……」（恩格斯〈致大不列顛工人階級〉，《馬克思恩格斯全集》中文版第二卷第二七三頁，人民出版社一九五七年十二月第一版）這些話使他如覺醒醍醐灌頂，幡然醒悟，從此緊追真理而不捨了。

與此同時，他在捨棄了「現代派」之後，又把目光轉向了希臘古典主義史詩、文藝復興時期人文主義的文藝和十九世紀人道主義文藝的作家與作品上。他一度潛心攻讀希臘文，研究和翻譯希臘史詩，藉以弘揚雅典市民的民主精神；他翻譯了《托爾斯泰傳》和《托爾斯泰散文選》，以及雪萊、拜倫、惠特曼的詩歌，伊里亞‧愛倫堡的長篇小說等等。而在自己的創作上，他批判地繼承了這些作家的人道主義精神和人文思想。這一時期，除了翻譯，他也寫下了不少反映現實生活尤其是戰爭與苦難的散文，如〈一個鎮的輪廓〉、〈赫奇隊長底被捕〉、〈悼埃爾尼‧派爾〉、〈七道閃電、七個巨雷以後〉等等，並於一九四二年出版了長詩《一代一代又一代》，一九四四年出版了散文、評論和譯文合集《美文集》。一九四五年秋天，毛澤東赴重慶與國民黨談判，他滿懷激情寫出了詩歌〈毛澤東頌〉。九月十六日，毛澤東把「詩言志」三個大字寫在了他的紀念冊上。不久，日本投降，抗戰勝利，他以長篇特寫《狂歡之夜》為重慶歲月劃上了句號。

　　在抗戰勝利的狂歡之後，他回到了久違的家鄉南潯鎮。他在江南小鎮上一邊從事著辦學興教的實驗，一邊繼續從事文學創作和翻譯工作。他翻譯出版了司湯達的長篇小說《帕爾瑪宮闈秘史》（即《巴瑪修道院》）和美國作家亨利‧梭羅的長篇散文《華爾騰》（今譯《瓦爾登湖》）。一九四六年六月，南京發生了國民黨反動派指使特務、暴徒毆打上海赴寧請願代表和知名人士事件，他發表了〈洗雪這恥辱〉、〈誰先恐懼？〉等雜文，予以揭露和抨擊。這一時期他還寫下了〈回首可憐歌舞地──西安遊記〉、〈從重慶帶回來的問題〉、〈田園將蕪胡不歸──再教育之一章〉、〈讀書人紀事〉等散文。一九四六年他將這一時期的部分小說、特寫結為一集《狂歡之夜》在上海出版。這本集子反映了四〇年代末期，國民黨政府即將土崩瓦解時，人們的「一塌糊塗」的生活困境和精神窘相。一九四九年四月，人民解放軍百萬雄師橫渡長江，解放了大江南。徐遲在南潯帶領進步師生，與人民解放軍裡應外合，和平解放了家鄉小鎮。五月初，他率領學生出鎮迎接大軍。面對回到人民手中的太好河山，他寫下了「江南田野上的油菜花，一直伸展到天邊」的詩篇。七月，他到北平，出席了第一次中華全國文學藝術工作

者代表大會。會後，到國際新聞局參加籌備工作，不久被分配到英文版
《人民中國》編輯部，負責對外報導。十月，新中國宣告成立。徐遲，
這位從三〇年代開始文學生涯的詩人作家和翻譯家，他的文學歷程從此
也進入了一個嶄新的階段。

二

　　按照現行的中國新文學史的分期辦法，徐遲算是一位跨現代和當代
兩個時期的作家，而且，兩個時期裡他都很活躍。

　　在開國之初，抗美援朝戰爭發生，徐遲先後以《人民中國》特派記
者和《人民日報》特約記者身份，兩次奔赴朝鮮戰場，進入坑道之中，
寫出了〈平壤被炸目擊記〉、〈走過那被蹂躪的土地〉等特寫，揭露了
美帝國主義在朝鮮的三千里江山上所犯下的侵略暴行，熱情地歌頌了中
國人民志願軍和朝鮮人民的英勇鬥爭精神。朝鮮戰爭特寫，算是徐遲的
散文之筆在新中國的「霜刃初試」。

　　五〇年代初期和中期，熱火朝天、轟轟烈烈的社會主義建設生活
和改造事業，使徐遲獲得了極大的鼓舞。他作為《人民日報》特約記
者輕裝出城，雲遊四方，足跡踏遍了長城內外、大河上下和大江南北。

一九五六年，徐遲（前二排右一）
參加中國作家協會理事擴大會議，
中央領導人和與會代表合影留念
（局部）。

他先後到過鞍山、長春、瀋陽、包頭、武漢、重慶、昆明、蘭州等新中國的主要鋼鐵基地、重工業城市和新興的工業基地，並西出陽關，縱貫柴達木盆地，深入大西北剛剛開發的油田、礦山採訪調查，以飽滿的熱忱的嫺熟的文筆，報導著新中國的工業建設成就，描繪著人民共和國的壯麗江山，也反映著新時代人的樂觀向上的精神風貌。這一時期，他的創作以散文特寫為主，先後出版了特寫集《我們這時代的人》和《慶功宴》。而詩，雖然差不多成了他的「副業」，但也留下了一部《戰爭，和平，進步》和一部《美麗，神奇，豐富》。這些作品是對共和國最初歲月的特寫與抒情，它們把社會主義建設和改造時期宏偉的工業場景生動地展現到了我們面前。對於徐遲本人來說，五〇年代也是他的散文特寫創作的一個高峰期。

一九五七年元月，新中國的第一個專門的詩歌刊物《詩刊》創刊。這是在「百花齊放，百家爭鳴」的方針提出之後，徐遲首先在作協的一次理事會上倡議，而後又多方呼籲奔走，才得以辦成的一份刊物。創刊初期，徐遲擔任了四年副主編的職務，為新中國的新詩事業做出了重大的貢獻。一九五九年底，他出版了一本文藝評論集《詩與生活》，其中也收入了〈歡樂女神，聖潔美麗〉、〈到工地去〉、〈架葡萄的日子〉等幾篇散文。

一九六〇年，第三次全國文代會後，徐遲辭去《詩刊》副主編職務，舉家南遷到湖北武漢，到長江水利委員會綜合治理和開發規劃辦公室（簡稱「長辦」）掛職並深入生活。他是因為在一九五六年採訪過高

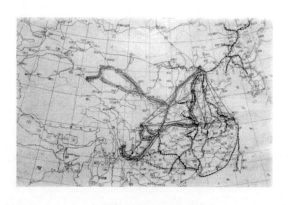

「中華人民共和國地圖是最美的萬里江山圖卷；旅客列車時間表是我最心愛的一本書。」這張地圖記錄著徐遲追踪新中國建設工地的每一行足跡。

峽平湖和南水北調的宏大規劃而滿懷熱望,直撲長江三峽工程而來的。不想卻撲了一個空。他要在湖北等上三十五年之後,即一九九五年的某一天,他才能夠踏入真正的三峽大壩的建設工地,並且寫下了一篇他期待了三十多年的文章〈更立西江石壁〉。宏偉的工程推遲了上馬的時間,他只好不停地往返於長江上,成了一名長江歌手和行吟詩人。他是一個慣於採訪的「飛天」式的作家。他沒有讓歲月蹉跎,讓熱情迷失。這一時期,他創作了〈魚的神話〉、〈祁連山下〉、〈搜盡奇峰打草稿〉等特寫,也寫下了〈三峽記〉、〈直薄峨眉金頂記〉、〈井岡山記〉、〈江南隨筆〉、〈黃山記〉等精彩的遊記作品。還寫了一部反映漢劇藝術家生活的中篇小説〈牡丹〉,不過作品未及發表,一場浩劫就開始了。

「文化大革命」十年,徐遲和眾多的作家、藝術家一樣在劫難逃。他被「下放」到漢水中游的沙洋「五七幹校」勞動。他被剝奪了讀書寫作的權利,而幹起了放牛、做磚坯的營生。

十年之後,徐遲重返文壇。這時他雖然年過花甲,但心中對生活的激情和創作的欲望,卻像沉默已久的火山一樣,渴望著爆發。果然,在七〇年代的最後三年裡,他揮動著一支在沉默中磨礪了十年之久的筆,一口氣寫出了〈地質之光〉、〈哥德巴赫猜想〉、〈在湍流的渦漩中〉、〈生命之樹常綠〉、〈結晶〉等一系列富於詩的激情,更具思想

「記得我曾睡在一個建設工地上,我以為我睡在共和國的跳動的心房上。」八〇年代裏穿工裝的徐遲。

八〇年代初出版的《徐遲散文選集》
書影。其中收入了「文革」前夕完成
的中篇小說〈牡丹〉。

深度和華贍文采的報告文學作品。這些作品以科學家，以知識份子為主
人公，一經問世，便立即引起舉國轟動，大小報刊競相轉載，電臺廣播
反覆播誦，教科書中紛紛選用，其家喻戶曉的盛況，人們記憶猶新。這
些作品是即將到來的科學文化新時期的報春花，也是抒寫全國人民渴望
四個現代化的光輝詩篇。這些作品不僅大膽地闖入了「禁區」，把長期
以來被文學忽略和冷落了的知識份子形象理直氣壯地置入了新中國文學
畫廊之中，而且對推動當時的思想解放、撥亂反正、尊重知識和知識份
子，起到了不可低估的歷史作用。而在文學史的意義上，它們也堪稱新
中國報告文學發展的新的里程碑，它們把當代報告文學藝術推向了一個
前所未有的峰巔。一九七八年，徐遲把〈哥德巴赫猜想〉等報告文學，
連同六〇年代寫的〈祁連山下〉，編成一集，名為《哥德巴赫猜想》，
獻給了第一次全國科學大會。在七〇年代行將結束的時候，他又在上海
出版了他的第一部選集《徐遲散文選集》，其中除了選編了他自三〇年
代至七〇年代末的一些散文、特寫名篇，也收入了部分報告文學和小說
作品。

　　進入八〇年代，徐遲的創作激情仍然高昂而飽滿，那支已經劃
過了數十年逝波的，如同槳櫓似的大筆，益發蒼勁有力。他除了繼續
把目光投向科學和科學家，投向飛速發展的高科技領域，寫下了諸如

一九七九年，徐遲和巴
金、孔羅蓀（左一）、
李小林（右二）等訪問
法國時留影。

反映長江葛洲壩水利樞紐工程的〈刑天舞干戚〉，寫武鋼平爐的〈這
裡是特殊的戰場〉，寫二汽的〈汽車城速寫〉，寫中華自行車公司的
〈自行車的新概念〉等報告文學作品之外，還先後出訪了法國、美國
和希臘等國家，寫出了長篇域外遊記〈法國，一個春天的旅行〉、
〈美國，一個秋天的旅行〉和〈訪問希臘歸來〉等。八○年代裡，他
還出版了專論《紅樓夢藝術論》、報告文學集《結晶》、文論集《文
藝和現代化》、散文集《愉快和不愉快的散文集》等，並修訂再版
了譯作《瓦爾登湖》、《托爾斯泰傳》和《托爾斯泰散文選》。從
一九八九年開始，他使用電子電腦寫作起自傳體長篇小說《江南小
鎮》，並於年底在《收穫》雜誌上發表了這部作品的第一、二、三
部。八○年代裡，除了寫作，他仍然還是不停地在祖國各地旅行、採
訪。他在這個年代裡寫下了大量的散文作品。

九○年代，徐遲雖然年事已高，但他在自己情有獨鍾的科技尤其
是高科技領域的創作，卻越來越廣闊，越來越深入了。他深深地感覺
到了一個面向二十一世紀的作家，一個身處高科技時代的作家，應該具
有的素質和應該負起的使命。他的那支筆不僅向著科學家，而且也向著
科學、向著高科技本身掘進了。他到雲貴高原考察採訪，寫了〈貴州
本是富貴省〉，他鑽研高能物理、量子力學、狹義相對論和天體物理
學等，寫了〈來自高能粒子和廣漠宇宙的信息〉，他寫現代電力專家
（〈雷電頌〉）和現代電業（〈大海之中的一滴水〉），他寫深圳的電腦公
司（〈神計妙算小型機〉和〈攻主戰場者謂主力軍〉），寫建築結構力學的

一九七九年，徐遲和巴金等作家
訪問法國，合影於巴黎大學。

徐遲在八〇年代裏出版的《愉快的和不愉快的散文集》
及給本書作者的題簽。

〈哀誄祭〉，寫超導光纜線的〈貝爾、高錕、趙梓森〉，甚至寫〈談夸克〉，寫〈電腦：迷人的精靈〉等等。他在科技和高科技領域「孤身走我路」，領略到了一般作家所無法領略的美麗、豐富和神奇。除了報告文學，他也寫了不少談藝論文和念遠懷人的散文與隨筆。並且從一九九〇年開始編輯十二卷本的《徐遲文集》。

　　徐遲是一位創作歷程長遠而又多產的作家。同時他又是一位活躍的文藝活動家。解放後曾在不同的文學崗位上擔任領導職務。一九五七年曾任《詩刊》副主編。一九六二年被選為武漢市作家協會副主席。一九七八年當選為湖北省文聯副主席，並擔任《外國文學研究》季刊主編。一九七九年當選為中國文聯第四屆全國委員會委員和中國作協第三屆理事會理事。一九八三年起，又任《人民文學》雜誌編委。一九八五年湖北省作協單獨建制後，他又一直擔任該會名譽主席。

　　如果從他發表第一篇作品〈開演以前〉算起，徐遲的創作生涯已經超過了六十年。萬里行程，百年在邁；二十世紀，終點在望。漩流淺灘，雷霆風浪；星團茫茫，滄海潮蕩。而嶄新的世紀，嶄新的紀元，又在向著這位耄耋高壽的老詩人、老作家殷殷招手。我們應當相信，一個滿懷著面向未來的世紀的詩情的詩人，他的心將是永遠年輕、不會衰老的。

徐遲在一九八一年出版的文論集《文藝和現代化》書影。
封面畫是法籍華人畫家、也是徐遲四〇年代的朋友之一趙無
極先生的一幅抽象作品。徐遲對這幅作品甚為欣賞。

三

「我離開了溫柔的音韻的鐐銬和美妙的格律的束縛，而投入了寬大的散文的懷抱，寫了一些激動的和憤怒的，主要是論戰性的粗糙的東西。」（〈新詩與四個現代化〉，《文藝和現代化》第九頁）這是徐遲對自己的創作——確切地說，是對自己的散文創作說過的一段話。這段話有一定的概括性。如果再具體發揮一下，我們便不難瞭解徐遲在一九四九年以後的全部散文創作的特點。

新中國成立以後，在一個很長的時期裡，文學從屬於政治，作家只應該為工農兵服務，任何作品，包括詩歌，都處於「無我」狀態。這種簡單而又普遍的文藝風氣，直接導致了一大批從二三〇年代走過來的作家的無所適從和手足無措。他們幾乎都是搖搖頭，自歎才盡，無法效命而從茲停筆，過早地結束了自己的創作生命。但也有一些作家，似乎克服了「異化」，在痛苦與困惑中走出了克里姆・薩姆金式的自我天地，很快投入了新的時代當中。徐遲當屬這後一類作家。他這樣說過，面對克里姆・薩姆金這面「鏡子」，他有時也覺得，自己「也是掉在新中國裡的一個魔影」，他為此也極其困惑過。但是最終，他還是「十分認真地通過了三四年的刻骨銘心的痛苦，好不容易才克服了它，最後費

盡了心血，終於使我的個人與社會、個性和共性，越來越靠近，直至後來兩者緊密地擁抱在一起，大體上達到了統一，因而取得了比較顯著的活力，取得了稍稍的心安理得和較好的成效。」（〈在共和國最初的日子裡〉，《江南》一九九六年第三期）這時的徐遲當然還沒有想到，再過許多年之後，他還會對現在的想法來一個「否定之否定」。現在他只覺得自己是一個真正的「新中國人」了。表現在文學創作上，他幾乎拋棄了一切屬於個人的渺小情懷的抒述，而大寫特寫起「我們這時代的人」來了。他像巴爾扎克所要求作家「應該成為時代的秘書」那樣，把自己的熱情的筆觸，伸到了時代生活的最前沿，把反映新中國各個時期的經濟建設生活，反映新時代人的高昂向上、艱苦而又樂觀的奮鬥精神，視為自己創作的首要主題。

是的，就像一位評論家說的，「他不是歌唱月夜和愛情的夜鶯，而是為沸騰的工地和豪邁的建設者忘情翔舞的火鳥。」他自己在〈三峽記〉一文裡也這麼寫道：「當我居住在北京，我卻聽見從四面八方，從全國各地，傳來的聲音。這邊在召喚，那邊在邀請。生活處處將我吸引。於是，我歌唱，旅行。」他追蹤著共和國的建設大軍的足跡，樂而忘返。「華東和西南，都非常吸引我，但是，東北和西北，卻曾經征服我。我朝拜過鋼都，汽車城；親眼看見黃河清。祁連山俘虜了我的心；青海湖我一見鍾情。在芒崖我曾頂禮昆侖，我有心向塔里木進軍。此外，我也曾在柳城土改，在洞庭春耕，在華北大平原慶賀人民公社如耀耀朝陽之升。塞外我住過葡萄園，海南嚮往椰子林。⋯⋯」（〈三峽記〉）

從開國之初，一直到九〇年代，他始終對祖國的經濟建設和現代化事業傾注著極大的熱情，不避艱辛和繁難，在作品裡反映著祖國經濟建設和現代化的進程。他描繪過新中國第一座自動化高爐的雄姿（〈在高爐上〉）；他歌唱過大草原上的地質工人的豪情壯志（〈草原上的鑽機〉）；他是漢水大橋和長江大橋建設工程的見證人（〈漢水橋頭〉、〈長江橋頭〉）；他也是柴達木盆地的「第一棵採油樹」的讚美者（〈第一棵採油樹〉）。在大西南兄弟民族的山寨裡，他歌唱過他們的新生活（〈歡樂的火把節〉）；在長江畔的水利工地上，他追尋過測量工人的

艱辛的足跡（〈搜盡奇峰打草稿〉）；他甚至付出了自己整個的後半生，只為了了卻那個「更立西江石壁，高峽出平湖」的宏偉夢想（〈入峽記〉、〈三峽記〉、〈更立西江石壁〉）。更不用說，到了新時期，他把自己晚年的熱情與精力，幾乎是毫無保留地獻給了那絢麗多彩、神奇無比的科學和高科技領域。

除了從沸騰的經濟建設生活和現代化建設事業的領域裡汲取創作的靈感與激情，徐遲的散文中還有一類是專寫祖國壯麗山河的遊記作品。他稱自己是一位「旅行者」，他在不同的年代裡，都曾經「搜盡奇峰打草稿」，把祖國的畫山繡水微縮於自己的作品之中。他曾經有言：「中華人民共和國地圖是最美的萬里江山圖卷；旅客列車時間表是我最心愛的一本書。」（〈一些速記下來的思想〉，《文藝和現代化》第三十四頁）不過他又這樣規劃著他的旅行：「我要攀登的，是我們要開發的山；我想跋涉的，是我們要征服的水。」他對純粹的欣賞風景和輕鬆的遊山玩水沒有興趣。六〇年代裡，他寫〈直薄峨眉金頂記〉，其立意在於人生必須登上「思想的金頂」。在描述了登上金頂所見的氣象萬千的「絕頂的景色」之後，他這樣寫道：

> 只有到了絕頂，方能言絕頂的景色。從自然景色來講是如此。以喻思想高度，也是如此。當思想還沒有達到絕頂之時，就得在林木曲徑之中盤繞，雖然也可以從中頂遠眺，也可以為杜鵑花叢所醉，然而終不能一覽無餘。非得到達了思想的金頂，才能極目四顧，將江山盡收眼底，縱橫一萬里，上下五千年。

只有到了思想的絕頂，才能看清我們的時代。

他寫〈黃山記〉，也著重在揭示大自然的崇高和卓越的力量，並且期望著人類從這偉大的造山運動中獲得智慧，獲得啟迪。八〇年代裡他寫江南園林，貫串在字裡行間的卻是一種對於人類文明與智慧無端受到摧殘和荒廢的痛惜之情（《廢園》）；他寫都樂公園、都樂洞，也主要在於期望著人們，既能夠「為觀賞都樂洞所含蘊的理想而來」，又都能夠「帶回去一個孕育著神聖使命的真理」。（〈都樂洞記〉）

徐遲到過的地方很多，卻並非為每個到達的地方都寫了遊記。他雖然也承認遊記作為散文的一種形式，在內容上含有「導遊」的性質，卻不太贊成僅僅把遊記寫成一種介紹風光的旅遊指南，也不僅僅止於歌頌山水和抒發意興。他認為，優秀的遊記文學，應該而且也能夠去「攀登文學的高峰，思想的高峰」。（〈漫談遊記〉，《文藝報》一九五九年第五期）

　　徐遲散文中還有一類作品，是談藝論文和懷人憶舊之作。這一類作品大多寫於八〇年代和九〇年代，即他進入晚年之後，徐遲是一位知識淵博、文藝素養相當全面的、學者式的作家。他愛音樂，熟稔西方古典和浪漫主義音樂作品和音樂家；他也愛美術，對中西繪畫藝術、現代派繪畫、畫史和畫論，等等，都下過功夫；在文學方面，他對西方的史詩、古典的和浪漫主義作家、尤其是現代派文學，對中國古代的騷、賦、詩詞以及《紅樓夢》等小說，也都做過專門的鑽研和論述。廣泛的文學藝術愛好和素養，使得他在晚年寫起談藝論文的散文隨筆來，得心應手，左右逢源，且都充滿真知灼見。這類文字有時是以序跋或讀書筆記的形式出現的，如〈《急轉的陀螺》序〉、〈程抱一譯詩集序〉、〈《瓦爾登湖》譯本序〉、〈觀畫小記〉、〈《中國書藝六論》序〉等等。作為一位有著六十多年創作生活的老作家，從三〇年代到九〇年代，徐遲與音樂界、美術界、戲劇和電影界、教育界、科技界、文化學術界乃至政界，更不用說文學界的許多人士，都有著廣闊的交往。有的還是極其親密的朋友和知音，如他與我國傑出的外交家喬冠華（喬

徐遲遊「醉翁亭」時的一張愜意的留影。

木）的友誼，與音樂家馬思聰的「高山流水」似的友情，與畫家郁風、詩人鷗外鷗、詩人袁水拍、學者周樂群等等的友情。他在不少序跋散文中，敘寫了他們動人的和高尚的友誼與交往。尤其是，當時令進入九〇年代，不少過去歲月裡的老朋友都相繼謝世，渡過忘川到達了另一個世界，這使他不能不念及往昔而有所追悼和緬懷。〈是詩人，是畫家〉、〈祭于潮〉、〈祭馬思聰文〉、〈懷念周樂群〉、〈我悼念的人〉等等，便是這類文字的代表篇什。而且也可以說，這些懷人憶舊之作，是徐遲晚年所寫的散文中最動人的一部分。它們是一位年老的歌者的淚血之作，是他洗卻了一切鉛華的最真實的心音。且讀〈我悼念的人〉中，悼鷗外鷗的一段文字吧：

> ……在天堂的門前，在那個地方，其實我們都是客，好像你這件事就不願意和我謙讓了，你是先就遠遠的去了海外，這次又獨自的先進了門去，把我甩在門外的遠方。你夫人和女兒發電報來，我才知道你已過了忘川，先我而到達了彼岸。沒有什麼，我會在辦完了我這邊的這一些瑣碎的拉雜的小事情後，隨後就到的。然後，讓我們再在一起談詩。你不要笑話我，說我又遲到了。……

還可以讀一讀哭畫家謝景蘭的一段文字：

> ……劇烈，或不劇烈的痛苦，都也只是一霎耳。生死本只一霎，連宇宙也只是一霎，你的畫上已經解剖清楚了。這地球也只是紅塵一粒而已，我這兩年也曾生活在塵垢裡，我從中得到了冷然的一滴，我得了最高的智慧。世俗是這樣的可笑，庸人才真正的可鄙。如今幽蘭回到了她的空殼中，我卻要為了超渡眾生而留在人間，不過我用的方法是我自己的。而你已經獲得了超渡。你已經進入了你自己的圖畫，從那裡，你肯定是不屑再向人間作一瞥回顧的了。
>
> 你們，所有的，我悼念的人們，我知道你們都已經醒悟了，而成了自由粒子了。你們不斷地，穿過不空虛的真空，飛來飛

去，穿過實體，或衝撞而湮沒，或飛濺又誕生。呵，不幸的人生也就是這樣，然而，能有這樣的人生，也有幸了。

這樣深刻、沉鬱的文章，為徐遲晚年的散文增添了無限的重量。

四

現在，我們來談一談徐遲散文在藝術上的獨特之處。

三〇年代裡，徐遲在朱光潛先生主編的《文學雜誌》上，發表過一篇散文詩式的〈理想樹〉。他說：「我已驚訝地見到你，閃光的你，張開了美麗的華蓋，開放了美麗的花朵，結出了智慧的果實，培育著輝耀的理想。我膜拜著你，我的藝術之樹。我膜拜著你，我的理想之樹。」是的，從他一踏上文學道途的那一天起，他就表明了自己對「藝術之樹」的膜拜。六十多年了，他孜孜不倦地用心血澆灌和培育著自己的「藝術之樹」，即便是歷盡風雨和雷霆，他也沒有讓自己所鍾情所膜拜的藝術的花朵萎謝在地，他高舉著它們，像高舉著自己英勇和尊嚴的火炬。

首先，徐遲的大多數散文，具有舒闊浩大和崇高雄放的氣派與氣質。它們不是恬淡的風俗畫，不是悠揚的笛聲，而是從生活的曠野上，尤其是從大工業和現代化工地上響起的激昂的歌聲和強烈的交響樂。他似乎也不太喜歡徐緩地吐納，更不屑於喃喃低語，而是渴望急驟的肺葉運動，喜歡置身於浩瀚的生活的闊海中，從具有雲水襟抱的舟子似的胸膛裡長嘯出來。是的，他寧願自己的藝術之樹生長在天風蕩蕩的高山之巔和充滿了暴風驟雨的大野上，也不願它依靠在春天的綠窗前和溫柔的棚室裡。他用黃鐘大呂來演奏共和國建設工地的輝煌樂章，而反過來說，唯有鋼鐵轟響、鑽機合唱、車輪滾滾、汽笛聲聲，乃至群山崢嶸、雪蓮萬千的領域，才是他最能發揮才情，施展筆力，也最能夠激發他的靈感，喚醒他的激情，容納他的恢宏氣勢的疆場。越是宏大、強勁的建設大業的脈搏，越與他那文心相通相連。我們讀他五〇年代的〈在高爐上〉、〈長江橋頭〉、〈第一棵採油樹〉，讀他寫於九〇年代的〈更立

西江石壁〉、〈金色的大豎琴〉等等，會分明地感覺到這一點。造就了
徐遲散文開闊浩大和崇高雄放的氣派的原因，也決非僅僅因為他選擇了
大工業建設或現代化建設這樣的題材。不，真正起決定作用的，還是情
懷與胸襟。這一點，也使得徐遲的作品與處理同樣的題材的，許多一般
意義上的「工人作家」的作品，能夠明顯地區別開來。

其次，徐遲是一位由詩而進入散文領域的詩人散文家。他寫散文，
雖然「離開了溫柔的音韻的鐐銬和美妙的格律的束縛」，但他的氣質，
仍是詩人的氣質；他的精魂，仍是詩的精魂，充溢在他的散文的字裡行
間的，仍然是強烈的詩情，無論是「激動的和憤怒的」，都是呼之欲
出，飽滿而富於力量，如同一種灌頂的大氣，能夠統領他筆下的字字句
句的。

　　記得我曾睡在一個建設工地上，我以為我睡在共和國的跳動
的心房上。……

　　巨大的音響，全副管弦交響樂隊的大合奏，升騰在這個水電
站工地的上空。黃昏來了，所有的燈火都開亮了，照亮了整個工
地。……

　　多麼幸福的武漢市市民呵！現在你們又有了一座美麗的
橋，武漢長江二橋！在我看來簡直是一座最新穎的巨型雕塑！
這是一座跨世紀的橋！這座橋可以使我們毫無愧色地大踏步地
跨入新世紀！它很美呵！它的美是高科技的美，它本身就是高
科技的產物！是高科技的思維花朵！它也是幾何力學主義的雕
塑！沒有高科技就根本不可能有這樣崇高的藝術品！呵！高科
技！呵！新世紀！

　　長江還是一條沒有很好開發的江，長江流域幾乎還是處女
地。正如湖上的天鵝，林中的睡美人，等待著多情的王子前來
搭救她，將她喚醒。長江在等待著我們的作家來探隱索微，將
它描繪，等待著我們的詩人去袒開胸襟，將它歌唱。誰能面對
長江而不神采飛揚？誰能面對長江而不情思激昂？

這些都是散文中的句子和段落，但它的感染力卻是由其中的強烈的詩情的因素構成的。或許，我們還可以發現，在徐遲滿懷詩人的衝動與激情，追蹤著祖國的經濟建設步履而譜寫的篇章中，尚有不少過於天真和理想化的痕跡。尤其是經過於許多年之後，我們回首往昔，還可以發現許多原本是不適當甚至是錯誤的東西。但我們卻不應該因此否定作家對於生活、對於世界所懷有的熱忱與浪漫的激情。五六〇年代裡，大多數作家包括徐遲在內，尊崇（也可以說是遵命）固守一處去「體驗生活」的創作方式，並約定俗成地以寫實甚至簡化至只對生活做外在描摹為唯一的審美理想，而讓藝術的個性融入思想的共性之中，也確實成了不少作品的流弊和致命的傷痕。但是，凡是忠於自己感受的頌歌，即便是到了今天，也不失其真切動人的魅力。具體到徐遲的散文中，那洋溢在其中的頗具理想主義色彩的「五〇年代精神」，至今不也還能喚起我們的青春般的激情？況且，徐遲畢竟是一位從三〇年代走過來的成熟的作家。他的藝術準則，他的美學主張在心靈深處是有著自己的尊嚴的。它們比那些庸俗社會學和藝術觀要開闊得多。從他的作品中完全可以看出，即便是在庸俗社會學和藝術觀猖獗之時，他仍然在努力地保持住心靈對於生活的直感，在反映生活、讚美生活時，力避了那種刻板和簡單的描摹，沒有成為「時代精神的簡單的傳聲筒」，而是把一切表現得儘量的美麗和內在。他沒有廉價地拋擲自己的激情，這是他的喜劇，因為他的作品經受住了檢驗，留了下來，而且還會長久地存活下去的。

　　語言！最後要談的是徐遲散文的語言特點。徐遲是一位「美文」作家，他對語言的講究是超過了同時代的許多作家的。優秀的作家都應該是本民族的語言大師、文采大家。徐遲的語言風格是華贍豐沛、富麗潤澤的。他推崇過並動手翻譯過《楚辭》，楚辭的華美煥彩的語言，給過他深遠的影響；他也迷戀過漢賦和六朝的駢體文，他對此類華章的工整有力的對仗、淋漓酣暢的排比和鏗鏘有力的音韻與節奏感……都不勝神往；他似乎也對馬恩、毛澤東、羅曼‧羅蘭甚至喬冠華等人的「政論體」文章的語言也推崇有加。他所說到的自己散文的

「論戰性」特點，在我看來當不僅僅是指文章的思想力度和哲理風采，也同時指的一種語言上的縝密性和邏輯力量。他曾經有言，文章「有骨力而沒有色彩，好比飛禽中的鷹；有色彩沒有骨力，是養雞場中的吐綬雞。那有光耀的色彩，又能高高地飛翔的，只有文學中的鳳凰。」（〈其源出於勞動號子〉，《文藝和現代化》第一一二頁）他的散文文采正如華羽紛披的鳳凰，又似玉羽丹頂的翔舞的白鶴。他善於在散文裡像賦一樣的鋪采摛文，汪洋恣肆而又雲蒸霞蔚，如江河一樣浩浩蕩蕩，似雲海一般氣象萬千。他的文章裡常有比喻、象徵、聯想、工麗、跳躍、想像、長短變化、駢散結合等等，其文采因此顯得斑斕多姿、美輪美奐。不多舉例，試讀被選入中學語文課本中的那篇〈黃山記〉的最後一節吧。徐遲散文語言的豐潤富麗和滋華煥彩，即此可見一斑了。

伍爾芙對蘭姆的散文，曾有過這樣的議論：由於放縱的想像力的閃耀，閃電似的天才的霹靂，使他的文章有些缺點，不太完美。這裡所說的不太完美，也就是徐遲對自己所評價的「粗糙」的意思了。是的，的確是由於放縱的想像力的閃耀和閃電似的天才的霹靂，也許，還可以加上一個原因：也由於有時和眼前的現實生活貼得太近，還來不及讓思想感情和衝動起來的意緒經過一個沉澱、揚棄的過程，便使一些作品很自然地有了「粗糙」的一面。這種「粗糙感」，徐遲自己是知道的，細心的讀者也不難讀出來。不過，「粗糙」有時也並不完全意味著是「敗筆」。不少文章倒恰恰是因為過於精緻和工巧而喪失了自己的個性風格。還是伍爾芙評蘭姆，她在指出蘭姆的「不完美」之後，緊接著又說道：可是因為文章裡處處點綴著詩意，所以讀來又使人覺得，它們甚至比某些被推為毫無瑕疵的作家的散文都好。伍爾芙的話，彷彿也是針對徐遲的散文說的。

五

　　徐遲是一位創作歷程久遠而又頗為多產的作家。本集限於篇幅，不可能把他的全部散文都收編進來。這裡選輯的，只是他自開國以後至一九九六年為止的散文約五十篇。大略分為兩大類；一為反映新中國的建設成就、表現新時代人的精神風貌的散文以及遊記之作；一為談藝論文、懷人憶舊的散文以及序跋小品等。每一類在編排上都以創作或發表年月先後為序。部分作品的簡注係編者所加，特此說明。徐遲作品浩繁，而此集篇幅有限，編輯當中，取捨之間，使我往往左右為難，一似己出，不忍割愛。蓋文章是有血脈的，信哉此言。

（附記：《徐遲散文選集》，百花文藝出版社一九九七年出版，係「百花散文書系」之一。）

《徐遲報告文學選》出版前言

當中華人民共和國建國三十周年到來之際，徐遲先生在上海出版了《徐遲散文選集》，他在扉頁上寫下了這樣的獻辭：「謹以此書獻給一九七九年，國慶三十周年。一九七九年將載入史冊，它是新中國新長征舉步出發之年。既然一九七九年已經來臨，那麼八〇年代也就不太遙遠，它已經在地平線上隱約可見，望得見九〇年代和新世紀的高峰之巔！」五年之後，他的一部新的報告文學集《結晶》出版時，他在扉頁上又情不自禁地題寫：「獻給一九八四年，中華人民共和國建國三十五周年。」現在，當我們偉大的祖國即將迎來她的五十華誕之時，我們隆重推出《生命之樹常綠——徐遲報告文學選》，謹以此書獻給我們的共和國建國五十周年。

在歷史的漫漫長河裡，五十年只不過是一瞬間而已。然而對於我們的共和國來說，這五十年卻是一段充滿了曲折與艱辛，同時也贏得了榮光與輝煌的滄桑歲月。五十年來，我們同受過貧困、苦難和浩劫的煎熬，我們也共用過奮鬥、求索與勝利的歡欣。共和國的土壤裡，浸潤著我們幾代人理想的熱血、拚搏的汗滴和悲歡的淚水。五十年來，祖國的面貌、人民的生活以及整個民族的精神狀態和文化觀念，都已發生了翻天覆地的變化。尤其是進入新時期以來，祖國的各行各業都在日新月異地向前發展，中國正以一個嶄新的形象屹立於世界，中華兒女正以前所未有的勇氣與自信，奮力開拓著通往新世紀的寬闊大路。

時代的風雨巨瀾，國家與民族的悲歡離合，為當代的文學家和歷史學家們提供了最豐富的素材。徐遲先生是一位跨現代和當代兩個時

一九七八年，徐遲在昆明植物研究所採訪著名植物學家蔡希陶（報告文學《生命之樹常綠》主人公）。

「獻給一九七八年全國科學大會」的報告文學集《哥德巴赫猜想》。

期的詩人和報告文學作家，他是我們這個時代的歷史的見證人之一。不僅僅是見證人，他同時也是許多方面的直接參與者：戰爭、革命、解放、和平、建設、動盪、浩劫、新生、撥亂反正、改革開放、經濟起飛、文化轉型……，這一系列的大事件，都不可能不在一位敏感的作家的心靈上投下它的影像，留下它的烙印，激起作家創作的激情與靈感。而越是不平凡的年代，歷史越是要求作家以最生動、最崇高的藝術來記錄它們、描繪它們、再現它們，以便傳之後世，為未來的人們提供最真實的史料。新中國成立以後，在記錄和報導祖國的現代工業建設成就上，徐遲先生獻出了自己最大的熱情和全部的才華。他寫於五〇年代和六〇年代的報告文學作品，真實而生動地記錄了新中國邁向工業現代化建設的艱辛而曲折的歷程，是再現我國社會主義改造和建設時期的大工業風貌的絢麗畫卷。十年動亂結束後，徐遲先生重返文壇，相繼寫出了〈地質之光〉、〈哥德巴赫猜想〉、〈生命之樹常綠〉、〈結晶〉等一系列以科學家和科學、以知識份子

生活為題材的報告文學名篇。這些作品被譽為新時期即將到來的科學的春天的「報春花」，是撥動了億萬人民心弦的「科學詩篇」，它們為推動當時的思想解放，提倡尊重知識、尊重人才，起到了巨大的歷史作用。從此以後，徐遲先生不畏艱難，更自覺地問津廣闊的科學領域，密切關注科學家們的生活和科學技術的進步與發展，樂於追蹤高科技的腳步，以一支生花妙筆，又陸續寫下了一大批使人耳目一新、別具特色的「科學詩篇」。以文學家的身份去做科學家們的知音，用生動的文學語言去抒寫科技和高科技時代的瑰麗史詩，成了徐遲先生晚年最大的願望和最執著的追求。而他在這方面所取得的成就，所有當代作家中幾乎無有能與之比肩者。

徐遲先生的報告文學作品，以其獨特的題材、氣勢恢宏的主旋律和崇高雄放、富於濃郁的詩情的藝術風格而成為中國當代報告文學領域的一座「重鎮」。《生命之樹常綠──徐遲報告文學選》一書收錄了作者自開國以來直至一九九六年間的全部名篇和佳作，是目前國內出版的唯一一部最為完備的徐遲報告文學作品集。它是根植於共和國大地上的一株文學的綠樹，是開放在新中國廣闊的生活原野上的一朵藝術的奇葩，也是矗立在個人人生之路上的一座生命和靈魂的紀念碑。

　　　我們謹以此書──
　　　獻給中華人民共和國建國五十周年；
　　　獻給即將到來的新世紀；
　　　獻給廣大的讀者；
　　　獻給文學史。

（附記：《生命之樹常綠──徐遲報告文學選》，山東教育出版社一九九八年出版。）

《徐遲報告文學選》編選後記

一九九六年秋天，承蒙山東教育出版社邀約，並受徐遲先生委託，我開始編選這部報告文學集。九月間，我先列出了一份初選的目錄，徐老看過後，提出了一些增補和減刪的建議。同時，山東教育出版社的編輯劉進軍女士也多次和我書信往來，確定了編選範圍和交稿時間等等。進軍女士誠懇負責，不久還專程來武昌看望了徐老，請徐老放心，説他們社已經把這部書列為一九九七年的重點選題。徐遲先生對山東教育社的慷慨之舉表示由衷的感謝。

到了十一月下旬，徐遲先生因身體不適和冬天來臨而住進了醫院。這時我的編選工作也完成了大半。有一天我對他説，這部選集的「壓卷」之作，大概只能是寫於一九九五年的〈談夸克〉了，我覺得這篇文章也集中顯示了徐老晚年對高科技、對宇宙奧秘思考與探索的深度。徐老笑了笑説：「暫時用它『壓卷』吧。也許不久到三亞去了，還可以寫一寫海洋石油的。」我知道，他已經接受了中國海洋石油總公司的邀請，不久就要到海南去過冬，並且采寫南海石油這個題材的。

十二月四日，他的〈談夸克〉中的兩節在《人民日報》「科技園地」版上發表了。編者還加了一篇評論，盛讚了老作家多年來的科學情懷。同時，徐老也收到了我國高能物理學家、中科院高能物理研究所所長鄭志鵬先生的一封信。〈談夸克〉發表前曾由鄭先生審閱和修正過，現在他在信上又建議徐老在文章中增寫一點關於中國對撞機方面的內容。在醫院裡，徐老把鄭先生的信交給我，囑我代覆一信，希望鄭先生再提供一點對撞機方面的材料。徐老還在鄭先生的信上寫了一行小字：

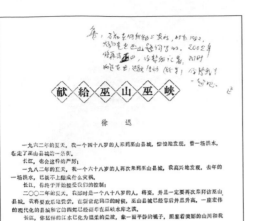

「……加作附記，刊出全文於山東出版的書末。」徐老向我囑託這些事
情時，是十二月十一日下午。孰料僅僅一天之後，他竟遽然離去，與世
長辭了！

　　〈談夸克〉一文竟真的成了這部選集的「壓卷」之作；科學和高科
技，不僅是他晚年總是津津樂道的話題，即使是在病榻上，他也絲毫沒
有放棄這方面的求知欲；而這部反映著他在建國後的主要創作成績的報
告文學選集，也成了他在生命最後的時刻還在牽掛著的一部書！

　　本書並非徐遲先生的報告文學作品全編。他的報告文學創作生涯，
實際上從一九三七年寫〈在前方──不朽的一夜〉等戰地通訊報告起便
開始了。

　　三〇年代和四〇年代，他以戰地記者身份寫過許多戰地通訊報
告，如〈在前方──不朽的一夜〉、〈太湖的游擊戰〉、〈南潯浩劫實
寫〉、〈烽火篇〉、〈回首可憐歌舞地〉等等。

　　五〇年代，他先後作為《人民中國》特派記者和《人民日報》特
約記者，兩次奔赴朝鮮戰場，寫下了〈走過那被蹂躪的土地〉等特寫，
接著便把主要精力投入到了採寫人民共和國重大工業建設成就上面了。

「我要攀登的，是我們要開發的山；
我想跋涉的，是我們要征服的水。」
一九八九年，徐遲在烏江採訪。

他作為《人民日報》特約記者，先後到過鞍山、長春、瀋陽、包頭、武漢、重慶、昆明、蘭州等新中國的主要鋼鐵基地、重工業城市和新興的工業基地，並西出陽關，縱貫柴達木盆地，深入大西北剛剛開發的油田、礦山採訪調查。他以飽滿的熱誠和嫻熟的文筆，報導著新中國的工業建設成就，描繪著人民共和國的壯麗江山，也反映著新時代人樂觀向上的精神風貌。五○年代裡，他出版了《我們這時代的人》和《慶功宴》兩部特寫集。

六○年代，他辭去《詩刊》副主編職務，舉家從北京遷至武漢。他是為了長江三峽水利建設工程而來的，不想工程下馬，他撲了個空。他在長江水利委員會綜合治理和開發規劃辦公室（簡稱「長辦」）掛職深入生活。這一時期他除了創作〈我們工地的農場〉、〈搜盡奇峰打草稿〉等少數幾篇反映水利工人生活的報告文學外，再就是集中精力創作和修改了幾篇反映藝術家生活的作品，一為〈祁連山下〉，一為〈火中的鳳凰〉。還寫了一部反映漢劇藝術家生活的中篇小說〈牡丹〉，不過作品未及發表，一場浩劫就開始了。

十年浩劫，徐遲先生也在劫難逃，被迫沉默了十年。

七○年代後期，他重返文壇。在短短幾年的時間裡，他相繼向讀者獻出了〈地質之光〉、〈哥德巴赫猜想〉、〈在湍流的渦漩中〉、〈生

命之樹常綠〉等一系列反映科學家生活的報告文學名篇。這些作品以科學家、以知識份子為主人公，一經問世，便立即引起舉國轟動，大小報刊競相轉載，電臺廣播反覆播誦，教科書中紛紛選用，其家喻戶曉的盛況，人們記憶猶新。這些作品是即將到來的科學文化的春天的報春花，也是抒寫全國人民渴望四個現代化的光輝詩篇。這些作品不僅大膽地闖入了「禁區」，把長期以來被文學忽略和冷落了的知識份子形象理直氣壯地置入了新中國文學畫廊之中，而且對推動當時的思想解放、撥亂反正、尊重知識和知識份子，起到了不可低估的歷史作用。而在文學史的意義上，它們也堪稱新中國報告文學發展的新的里程碑，它們把當代報告文學藝術推向了一個前所未有的峰巔。這些作品結集為《哥德巴赫猜想》一書。

八〇和九〇年代，徐遲先生雖然年事已高，但他的創作激情仍然高昂而飽滿，那支已經劃過了數十年逝波的，如同槳槽似的大筆，益發蒼勁有力。他把目光繼續投向科學和科學家，投向飛速發展的高科技領域，而且越走越廣闊，越寫越深入了。他切實地感覺到了一個面向二十一世紀的作家，一個身處高科技時代的作家，應該具有的素質和應該負起的使命。他的那支筆不僅向著科學家，而且也向著科學、向著高科技本身掘進了。他鑽研高能物理、量子力學、狹義相對論和天體物理學等尖端學科，他在科技和高科技領域「孤身走我路」，領略到了許多作家所無法領略的美麗、豐富和神奇。這一時期，他的報告文學作品先後結集為《結晶》和《來自高能粒子的信息》。

有位評論家這樣說過徐遲先生：「他不是歌唱月夜和愛情的夜鶯，而是為沸騰的工地和豪邁的建設者忘情翔舞的火鳥。」徐遲先生自己也說過：「中華人民共和國地圖是最美的萬里江山圖卷；旅客列車時間表是我最心愛的一本書。」「我要攀登的，是我們要開發的山；我想跋涉的，是我們要征服的水。」從開國之初，直到九〇年代，這位從三〇年代走過來的老作家，始終對祖國的工業建設、經濟建設和現代化事業傾注著極大的熱情。他不避艱辛和煩難，而置身於時代生活的最前沿，哪裡有建設者的營地，哪裡就有他的足跡。他把反映新中國各個時期的經濟建設生活，反映新時代人的高昂向上、艱苦而又樂觀的精神風貌，視

為自己創作的首要主題。從他的作品裡，我們清晰地看到了新中國經濟建設和現代化事業艱辛而又輝煌的進程。

本書選入了徐遲先生自五〇年代以來的主要報告文學作品五十餘篇。其中大部分已發表或出版過，少數幾篇則根據作者生前列印稿編入，屬首次發表。入選作品按創作或發表的年代分為五輯。每一輯中又以創作或發表的時間先後順序排列。文末注明了作品最初發表時的出處和日期，沒有初刊出處的則注明最早收入的集子的出版年月。部分作品發表之後，作者曾在結集或收入新的選集時，作過適當的修改，編選者根據已知的材料盡可能地予以注明。

現在，這部洋洋五十萬言的選集，就要付梓了。遺憾的是，敬愛的徐遲先生自己卻看不到這部書的問世了。他如追日的夸父，躺倒在生命的暘谷之中；又如夢蝶的莊周，在冥冥中，在通往新世紀的天街裡，正在作形而上的思索。或許在那裡，他已探索到了自然、地球、人類、科學以及星際宇宙的更多的秘密？

當我懷著悲痛的心情，終於完成了這部選集的最後的編排，即將交付出去的時候，在我，不僅沒有絲毫如釋重負的感覺，相反，倒更加覺得抑鬱和難受。我在想，假如徐老還活著，能夠親眼看到自己的這部選集問世，他的心裡也許會別有一番欣慰的吧？最後，向熱情慷慨地支持這部書的出版的山東教育出版社的領導們表示深深的感謝！向這部書的責任編輯劉進軍女士致以深深的謝意。謹以此書，獻給所有熱愛徐遲作品的讀者。

卷
五

甘美的小魚

康·巴烏斯托夫斯基在自傳體小說《一生的故事》裡，談到普里什文時，曾經說過這樣一段話：有一次，普里什文對他說，他所發表過的一切作品，和他每天所作的筆記相比，是完全微不足道的。他一生都在記筆記。他主要是想為後代保存這些筆記。普里什文去世後，這些筆記中有一部分已經發表了，題名為《大地的眼睛》。「就其內容來看，這是一部驚人的巨著，充滿富有詩意的思想和出乎意外簡短的觀察結果──」巴烏斯托夫斯基讚歎道，「普里什文在這些筆記中用兩三行文字表達出來的這些觀察結果，如果加以發揮，就足夠另一個作家寫出整整一本書來。」

和普里什文善於用「兩三行文字」來表達「整整一本書」中所包含的豐富內容一樣，英國作家洛根·史密斯，也喜歡用最簡潔的字詞和語

徐遲手稿之一頁。

句來記錄自己從瑣碎、細微的事物中所發現的詩意和思想。他把自己的那些「小語」式的文字，說成是「把我們性格中的種種醜惡行為釘在精練的短語形式的釘子上」。他除了注重發掘生活中的「哲理」——他在寫給自己的妹夫，即大哲學家羅素的一封信裡說：「我想要說明經歷的過程——一個人逐步認識到生活的重大事實與規律的那種方式，那些小事微不足道，詼諧幽默，然而卻充滿了供你深思的意義。」同時，他也十分醉心於文章的文體和風格。他曾告誡羅素說，為了使語言簡潔、精練，最好是每隔四個詞用一個逗號。

使史密斯在英國現代散文享有盛譽的作品，是他的兩部雋永、洗練的散文小品集《瑣事集》和《瑣事集續篇》。這兩本小品集裡的每一篇、每一則文字，都短得不能再短，有的是數百字、數十字，有的則僅有一二句話。但是，正如有的評論家所說的，無論是描摹一種佳釀，或是秋天的一株橙黃和淺紫的山茱萸樹，或是樂曲中的一個主導主題，再不然就是夜間醒來、不能入睡的痛苦突然加上身來的約束……也無論是嘲諷、戲謔，還是憐憫、同情……總之，它們之中的每一篇、每一則，「都完完整整地概述或傳達了一種情感，一場社會喜劇，或是一篇富有人情味的恐怖事件。」換言之，史密斯的這些「兩三行文字」表達出來的內容，如果加以發揮，也是足夠另一些作家寫出「整整一本書」來的。

世界散文寶庫裡，像這樣的風格，這樣的形式的作品是不少的。如阿左林的《西班牙小景》，希梅內斯的《小銀和我》，以及尼采的一些著作等。中國作家中，明清時期的許多「清言小品」、」性靈小品」，或者更早些時的「東坡小品」等等，其滋味、風格，也頗為近似。不用說，它們都是情感的流雲，是智慧的火花，是幻想的晶體，是思想的珠粒。有趣的是，洛根・史密斯在他的作品集的扉頁上，題寫了一個很形象的短句：「小魚是甘美的」。那麼，把這種以簡潔、精練的形式傳達豐富和無限的思想的文體，稱之為自由、鮮活和甘美的「小魚」，自然是十分形象和準確的。

這也使我想到了八〇年代裡，老作家徐訏曾經發表過的一系列題為《網思想的小魚》的短小的文章。推想這「小魚」的出典，蓋與史密斯

同出一源吧。有的稱其為「美文」,有的以「小品」名之,還有的稱為「散文詩」。無論以什麼名字稱之,其思想、情感,都是鮮活、甘美、自由而銀亮的。記得徐遲在發表這些《網思想的小魚》時,曾有過一個「解題」,說道「一位老友記起我二十歲時,有一本小冊子,以《網思想的小魚》為題。我早忘了,他還記得。但在我的許多小冊子上,都可以發現,有很多思想的小魚,落網在它們裡面了。好奇怪,已過去了許多時光了,這些小魚還鮮美如初,亂蹦亂跳的。隨手抓幾條,給你看看吧。」如今,這些「思想的小魚」都收進了《徐遲文集》卷五(散文卷)之中了。

黑人詩人休斯曾說:「生活是一個充滿魚群的大海。我撒下網,再用力拉……」對於優秀和深刻的作家們來說,他們的全部作品,也是一個「充滿魚群的大海」,仔細一看,就會發現其中有許多甘美、鮮活和銀亮的魚兒。對於讀者,就看你怎樣捕捉了。

晚年的徐遲迷戀上了電腦。

安置好書

余秋雨先生寫過一篇〈藏書憂〉，透過藏書而寫出了人間的如許悲涼：一個學者，為了建構起自己的一個相對完整和獨立的精神世界，也許從青年起就省衣節食，苦苦聚書，死死鑽研，篩選爬剔，孜孜矻矻，直至晚年。然而，到了晚年，當他的書房漸趨完滿且富於個性之時，那好不容易走向了相對成熟和完整的靈魂，卻也將隨著鬚髮皓然的軀體，而快速地殞滅於自己的書房之中了。「當買書者的自然生命消逝之後，這些書就成了一種死灰般的存在，或者成了一群可憐的流浪漢。」余教授由此而喟然歎道：書房的生命，其實是十分短暫的。這也是那些嗜書如命的學者和愛書者的莫可奈何的悲哀。

那麼，接下來的問題就是：一個學者死了之後，他的一屋子書將何去何從？尤其是那些博學的老學者、大藏書家，那豐富的藏書，在他們死後，如何安置它們，為它們找一個好的歸宿，確實也就成了一個「苦澀的難題」了。

最簡單省事（也是最不負責任）的辦法就是：生不帶來，死不帶去，人死如燈滅，聚散兩由之。如果是這樣的結局，那麼那些書的歸宿，便不可想像了。它們的生命將和原先的主人同時了結，一瞬間便成煙消雲散。

第二種辦法，是讓自己的子女後代繼承下去，使這些書的生命得以延續。然而學問不會遺傳，偶有子女承襲己業的事例，但畢竟是少數。所以這種辦法對於許多學者來說，恐怕未必有用。萬一子女不肖，不當回事，殊更可悲。

再一種辦法就是：立一個遺囑，死後把自己的藏書悉數捐獻給大學或國家圖書館，這樣可不致於使它們任意流散。但是這種辦法正如余秋雨教授所言，許多學者並非海內大儒，越是大圖書館越不可能為這些書開設專室專櫃集中存放。其結果只能是，個人藏書一入大庫，嘩啦一下便失去了自己原有的價值與蹤跡——這其實無異於學者的「第二次死亡」。

　　這也不是，那也不成；此也不利，彼也不妥。去，還是留？死，還是活？這倒真成了哈姆雷特般的問題了，說到底，這還是出於對書（尤其是好書）的尊重，對文化的善待，對自己的學問事業、學術理想的無限鍾愛與牽掛。萬般無奈，有人想到了古人的寶劍贈名士、香草貽美人的做法，毅然決然，起而效之，彷彿提前安排後事一樣，及早動手，把自己的全部藏書分成若干份，各各為它們物色和安排好恰當的去處，如同把蒲公英的種子撒向廣闊的原野，讓它們在各自適宜的土壤上繼續生長……當所有的好書一本不漏地都找到了歸宿、得以安置之後，他自己也就可以考慮隨時準備起身出門，一無牽掛地飄然而去了。

　　學者遠去了，但他的第二生命卻留在這個世界上，在不同的人身上，在不同的地方得以延續……此或許不失為使學者們死後亦可瞑目的一種可行的辦法？

　　這使我想到了老作家徐遲先生。徐老年已八十，但身體尚十分健朗，思維也還非常敏捷清晰，按說也還不到考慮如何安置自己的藏書的時候。我甚至想，對於像徐老這樣的在耄耋之年還在鑽研愛因斯坦的相對論，還在攀登全譯荷馬史詩《伊利亞特》這樣的文學和學術高峰的人，一次生命本來就是不夠的。生活即便不能令其永生不死，至少也應該讓他們益壽延年，以便我們的世界能夠更多地擁有他們創造出來的寶貴的精神成果。然而造化無情，自然法則無法抗拒。徐老也很能樂觀地正視那個迫人而來的時刻。所以從去年（也許更早幾年）起，他就開始默默地為他的那些歷經劫難而倖存下來的藏書，尋找合適的歸宿了。

　　裁割自己的一架架熟稔得如同老友般的藏書，分贈給他所認定的、能夠善待它們的後來者，這種無私的情懷無論多麼讓人感動，但對一本一本地含辛茹苦地把它們彙聚起來的書主來說，終歸是一種莫大的悲

哀。我很榮幸，是徐遲先生的部分藏書的受贈者和受惠者。但有幾次，我看著他把那些他覺得再也不可能去翻看和使用它們的書，從書櫥深處和高處顫巍巍地拿下來，最後地看了看它們的扉頁（那上面大都有著者的親筆題贈的文字），或不無留戀地再輕輕地翻閱一次（不少書的天地空白處，都留下了他不同年代的或中文或英文的批註）……這時候，我真想大聲地對老人說：「不要送人了！不要為它們找歸宿了！就讓它們靜靜地排列在這裡、沉睡在這裡好了！我也不要了。我沒有資格把它們拿走，它們只能屬於您……」

是的，我是那麼的不忍心把它們歸為己有，即便我知道，如我拒絕接受它們，將會使老作家陷入更大的悲哀。用徐老的話說，他這是在「拯救」這些書，我接受了它們，他也就放心了。我用大提包把這些書小心地裝起來，他好像是如釋重負似地說道：「又救了一批書！」

這些書，自然都是難得的好書。有一部分，是先生自己歷年來的著作，如三〇年代由上海商務印書館出版的《歌劇素描》（他的第一本音樂書，時為二十歲人），四十年代由重慶美學出版社出版的《美文集》等。這些書由於出版年代久遠，經過了戰爭和空前苦難、動盪的歲月，它們可能已經是海內外孤本、珍本了；還有一部分書，是徐遲先生一些早年舊友的簽名題贈本，如葉靈鳳的《讀書隨筆》一、二、三集，陳白塵的《雲夢斷憶》，何為的《小樹與大地》，郭風的《你是普通的花》，臧克家的《懷人集》等等。而更多的則是新時期以來出版的各類作品集。徐老知道我是酷愛散文和詩的，所以贈給我的書中，以散文集、詩集為主。就我所知，他也把另一部分書，如紀弦的全部詩集等，贈給了比他年紀略小的詩人曾卓先生了。他是那麼細心地在為這些好書選擇著歸宿，盡可能地不使它們受到怠慢、傷害和辱沒。他是覺得只有這樣，方對得起這些好書。這樣的選擇，可是讓他費盡了心思呢。藏書家的心事呵，文學家的情懷呵，學者們的最後的牽掛呵……誰能夠猜透？又該怎樣去確切地理解它們呢？

有時候，當我看著，一位跨越了現代和當代兩個時期的老作家的一部分珍貴的藏書，已經進入了我的書房，它們就像一脈未曾斷折的文化骨血，注入了一條新的生命的長河，或者說，它們就像一節精神的

階梯，完成了自己的第二次的組接……我不禁也惴惴不安地想道：我果真有力量來承受一位有著近六十年創作歷程的老作家的如此的好意麼？我將怎樣做，才能使這些好書再一次發光，使它們保持住昔日的光榮和芬芳，而不致於使它們塵封於時間的煙埃之下，流失於人心的沙漠之中呢？我甚至還感覺到，從此以後，與其說是老作家的一部分藏書伴隨在我身邊，無寧說是他的一部分生命流貫在我的正在建構著的精神巢穴裡，當我躲在這個「心理的單間」裡，或挑燈夜讀，或寂夜寫作到疲勞之時，偶一回頭，是否還可能看見徐遲先生正躲在高大的書架之後，面帶微笑，向我報以微微的贊許和滿意呢？

斯蒂芬・茨威格禮贊書籍說：「所謂文化者，沒有書籍也就無從存在。」那麼，書呵！我這一生，恐怕也是只為了你而活著了──為了你們，請你們把我緊緊地釘在那十字架上吧。

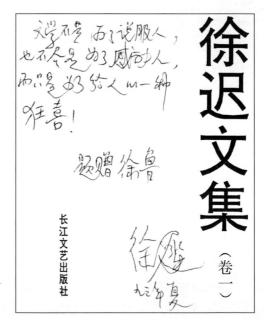

徐遲在《徐遲文集》第一卷上，為本書作者題字。

絕頂上的靈芝

一

　　世界著名的原子物理學家奧本海姆，在談到二十世紀上半葉原子物理的發展時，曾激動地讚歎説：「這是一個多麼偉大的創造的時代！」可是，面對這個時代的讀者們，奧本海姆又不能不同時發出這樣的無可奈何的感慨：「……但是，它（指原於物理學）也許不會作為歷史而被全面地記錄下來。作為歷史，它的再現，將要求像記錄希臘悲劇人物俄秋浦斯，或（英國大革命時期的歷史人物）克倫威爾的動人故事那樣的崇高藝術。然而這個（原子物理學的）工作領域，卻和我們日常經驗的距離如此遙遠，因此很難想像它能為任何詩人或歷史學家所知曉。」奧本海姆在這裡不僅僅是在為原子物理呼喚讀者和知音。他是在為所有自然科學的研究成果，為那些足以成為幫助我們認識世界和改造世界的工具和利器的科學著作，尋求自覺的鑒賞者和能夠勝任的傳佈人。

　　二十世紀七〇年代以來，一位年老的中國詩人，滿懷熱誠地下定決心，要問津於神奇而高深的自然科學的迷宮了。這個人就是睿智的詩人徐遲。果然，他先是在地學、地質力學的疆域裡，跋山涉水了好幾個月，寫下了大氣磅礴的〈地質之光〉；又在數學、解析數論的王國探隱索微，寫下了傳誦一時、婦孺皆知的〈哥德巴赫猜想〉；接著又去流體力學的世界上下尋訪，寫下了〈在湍流的漩渦中〉；在漫遊了熱帶、亞

熱帶的溝穀雨林和古植物學的大林莽之後，寫下了〈生命之樹常綠〉；逡巡於分子生物學和分子遺傳學以及人工合成胰島素之間，手闢草萊，筆路藍縷，寫下了〈結晶〉等等。

他以詩人的心靈與目光，和這個長期以來大多數人與之相互隔膜，乃至老死不相往來的世界相觸相通了。在一個個新奇的領域裡，他呼其所當呼，吸其所能吸，思接千載而神遊八極。他幾乎是在一剎那間看到了這個世界的另一面的瑰麗的風光，領略到了一般人所無法領略到的、更是無法形容的美麗、豐富與神奇！他視它們為「光明的書、神奇的書、迷人的書」；並情不自禁地讚美道：那是富於「創造火花的詩，邏輯嚴謹的美的散文，迴腸盪氣的戲劇……」

然而，就在他完成了上述的那些人物崢嶸、氣象萬千的宏文之後，他也不能不發出如同奧本海姆一樣的慨歎：許多足以改寫世界結構和人類歷史進程的自然科學上的重大研究成果，其實並沒有被世人領會多少。譬如說，能夠寫原子和粒子的文學作品，迄今還沒有出現；又譬如，徐遲自己雖已寫了從事地質力學、純數學、湍流力學和植物學、分子生物學等方面的人物，但當他試圖再寫一寫高能物理時，稍一接觸，便頓感無限的艱難，簡直拿不下來。

也正是因為這樣，他才橫下心要在寫科學家的同時，也寫一點科學方面的內容，給我們的一些不習慣的讀者看看，讓他們見識見識。例如寫地質力學時，他有意寫到了那個「新華夏構造體系」，三條隆起帶，三條沉降帶，還有一連串的地名和專有名詞；他知道，大多數文學讀者，對此將是不得要領的。寫數學家時，他在作品中又有意羅列了三大段除了部分研究「哥德巴赫猜想」的純數學家外，沒有誰可以看懂的數學公式，這些公式近乎「天書」。作家明知，這樣做的目的，也只不過是讓他的文學讀者「見識見識」，僅此而已。還有〈結晶〉中的「肽鏈」的敘述；〈刑天舞干戚〉裡的長江葛洲壩工程中的處理大壩基岩的泥化夾層的技術，以及解決所謂的「河勢」問題；還有那篇森羅萬象、令人歎為奇觀的〈來自高能粒子和廣漠宇宙的資訊〉……到最後，別說讀者，連作家自己也承認，寫起它們來實在是太吃力了，簡直無法形諸文字。而讀者讀來更是不得其門而入，乃至

《量子力學》是徐遲晚年最喜歡
讀的科學著作之一。

乏味得很了。一句話，自然科學——尤其是那些尖端的高科技領域，真
正是曲高和寡，知音難覓！

二

毫無疑問，徐遲是關於「科學與文學結合」這個話題的寥寥可數的
幾位積極而誠懇的鼓吹者和呼籲者之一。其誠篤之心，守至老邁，老亦
不改。這不僅有他一系列描寫自然科學成就的引人注目的報告文學作品
做範例，更有他數篇不同場合的演講如〈向著二十一世紀〉、〈也要研
究外國的科學文學〉、〈江河水利的科學與文學〉等等足資憑證。

為了說服那些對科學與文學的結合這一話題不以為然的人們，他
曾列舉了古今中外的許多是科學的，同時也堪稱是文學的名著、巨著
來做例子，如十七世紀化學家波義耳的《懷疑的化學家》，達爾文的
《物種起源》，艾丁頓的《物理世界的本性》。電學家法拉第的《電
的試驗研究》以及赫胥黎的《論文集》和《講演集》，賴爾的《人類
古跡》，丁德爾的《阿爾卑斯的冰山及一八六一年的登攀》，皮爾森
的《科學的規律》，盧克萊修的《物性論》，甚至於馬克思的《資本
論》等等。至於一些水利志、江河志、植物志、動物志以及氣象學、
物候學等方面的著作，尤其是一些遊記，地理考察報告，如達爾文的

一九七八年夏天，六十四歲的
徐遲在新疆喀什訪問時，聽當
地民歌，聽得如痴如醉。

《卑格爾艦上的日誌》，貝茨的《亞馬遜河上的博物志》，斯貝克的
《尼羅河源考察記》，中國的《夢溪筆談》、《徐霞客遊記》、《水
經注》等等，則更是文采斐然，引人入勝，是完全可以與歷史上一些
散文名著、名篇相提並論的。鑑於此，徐遲長期以來總在「大聲疾
呼」：我們要吸收外國文藝精華總和，也要研究外國的科學文學！這
是我們的時代所賦予的任務。

可惜的是，徐遲的誠篤的呼籲，卻難免有些「曲高和寡」，甚至還
有一些人表示不愛聽。但也不是沒有回應的。就我所知，錢學森先生就
在多種場合發表過倡導科學與文學的結合的文章；李政道博士也曾專門
撰文〈論科學與藝術〉，他説：「科學和藝術是不能分割的。它們的關
係是與智慧和情感的二元性密切關聯的。沒有情感的因素，我們的智慧
能夠開創新的道路嗎？沒有智慧，情感能夠達到完美的境界嗎？藝術和
科學事實上是一個硬幣的兩面。它們都源於人類活動最高尚的部分，追
求著深刻性、普遍性、永恆和富有意義。」

徐遲和李政道，一位天性浪漫、詩情奔突的詩人和一位思維
縝密、高度理智的科學家，他們的心是息息相通，不謀而合的。
一九五七年和李政道先生一起獲得諾貝爾物理學獎的楊振寧先生，也
曾經有言，認為科學研究如同文學、藝術創作一樣，也需要自己的
「品味與風格」。他的英文本《楊振寧論文選》全書五百八十五頁，
其中前八十二頁是他為書中各文所寫的評注，隱約回顧了他大半生的

一九七八年，徐遲和曹禺等在
新疆採風。

心路歷程，用散文家董橋先生的話來說，「既抒情又平實，英文乾淨
而有風韻，很有點近代西方物理學家寫文章的清麗筆調。」董橋先生
進而想到了愛因斯坦的文采，想到了詹姆士‧華生寫「雙螺旋鏈」
時，談的雖然是發現氧核糖核酸的經過，但全書卻籠罩著二次大戰後
的英國的整個氣氛，處處是個人性格和文化傳統的倒影，理性的鋪陳
和感性的抒發都恰到分寸……，這一切竟使散文家頓生「替學文科的
人擔心出路」之感。應該說，董橋先生的這種「擔心」與徐遲先生的
倡導，也是不謀而合，殊途同歸，所見略同的。

三

晚年的徐遲，深深地迷上了被他稱之為「高科技的靈魂」的電腦。
他用電腦寫作，寫下了很多作品，包括那部六十萬字的自傳體長篇小
說《江南小鎮》，正在翻譯的一萬六千行的荷馬史詩《伊利亞特》，
還有陸續編輯中的十二卷本的《徐遲文集》等等。他說，電腦簡直就是
個「迷人的精靈」，電腦甚至改變了他的寫作風格，可以使他寫得更豐
滿，修改得更完善，思考得更嚴密。他不僅用電腦寫作，而且為了要把
電子電腦的概念，把電腦感，移植於尚未具有此種概念和感覺的人們的
大腦中，使他們具有電子電腦意識，他還專門撰寫了電腦理論知識的長
篇散文〈高科技的靈魂：電腦〉。那是只有真正的電腦專家才可能寫出

的專業文章，卻又比一般的電腦專家的文章多了一層迷人的文學色彩和生動形象、舉重若輕的效果。

他這樣堅信：「人類物質生產湧流的理想將由高科技的發展而得到實現，消滅戰爭，實現永久和平，從必然的王國進入自由的王國，只有高科技能夠做到它。看來，人類的希望就在於高科技的靈魂——電腦之中了。」

徐遲的對於電腦這個「高科技的靈魂」的迷戀與推崇，當然也是他所倡導的科學與文學的結合的一個方面。這是他的責任心使然。這位風格獨具，獨領風騷的詩人和文學家，怎麼偏偏有著一顆科學家的心！這顆心，緊緊地貼著這個科技與資訊的世紀，貼著人類最新科技成就的進程。它們也成了他的創作靈感和創作激情最適當的產床！

就在筆者撰寫此文的時候，《讀書》雜誌（一九九三年第六期）也以顯著的版面，向讀者推薦了湖南科學技術出版社隆重推出的一套取名為「第一推動叢書」的科學著作。它們是：身懷殘疾的英國物理學家史蒂芬·霍金所著，解釋從宇宙創生的大爆炸到黑洞等一系列宇宙

漫畫家苗地筆下，徐遲在紐約長島上採訪楊振寧的情景。

物理學問題的《時間簡史》；討論新物理學對以前屬於宗教問題產生的影響的，英國大衛斯所著的《上帝與新物理學》；美國醫學家、生物學家湯瑪斯·路易斯關於生命、人生、社會乃至宇宙的思考的《細胞生命的禮贊》；討論給二十世紀物理學帶來活力的美學動機的，美國A.熱著的《可怕的對稱》，以及英國人大衛和布朗合編的關於量子理論的專題廣播節目稿《原子中的幽靈》。不用說，這些著作，都是徐遲所稱道並正在呼喚的理想中的傑作。它們首先是科學的，同時也是文學的。它們正如徐遲曾經讚歎過的那樣，「這些是人類思維的花朵。這些是空谷幽蘭、高寒杜鵑，老林中的人參，冰山上的雪蓮，絕頂上的靈芝，抽象思維的牡丹。」但願它們，能夠早日進入中國新一代的、跨世紀的作家們的閱讀範圍和視野之內。要知道，這些科學家的靈感、想像與激情，他們的文采與品位，有的是大大超過了一些所謂的文學家的。或者說，他們的出現，也將使得不少作家得重新考慮自己的出路與選擇的問題了。

　　「誰謂河廣，一葦杭之。」沒有錯，只有冰山上的雪蓮，絕頂上的靈芝，才是人間最美，最珍貴的花朵。

「獻給少數幸福的人」

讀者有權選擇自己感興趣的書，其實，書又何嘗不是在默默地為自己挑選耐心而忠實的讀者呢？一本書，一位作家，只有面對真正屬於自己的讀者，它或他才能顯示出自己真正的意義來。讀徐遲先生的有關科學和科技題材的作品，我總是想到這個問題。

人們記憶猶新，一九七八年全國科學大會召開之時，老作家徐遲向大會獻上了一份獨特的禮物——一部專門以科學和科學家們為題材的報告文學集《哥德巴赫猜想》。這本書收入了徐遲寫於一九七七年至一九七八年這個被稱為「科學的春天」裡的數篇傳世之作，如〈石油頭〉、〈地質之光〉、〈哥德巴赫猜想〉、〈生命之樹常綠〉和〈在湍流的漩渦中〉。另有一篇寫於五〇年代後期而到了七〇年代後期才得以發表的〈祁連山下〉。這些作品一經問世，便立即引起舉國轟動，大小報刊競相轉載，電臺廣播反覆播送，教科書中紛紛選用，其家喻戶曉的盛況，人們當記憶猶新。這些作品對當時的思想解放、尊重知識和知識份子，起到了積極的作用。而在文學意義上，它們又把中國當代報告文學藝術推向了一個前所未有的高峰。

作為一個文學工作者而自覺地問津於自然科學領域，徐遲可謂新時期以來的第一人和最優秀的一位。進入八〇年代，他又向讀者獻上了《結晶》一書。時至九〇年代的今天，在第二次全國科學大會召開前夕，徐遲以八十高齡，再向我們獻出了他的第三部科技題材的報告文學集《來自高能粒子的信息》（上海書店一九九四年六月第一版）。收入集中的九篇作品，大都以高科技為題材，如寫高能物理、量子力學、狹義

徐遲表示新年要閩禁區

將寫傳記及撰紅學專著

古籍善本總目加緊編輯

齊白石特種郵票已發行

（中新社）

八〇年代初，香港《文匯報》上對
徐遲創作動態的報道。

相對論和天體物理學的〈來自高能粒子和廣漠宇宙的信息〉；寫深圳賽格電腦公司的〈神計妙算小型機〉和〈攻主戰場者謂主力軍〉；寫華中電管局的〈大海之中的一滴水〉；寫現代電業的〈雷電頌〉；寫建築結構力學的〈哀誄祭〉；寫武鋼平爐的〈這裡是特殊的戰場〉等。看得出來，他在科技領域越走越廣闊，越來越深入了。

在寫《哥德巴赫猜想》時，徐遲說過這樣的話：「我不懂科學，但我可以懂得人；懂得科學家的為人，也就可以寫一點科學了。」到了寫《結晶》，特別是寫《來自高能粒子的信息》時，徐遲的觀念已逐漸發生了變化。他自己修改成這樣一句話了：「我不懂科學，但我可以懂得科學家，所以寫了幾篇科學家和科學。現在，為了更好地寫科學家，我想還是最好要懂得一點科學。」表現在作品上，他由寫「人」而變為主要寫「科學」了。這樣一來的結果，可能使徐遲的作品失去了一部分耐心的讀者，因為能夠對科學特別是高科技的內容讀進去且發生興趣的讀者，畢竟是少數；而同時，也為這些作品挑選出和挽留下了最好的和最有耐心的讀者。這些讀者，有著一些科學方面的知識與興趣，有著與作者同樣的求知慾，有著與高科技時代同步乃至超前的目光與識見。

《量子史話》是徐遲晚年讀過數遍
的一本書。

　　由最初的寫科學家轉到今天的主要寫科學，在徐遲自身，恐怕也
是「時代的使命」使然。徐遲常説，我們生活在報告文學的時代，報告
文學就是應當報告我們時代的使命。以反思十年浩劫的災難，促進思想
解放，重視知識和知識份子為「時代的使命」的那一系列寫科學家的報
告文學完成之後，歷史的步履也隨之邁進了面向二十一世紀的資訊與高
科技的疆域。徐遲感到，他的報告文學的新的使命，不應還停留在「反
思」上，而應該是向著未來，向著新世紀。他説：「我當然是可以回到
我原來的公式上去，只寫科學家其人及其事，而不寫科學或少寫科學
的。但是這樣做，我會感到沮喪的。我們國家在高科技發展上，是落後
於世界先進水平的，我們不能不在這上面努力奮進。現在文學藝術界很
少注意這些事。」在《來自高能粒子的信息》一書的「後記」裡，他又
進一步闡明了自己的這番良苦用心：「現在肯寫這些高科技命題的人很
少。我很寂寞。我希望更多的人投入到這方面來。」

　　正是懷著這樣一種對於高科技時代和新世紀的熱望與信念，年逾
八十的徐遲先生，在出版了《來自高能粒子的信息》之後，又著手寫
起〈談「夸克」〉等新的科技文章了。他似乎是在替科學家們寫文章，

把作家和科學家的願望與使命都肩負到自己身上了。他的責任心和使命感是雙重的，化為作品，那便是文學與科學的結晶。這也使我想到英國當代的著名科學家和作家C.P.斯諾先生。他以自己敏銳的洞察力，觀察到隨著科學技術的發展，人文科學知識份子和科技知識份子及他們所代表的文化日益分化，形成兩種不同的文化，而這種文化上的兩極分化無疑給人類帶來了不小的損失。他為此而提出警告，並疾聲呼籲兩者的合作。他認為，「我們無法退入一個根本不存在的沒有技術的伊甸園。我們不能檢視自己，從任何個人救世原理中得到安慰，並依託於我們的善良天性支持我們自己。誰要是這麼做，就會從他自身所發現的最壞意義上的浪漫主義幻想那裡受到折磨：他未曾運用理性去探究非理性的東西。」在他看來，只有合理地運用科學技術，我們才有希望使社會生活比我們自己的生活更如人意，或者說一種實際的而不是難以想像的社會生活……然而，實際的情況也是令人憂慮的：一極是文學知識份子，另一極是科學家，二者之間存在的鴻溝——互不理解，乃至互相排斥——何其深也！為此他不得不在多種場合的演講中苦口婆心地一說再說，擔當起了科學家和文學家的雙重角色。

徐遲先生的所作所為和這位同時代的C.P.斯諾先生並無二致。他這些年來的許多文章，只在於向人們表明這樣一個觀點；我們必須瞭解科學技術、應用科學、高科技以及整個科學本身究竟如何，它能做什麼，不能做什麼。他認為，這種瞭解是這個世紀末的知識結構的必要組成部分，也是進入二十一世紀的基礎。

一九七八年，《哥德巴赫猜想》由人民文學出版社出版時，雖有一部分標明是「非賣品」，卻也發行了百萬冊之多。然而到了《來自高能粒子的信息》出版，卻只有寥寥數千冊的印數了。這其中固然有出版發行渠道自身的原因，但多少也反映了我們這個時代的一種可怕的心態。有識之士當愈加憂慮才是。徐遲先生為此也百般焦慮，究竟是什麼原因呢？擁抱資訊時代和高科技時代，本是件火燒眉毛的事兒，為什麼報導了它卻又如空谷之音？令人百思難得其解。四〇年代在上海，徐遲翻譯《巴馬修道院》時，譯過司湯達寫在書末的這樣一行文字：

「TO THE HAPPY FEW」（獻給少數幸福的人）。

　　我在想，《來自高能粒子的信息》，不也是一本「獻給少數幸福的人」的書嗎？它需要它的每一位讀者拿起它時，都要耐心點，再耐心點，讀下去了，你就會覺得，你是進入了一個奇異和瑰麗的世界了！那裡的路，通往新世紀；那裡的花朵，可都是冰山上的雪蓮、絕頂上的靈芝啊！

他所攀登的山脈

徐遲先生在開國後發表的第一首詩，題作〈我所攀登的山脈〉，其中寫道：「我所攀登的山脈，在雨雪雲霧籠罩下。……它吸引你走近它，像磁場導引指南針。……除非你是一個勘探隊員，你不會知道這山脈的價值……」

縱觀徐遲先生一生的文學道路，是否可以説，他正像這樣一位為開發寶山而探尋礦苗的勘探隊員，不停地向著一座座人跡罕至的山脈攀登，既探索隱微，不斷地有所發現，且獨標情愫，獨領風騷，領略到了一般文學工作者們難以想像的如畫的風光和瑰麗的奇跡。自然，他一路也採摘到了不少屬於「絕頂上的靈芝」和「高寒杜鵑」。

踏遍青山人未老。

新詩史的見證人與參與者

　　徐遲先生本色是詩人。作為詩人，他差不多參與了現代中國新詩創作和理論建設的全過程。他是中國新詩七十年歷史的見證人與參與者。三〇年代在上海，他協助戴望舒創辦《新詩》月刊，大力倡導現代詩的同時，又身體力行，留下了一冊具有較純粹的現代派風格的詩集《二十歲人》。四〇年代在重慶，毛澤東主席在徐遲的紀念冊上親筆題贈「詩言志」，已成為中國新詩史上的一樁美談和一份重要文獻。這一時期，抗戰的現實改變了詩人的思想、生活和作品的風格，他「放逐」了抒情，捨棄了現代派，而出版了《最強音》和《詩歌朗誦手冊》。他說：「我的心靈開始覺醒。……儘管我的聲音這麼微弱，卻匯入了爭民主的浪濤聲。」他在時代的大風浪中成熟起來，心靈發生了「奧伏赫變」。

　　開國初期，徐遲先後以《人民中國》特約記者和《人民日報》特約記者身份，兩次奔赴朝鮮戰場，不停地來往於大江南北的重大建設工地，從包頭到雲南，從青海高原到江南小鎮，從三門峽到長江大橋……雖然這時期他的主要任務是用英文寫出一篇篇對外報導，用特寫和報告文學的形式反映社會主義新中國的建設成就，而詩歌創作，差不多成了他的「副業」，但他仍然留下了《戰爭‧和平‧進步》、《美麗‧神奇‧豐富》和《共和國之歌》三部詩集。它們和當時眾多

徐遲在報告文學《一橋飛架南北》裏熱情讚美過這座剛剛建成的武漢長江大橋。

的詩作一道，匯成了新中國建設時期的響亮的交響樂章。一九五七年，又是徐遲，首先在中國作協理事會上倡議，創辦一份新詩刊，以適應中國當代詩歌發展的需要。而後他又上下呼籲和奔走，這樣，全國解放後的第一個大型詩歌刊物《詩刊》便誕生了。《詩刊》創刊之初，徐遲擔任副主編（主編是臧克家先生）四年多，直接處理各地詩人和基層作者的稿件，為當代新詩的發展，為壯大詩歌創作隊伍，作出了不可磨滅的貢獻。一九九四年三月，當《詩刊》即將出滿三百期的時候，老詩人臧克家欣然回憶道：《詩刊》創辦之時，「徐遲心靈手快，會想點子，他與呂劍到處搜尋在社會上流傳的毛主席詩詞八首，上書毛主席，得到支持」。所以創刊號一出版，因刊有毛主席的詩詞，便引起極大的轟動，形成了北京城排長隊買《詩刊》的文苑佳話。臧老還回憶説，那時編輯人手少，但效率頗高。編輯選出稿子，徐遲當即決定去留……這一時期，徐遲的主要時間和精力，都用在「為他人做嫁衣」上了，自己只留下一部富於指導性和史料意義的詩歌理論與評論集《詩與生活》。而他自己的創作，無疑是受了影響的。這對於才華橫溢的徐遲來説，是個小小的遺憾。

十年劫難當中，徐遲和所有的詩人一樣，被迫放下了詩筆和書本，在漢水中游的沙洋農場，當上了自食其力的勞動者。浩劫之後，他以《哥德巴赫猜想》等一系列反映科技界知識份子事蹟的報告文學名世，這些富於詩的激情和反思深度的作品，為當時的解放思想、尊重科學、

八〇年代初，徐遲在葛洲壩工地採訪時，與工人和技術人員交談。

一九七八年，徐遲在昆明植
物研究所採訪時留影。

尊重知識和人才，起到了不小的作用，真正是到了家喻戶曉、人人傳誦
的程度。

　　進入八〇年代後，已經基本上不寫詩的徐遲，卻寫了〈現代化與
現代派〉、〈新詩與四個現代化〉等曾引起爭論的理論文章。這位三
〇年代的「現代派」詩人，試圖要在現代化與現代派之間尋找出它們
必然的聯繫。可惜的是，他的這個良好的願望，對於當代新詩的發展
富有建設性的意圖，沒有引起詩歌界的足夠的重視。也許是因為徐遲
這時候詩寫得確實是少了的緣故，他自己也不得不悻悻地歎道：現在
詩歌界嫌我老了，不要我了，把我歸於散文中的報告文學這一類別去
了，「放逐」我了。

晚年的憂慮

　　但他畢竟是跨著現代和當代兩個時期的一位重要的詩人。徐遲進入
晚年後，雖然興趣和主攻方向有所轉移，但他還沒有完全忘情於繆斯。
他有時仍然要面向繆斯彈奏他的豎琴。我在〈雖非史詩，亦似詩史〉一
文中曾經說到，他於一九八五年所作的長詩〈輓陳松〉等幾首悼詩，
是他的文集的首卷即詩歌卷的「壓卷之作」，它們「展示了一個時代的

老去和一個新的時代的誕生出來」，這當然沒錯，但〈輓陳松〉卻不能說是徐遲「最後的詩章」。就我所知所見，〈輓陳松〉之後，至少還有這樣幾首新作：〈平與不平〉，作於一九八五年二月，由湖水、遠山和天空的「平」與「不平」而引發出「它們都又平又不平。我的心，也是如此」的感慨。這是一首哲理詩；〈世界如果發瘋〉作於一九九三年四月的惠州。詩中寫道：「每一個世紀的世紀末，／就像是一個末日審判日。／家家有本難唸的經，／人人都有各自的不平之鳴。／當一個陣營裡的精神危機加深，／另一個陣營裡的信仰危機也在誕生。／當大氣外層出現了空洞，／人類的靈魂深處也有空洞發現。／……生態環境已不適於人類居住，／綠色森林一個個從地球上消失。／鬼搞鬼搞的同性戀，／搞出了不可救藥的愛滋病。／鬼哭神號的歌星捶心擊胸，／全場聽眾如醉如狂，全部癲瘋……」這首詩，顯然是老詩人對於處在世紀末的整個人類命運的憂慮和思索。寫這詩時，他已是七十九歲的人了。他忠告整日處於「癲瘋」狀態的人們：「世界如還這樣發神經，人類終究要嗚呼哀哉。」在差不多作於同一時候的另一首詩〈再創生之歌〉裡，他把自己的這種憂慮，寫得更具體和形象化了：

> 宇宙觀望著這神氣的小地球，
> 再三地搖頭，失望地歎息道：
> 可憐你又變得醜蹟醜陋了，
> 天賜的翠綠森林全部糟蹋了，
> 臭氧層破壞到鳥兒不再歌唱。
> 你盜盡了天上地下海底的寶藏，
> 最後竟毀掉了自己的心腸，
> 又變得如此殘暴，狡猾，倡狂。
> 最聰明的人創造了核能，
> 不料竟用了它來進行自戕！
> 說著他聽到再創生的爆炸，
> 外空中隕落了一粒小光斑，
> 只有破滅，才能再創生，他說。

之所以有此種大憂患，是與詩人晚年對於地球、太空的自然開發的密切關注分不開的。他對於人類所居住的地球的命運的擔憂，對於人類自身行為的勸諫，不僅僅是出於詩人的好發奇想和杞人憂天，而且確也不乏科學的思維與根據。這一點，徐遲和他的一位老朋友，三〇年代一起辦《新詩》月刊並且開始「在火車上寫宇宙詩」的路易士（本名路逾），亦即今天尚健在的，居於臺灣詩壇三元老之首的老詩人紀弦，頗為相似。紀弦寫了一輩子的「宇宙詩」，直到今天旅居在美國西部，仍憂心忡忡地寫著他的〈悲天憫人篇〉，而且和徐遲不約而同地、疾聲警告著正在進行著戰爭、殺戮、生態失衡、人口劇增以及種種自暴自棄行為的人類道：「然則你藐小的地球呀，你可憐的人類呀，你給我好自為之吧！」（見紀弦詩集《半島之歌》，臺北一九九三年版）正是徐遲和紀弦這樣的看盡了滄桑的詩人的大胸懷，才產生了這種為整個人類命運擔憂的大憂患意識。這樣的憂患，其實早已經遠遠地超越了個人的「平與不平」，甚至也超越了徐遲晚年詩作中所嘲諷的，那使「多少座城市變成了戰場」的「古里古怪的民族主義」了。

　　人會老，而詩是不老的。當許多的景象已經成了歷史，而詩的歷程，卻總是指向未來。徐遲先生各個時期的詩作，佚失了很多，有的恐怕永遠難以找到了。即便是他的晚近之作，《徐遲文集》中也還有所遺漏。像前面所列舉的幾首，自然都應補進去的。但「完整」總是相對的。他的詩的歷程更是曲折而漫長。一九九〇年春天，徐遲在為《文集》的「詩歌卷」寫的〈新序〉中說：「重編舊作，將一生作品編年整理，反倒可以隱約地看到時代的發展變化，歷史的潮汐起落。」一九九四年夏天，他在為「詩歌卷」新寫的〈出版說明〉中又寫道：「日子過得這麼漫長，生命卻又如此短促！這多少也是一個世紀的一個人的，未必很完整的記錄了。……未來的人類，將在太空中找到的許多星球上生活，他們將是不死的人，如同古代神話中的『神』似，不死的『人』！我情願將這部書獻給他們。」

聽徐遲先生譯楚辭

徐遲先生對於楚辭，特別是對於屈原的作品的研究，是下過大功夫的。早在四〇年代初，他由香港剛剛抵達重慶的第五天，就因五幕歷史劇《屈原》給郭沫若先生寫了一封商榷的信，引出了郭老的一篇〈〈屈原〉與〈李爾王〉──這是回答徐遲先生的一封信〉的長文。郭老的文章原載一九四二年四月三日重慶出版的《新華日報》，後收入《沫若文集》第三卷。這次通信是徐遲關於屈原的第一次見諸文字的東西。

此後，他一直沒有放棄對屈原作品的鑽研。七〇年代末，他排除干擾，寫成了長篇論文〈《九歌》──古代社會各階級的畫廊〉，第一次全面地「把《九歌》中被顛倒了的神靈世界再顛倒過來」，從而分析和映現出了當時的社會制度，正在發生大變革時代的現實世界裡，那一幅幅壓迫與被壓迫的圖像。這篇長論的節要，發表在《長江文藝》一九八二年六月號上，曾引起不小的爭論。在徐遲看來，屈原是在歷史推移過程中出現的一個新興階級的代表人物，是反對野蠻的沒落的奴隸主階級統治的，第一個宣告新制度將要來臨的詩人。因此，他對屈原的作品情有獨鍾，用功甚勤。單看他用現代口語精心翻譯的屈原作品，即可看出他對這位偉大的詩人是何等的喜愛。

不過徐遲這方面的譯文迄今還從未公開發表過。他的翻譯也是一種比較自由的意譯，即他自己所言的「活譯」。且看他「活譯」的〈九章・抽思〉第一節：「看夏至的那一天，夜是多麼短呵，為什麼我等著天亮，好像等了一年！到江陵的紀南城去，路程雖遠呵，我的靈魂一夜天裡卻去了九次。我是要去告訴楚懷王呵，道路的是非是曲折得很呢，你從南天的月亮和星斗本可以辨別方向的。我要去對你直言不諱呵，我的靈魂可已經把道路認識得清清楚楚了！我的靈魂是何等的忠信耿直呵，只是你的心不和我的心相同。看起來是我理屈了，又找不到媒介來替我撮合呵，可你不知道，我才從容不迫呢。」屈原在這一段詩裡，就祖國究竟應該向何處去的問題，表露了自己真實的心跡。徐遲作為後來

的抒情詩人，與屈原的心是相通的。這一段譯文既「雅」又「信」，其「達」更不在話下了。

前不久，我到徐遲先生那兒去，又聽他用那「猶帶吳音」的語調，輕輕譯誦了〈離騷〉的尾聲。這使我想起他說過的屈原和雷電「同化了」，而郭沫若又和屈原「同化了」的說法。其實，聽徐遲譯誦〈離騷〉，說他也和屈原「同化了」，也未嘗不可。

不倦的登山者

《徐遲文集》全部編輯完工，將達十二卷，約六百萬字，包括詩、報告文學、散文、雜文、文論、音樂評論、傳記、書簡、回憶錄等。這十二卷，尚不包括他作為一位翻譯家所擁有的《瓦爾登湖》（梭羅）、《托爾斯泰傳》（艾爾默・莫德）、《帕爾瑪宮闈秘史》（即司湯達《巴馬修道院》）、《巴黎的陷落》（愛倫堡）、《伊利亞特》（荷馬）等十餘部譯著。其中徐遲譯的《瓦爾登湖》已作為國家權威譯本而收入「外國文學名著叢書」之中，自問世以來，已印行有十餘版了。這些作品和譯著，正如被他征服過的一座座山脈，被他攻克的一個個城堡。他常常說到喬冠華生前說過的一句話：「每天攻下一座城堡。」他很欣賞這句話。這些被他攻克的「城堡」，正是他的意志和力量的見證，是這位不倦的登山者和探索者的愛與智慧的紀念碑。

尤其是他在七○年代末到八○年代裡寫下的一系列科技題材的報告文學作品，內容涉及了地學、地質力學、數學、解析數論、流體力學、熱帶植物學、分子生物學、遺傳學、高能物理、高能粒子、水利工程學、超導光線、電腦世界……，這樣一些遠離了我們的日常經驗和人跡罕至的高科技領域。他以抒情詩人和文學家的目光與心靈，從這些陌生而神奇的、森羅萬象的領域裡，發現和感應到了「創造火花的詩，邏輯嚴密的美的散文，迴腸盪氣的戲劇……」而這一系列科技題材的報告文學作品，也是最能顯示徐遲晚年的熱情、智慧與才華的一個門類。他曾經禮贊那些自然科學和高科技的成果是「人類思維的花朵」，是「空

谷幽蘭、高寒杜鵑、老林中的人參、冰山上的雪蓮、絕頂上的靈芝、抽象思維的牡丹」。其實，用這段話來概括他的這些報告文學，亦十分恰當。它們是我國新時期以來的最好的「時代的報告」，也是我們當代最好的「史詩」之一。而對於他自己來說，它們無疑也是他心中的奧林匹斯山，是他勇敢地攀登而上的喜馬拉雅雪峰。

徐遲生於一九一四年。一九九四年十月，他躲在南方的一座八層高樓上，靜靜地度過了自己的八十壽辰。不要鮮花，也不要壽禮，陪伴他的，惟有書本與電腦。「我已超越目前全世界人壽的平均年齡的至高點，……多年來我好奇地瞧著這年月這一天飛來到眼前……」他在生日前夕寫下的〈八十抒懷〉裡這樣寫道。而今年是徐遲先生的八十初度之年，他還在向著新的山脈攀登。他的《幻滅與幻夢集》已經開筆，他的回憶錄的建國後部分也已開始呈現在電腦的彩色螢幕上了……而他的案頭、枕邊，還攤開著愛因斯坦的《相對論》，攤開著關於高能粒子方面的科學著作……他所攀登的和又要去攀登的，是一些何等樣的山脈啊！

謹以此文，祝福我們的不倦的登山者！

一九九五年三月

文學的情懷與科學的心事

一九九五年四月，我受上海《語文學習》的一位編輯朋友王為松兄之託，就近訪問了徐遲先生，請教他對〈黃山記〉（選入高中《語文》教材第二冊）、〈地質之光〉（節選入初中《語文》教材第六冊）的教學的建議。徐遲先生欣然作答。

關於〈黃山記〉，徐遲先生說，這篇遊記主要是在寫一種「美感」，對大自然之美的一種欣賞，文章寫於一九六二年十月。當時全國因為一九五八年刮起的「共產風」，再加上一九五九至一九六一年連續三年的「自然災害」，其實主要是極「左」路線所造成的災難，致使全國各地都處在一種饑饉狀態。安徽也不例外。徐遲說，那時在蕪湖，在黃山，不少農民垂淚而道，道出了很多慘痛的經歷。徐遲到黃山，原是去參加安徽省作協主辦的黃山詩會的，但面對現實，心中卻了無詩意，而是充滿了憂慮和痛苦。「當時我情緒很壞，從來沒有這麼壞過。我是有點百思不得其解，堂堂社會主義大國，怎麼發生了這樣的災難！」徐遲先生回憶說，「因為內心痛苦，也因為詩會的安排，便想到到風景中去尋求解脫」。在對黃山所做的幾天遊覽中，作者果然暫時忘掉了憂愁與痛苦，內心為祖國的山水所激動，得到了充足的美的享受。徐遲先生原本是不怎麼喜歡遊山玩水的，他曾經有詩曰：「我要攀登的，是我們要開發的山；我想跋涉的，是我們要征服的水。」但這一次，他卻不由自主地沉醉在黃山的美景之中了。只有在黃山的勝境裡，他才感到了祖國的美麗可愛，他的心中也萌生了要

歌唱這大自然之美、歌唱祖國的山川之美的願望和靈感了。於是，他就著手收集材料，為寫作〈黃山記〉作準備。

〈黃山記〉共有四節。第一節寫黃山的造山運動；第二節寫開發黃山的人；第三節寫遊山的歷程；第四節集中寫黃山的美景。徐遲先生自以為第四節寫得最好。因此希望教學時，重點就放在第四節上。一九九〇年，徐遲先生曾應一些教師的要求，寫過一篇〈〈黃山記〉的創作〉，其中這麼說過：「我希望教師授課之時，把重點放在第四段上。這第四段也許是真正的抒情散文。這種抒情是在探索著美。這種抒情是在歌唱祖國，這是我寫作時的心情，也是我願意將它們撒播到祖國青少年心田上去的美的種子。」

需要說明的是，教材〈黃山記〉中所引李白〈送溫處士歸黃山白鶴峰舊居〉一詩中的「伊惜升絕頂」一句，其中「惜」字是誤刊，應作「昔」。希望教材重印時能改正過來，免得使師生們費解。還有一點題外話：〈黃山記〉共四節，每一節似都可以獨立城文，徐遲先生自己看重第四節，而香港出版的一種教材中，竟選取了它的第一節；國內有家畫報社在配圖介紹黃山時，偏偏又選取了其中第三節。自然，四節連在一起，文章就更加完整，全文的來龍去脈，交代得清清楚楚。國內的許多散文、遊記選本，也大都是全文選載的。從這件事也可看出，〈黃山記〉之被選作教材，也是有目共睹、所見略同和當之無愧的。

徐遲一生以「瘦」聞名，年輕時曾被夏衍呼為「螳螂」。徐遲在四〇年代裏也曾經以「螳螂」的諧音「唐琅」為筆名。這是徐遲在最「胖」的一個短短的時期裏的留影，時在八〇年代中期。

關於〈地質之光〉徐遲先生談了三點:一是,原作較長,課本只節選了一部分。老師們在教學時,為了把握整體,應該看一看整篇原作。如果有可能,還應該讀一讀寫李四光的幾篇別的文章,如李四光夫人許淑彬寫的〈石跡耿千秋〉,黃鋼寫的〈亞洲大陸的新崛起〉等。這樣,在講授〈地質之光〉時,才有可能從容不迫,優遊條暢。二是,李四光作為一位地質學家,他的成就是多方面的,他的貢獻除了那個「多」字型的新華夏構造體系外,還有一個更加巨大和宏偉的「山」字型構造說。老師們如果能夠多讀一點李四光自己的著作,下一點苦功夫,向學生講一講李四光的地學本身的內容,是有可能激發出學生們熱愛地質的興趣。而這,往往又是報告文學本身所無法完成的。第三點,徐遲先生說,〈地質之光〉在選入課本時,曾經做了一些修改。主要目的是為了使語言規範、標準化一些,適應教科書的要求。這樣的修改,是人民教育出版社提出來的。徐遲先生認為,這種修改,對於教科書來說,當然是必要的,但對一部文學作品來說,

一九九五年,徐遲在長江三峽工地的制高點——罎子嶺上。

也許並不十分重要。有時候為了規範、標準而修改掉的,恰恰是作者自己獨有的文字風格特點。

進入一九九五年,是徐遲先生的八十初度之年了。我去訪問他時,正是他剛從南方回來不久的日子。而就在前幾天,他又以八十一歲高齡,興致勃勃地去了一趟三峽工程建設工地,而且登上了三峽樞紐制高點──罐子嶺。六〇年代初,他是因為奔赴長江水利建設工地而離開北京,舉家遷到湖北的。三十多年來,他一直生活在湖北,一直在寫長江。他為葛洲壩工程寫過一篇〈刑天舞干戚〉,他說,還有一篇大報告文學他必須寫,那就是三峽工程。只有寫了三峽工程,才算是圓了他後半生的一個大夢──他的「三峽夢」。

八十初度的徐遲先生,身體和精神狀態都非常好。除了外出旅行採訪,他在武漢大都是閉門謝客,專心讀書和寫作。所讀之書,多是高能粒子,愛因斯坦的《相對論》,《我們登上了火星》等等科技方面的著作。記得有一次,他是頗為認真地對我說過,別的可能都是假的,都可以不寫的,而唯有科技,唯有高科技的東西才是真的,才是非寫不可的。可惜的是,他這個看法有點「曲高和寡」,他幾乎是在「孤身走我路」。

「獻給一九八四年和中華人民共和國建國三十五周年」的報告文學集《結晶》。

一束潔白的素馨花

章含之等撰寫的回憶錄《我與喬冠華》一書，由中國青年出版社出版了。書中以章含之回憶他們夫妻間相識相知相親相愛的情感歷程、「文革」十年中的坎坷遭遇以及喬去世前後的世態炎涼等內容的三篇文章為主，也收錄了喬冠華的生前好友馮亦代、徐遲、梁奎峰、崔琦、杜修賢等人的關於喬不同時期的生活經歷和命運沉浮的回憶文章五篇，另有喬本人臨終前的一篇個人身世自述（根據錄音整理）《童年·少年·青年》。這些文章，有的堪稱「稀世的純情文字」（馮亦代語），如章含之的每一篇回憶；有的則知人論世，言出肺腑，如馮亦代的〈憶喬冠華〉、梁奎峰的〈人間自有真情在〉；有的則是對於喬冠華

一九八三年八月十九日，國際問題專家和著名外交家喬冠華生前的最後一張留影。身邊的人是他的夫人章含之。

的某一方面的氣質、才華與成就的考察與研究，如徐遲的〈第二次世界大戰與才華橫溢的喬冠華〉。自一九八三年秋天喬冠華逝世，迄今已十年有餘了，這一本書，就像他的親人好友一起敬獻在他的墓前的一束潔白的素馨花，情思縷縷，心香澹澹，從中既可看見一個真實的人和一段真實的歷史，亦可見出人間難以泯滅的那份至愛與真情。

喬是曾經馳騁在世界外交舞臺上的天才的外交家。新中國在被隔絕二十多年後於一九七一年重返聯合國時，喬冠華以中國代表團團長、中華人民共和國外交部副部長的身份率團出席第二十六屆聯大會議。他以世界一流外交家的形象與風度，為祖國贏得了無上的榮耀，充分顯示了中國的威望和地位。他在跟基辛格、尼克森、田中角榮、瓦爾德海姆、馬立克、葛羅米柯等等人物打交道的時候，遊刃有餘，談笑風生，獨領風騷。我們的共和國，應該為她的歷史上有喬冠華這樣優秀的外交官而驕傲。

喬冠華是舉世公認的才子型外交家。他的外交才華和外交功績，有目共睹，歷史自會做出公論的，這且不說它吧。這裡只說說他的國際述評裡表現出的文學才華。應該說，他的才華表現在各個方面。他是三〇年代清華大學哲學系的畢業生，曾師從楊振聲、朱自清等文學家學過文學，又師從馮友蘭、金岳霖等哲學家學過哲學。清華之後，喬冠華又先後留學於日本和德國，在日本研究過政治，在德國研究過軍事。回國後即成為著名的國際問題專家。喬冠華在第二次世界大戰期間先後為香港的《時事晚報》和重慶的《新華日報》撰寫的國際述評，其分析世界形勢之透徹，追蹤和平進程之緊密，喚醒戰爭中的人們的良知與信念之熱誠，尤其是他文筆之俊逸和酣暢曾令多少人目明耳聰、茅塞頓開，心嚮往之而身追隨之。馮亦代說，那時候一大批知識份子因為讀了喬的一系列社論而於黑暗中看到了光明的前途和希望，不由自主地「跟著走上了為國為民不惜犧牲一切的道路」。「如今他們在事業上各有所成，回憶當年的風華歲月，沒有人不感激老喬的迷途指引的」。這批人中，就有馮亦代、徐遲等。

徐遲幾次著文說過：「我個人則是如同從沉睡中被他喚醒一樣，覺醒了過來，從此追隨真理而不捨了。」除了這人生道路上的影響，

徐遲對於喬冠華的那一系列國際述評的文采，也敬佩得五體投地，覺得那「簡直是非讀不可的文章。到了時候如還沒有讀，就茶飯無心了」。我們知道，徐遲原也是恃情才傲物之人，但從他對喬冠華的敬慕與佩服的程度上，便可看出喬的非凡的魅力。一次是兩人一起談音樂，又有一次是一起談史詩。音樂和史詩，徐遲一向自以為是所向無敵、自有絕招的，但和喬一交談，「狂妄傲慢」的徐遲，立刻便承認被他「擊潰和說服」了，而且是「說得我服服帖帖」了。

再看徐遲對喬的國際述評的文字之佩服。喬冠華的〈謎一樣的馬德里〉的結尾處，在分析了西班牙的保衛者的陣營內部分裂的階級根源之後，這樣寫道：「西班牙是一個生長橄欖樹的地方。冬天到了，橄欖樹的枝枝葉葉化為泥土。但是誰又能擔保現在已經變成橄欖樹田的肥料的戰士的骸骨，不在那歷史的春天到來的時候，又結出青蔥的果實來，點綴那明媚的半島呢。」徐遲說：「這簡直是激動人心的史詩！我從來也沒有讀到過這樣感人的社論。怎麼他能這樣來寫社論的呢？然而，是應該這樣的！……他比我們的許多詩人要強得多了，他寫的是我們時代的最好的史詩。」徐遲是當年喬冠華的這些國際述評的最忠實的讀者之一。當他讀到喬的這樣的段落：「……光榮啊，不朽的戰士，桂冠將永遠戴在你們的頭上！大自然是慷慨的，土地是不朽的，……」時，徐遲不由地擊節道：「這哪裡是寫評論，這簡直是在寫詩，真個是在寫著史詩了！」喬的文章還在繼續：「……好轉的動向，雖然是十分明顯，過早的樂觀卻還不是時候。」徐遲則是徹底地心服了：「我的天啊，這個國際問題專家有的是何等樣的文筆，何等樣的思維啊！」徐遲在談到喬的這些國際述評時，有時是忍不住地把它們的一些本來是連書的散文分了行，當作詩的形式寫了出來。徐遲由衷地說：「這是詩，是當代最宏偉的史詩！」

別說是當時緊緊追蹤著這些社論的徐遲，就是事隔半個世紀之後的我們，今天看來也會覺得，這的確是世上罕見的大手筆，確乎是記錄整整一個時代的狂飆突進的精神風貌的最好的史詩！這樣的文才，這樣的手筆，似乎只應屬於那樣的年代。反過來看，那樣的年代，那樣的光明

與黑暗、苦難與歡樂、生與死、愛與仇的歲月，假如沒有這等風雷之筆來做「史詩」般的記錄，同樣也是不可想像的。

最後再回到《我與喬冠華》這本書上來。有一件小事，原本不值一提，但對我來說，卻是不勝榮幸之至的。那就是，我也為這本書的編輯出版，盡過一點點綿薄之力。收入集中的徐遲的那篇〈第二次世界大戰與才華橫溢的喬冠華〉，原題為〈喬冠華和他的國際述評〉，是我從他的自傳體小說《江南小鎮》中選出來的十六個片斷連綴而成的，差不多反映了喬冠華從香港到重慶時期所寫的國際述評的全貌。這十六個片斷原本不甚連貫，我把它們整理出來後，再校對、修改、重新錄排出了一份完全的清樣。如今看著自己曾經非常認真細緻地校對過的文字（即便不是自己寫的）印在《我與喬冠華》這樣的書中，不禁也有「與有榮焉」的感覺了。寫在這裡，聊以自炫，並向同是外交舞臺上丰采獨具的外交家、《我與喬冠華》的編輯者章含之女士，致以一個讀者的深深的敬意。

與《我與喬冠華》同時編成的，還有另外的一部由章含之獨自撰寫的自傳體的書，徐遲私下為它起了個書名曰《孤桐、喬木與幽蘭》。孤桐者，含之女士的父親、中國現代的一個大學問家章士釗（字行嚴，號孤桐）也；喬木，即喬冠華。他在當年寫國際述評時即用「喬木」做筆名，當時遂有「南喬」、「北喬」之說。喬冠華在南方寫文章，所以稱「南喬」；胡喬木在延安寫文章，遂稱「北喬」。兩個「喬木」名稱之爭，後來還是毛澤東主席出面「調整」解決了的呢。幽蘭，即章含之，孤桐之女、喬木之妻。據徐遲說，這本《孤桐、喬木與幽蘭》除了寫本世紀頗有名望的這兩位人物外，還牽涉到很多中、外高層人士，如國家元首、主席、總理、總統、國務卿、首相、外交官……，可以說，是寫本世紀的著名人物的一本重要的傳記體著作。

卷
六

從歌德和愛克曼想到的

我在唸大學的時候，就讀過朱光潛先生翻譯的、愛克曼輯錄的那本《歌德談話錄》。但那時候，我讀書「不求甚解」，用現在的話說，不夠「投入」，所以看過之後，沒有留下太深的印象。和徐遲先生結識後，有一段時間，他對我說過這樣的意思：他已經老了，但還在不停地思考著一些問題，而要把這些思考的結果一一寫成文章，他自己似乎是力不從心了。況且他還有回憶錄和一些別的文字，要抓緊時間完成。他說：「如果你有興趣，以後我們可以不時地做一些交談，你記，然後我再看看，校訂一下。每次談一個方面的內容……」這對我這樣的

徐遲手寫的回憶錄提綱之一頁。

青年作者來説，當然是一個學習的好機會，也是一件十分幸運的事兒。我點點頭，表示十分願意。

回來後，我立即又找出了已經多年沒有翻動的那本《歌德談話錄》，還找出了一本臺灣聯經版的，胡頌平先生寫的《胡適之先生晚年談話錄》。我想從中知道一點關於「談話錄」的記錄方式。我們當然不必自大到要以歌德和愛克曼、胡適和胡頌平這等人物自比。但如果允許取其一端的話，我覺得，徐遲先生所囑咐的事，如我把它做下來，不就是一部《徐遲晚年談話錄》嗎？我曾經把徐遲先生的這個想法，跟我的幾位要好的友人説起過，他們也都贊成我來做這個工作。

重讀了《歌德談話錄》之後，我越來越覺得，我自己之於徐遲先生，和愛克曼之於老年的歌德，是頗有相似之處的。愛克曼出生在德國鄉村的一個貧農家庭，但從小就勤奮好學，尤其喜愛文藝，頗有些文學天分。為了尋找自己的前程，他在青年時代就離開了故鄉，到城市裡半工半讀，終於唸完了大學，並開始寫詩，寫劇本……這一點，我的身世和經歷，幾乎是和愛克曼並無二致。愛克曼第一次來到魏瑪拜訪歌德，是在一八二三年，這一年愛克曼三十一歲，歌德已經七十四歲；我第一次由曾卓先生介紹去拜訪徐遲先生，是在一九九三年春天，我也正好是三十一歲，徐老七十九歲。愛克曼見歌德前，先寫了一封信去；我在去拜訪徐遲先生之前，也是先寫了一封信去；歌德在同愛克曼談了三兩次話後，便看出這個虛心的青年人正是自己所渴望的一個好幫手，於是熱情地留他住下來，並邀請他擔任了幫助自己整理和編輯文稿等等的秘書工作；徐遲先生和我可以説是只見了一面，談了一次話，便認定我是能夠幫助他做一點事情的青年，並且不容我分説，就對我有所託付了。愛克曼從小就是歌德的崇拜者，熟讀過歌德的作品，久想找機會接近這位巨人；我呢，其實也是從中學時代起，就開始知道了徐遲先生，從那以後，雖然沒有熟讀他全部的作品，但卻陸續讀過了他在八〇年代以後出版的一些主要作品。可以説，我對徐遲先生也是早有「雖不能至，心嚮往之」的景仰與企慕了。愛克曼從一八二三年開始，直到一八三二年歌德去世為止，成了歌德最後十年的生活中日日不離的助手和友伴，是這位文化巨人晚年的生活、創作和思想活動的最重要的見證人和記錄者；

我想，我在徐遲先生晚年的生活中，已經或可能起到的作用，無疑也是和愛克曼相似的。雖然不是什麼受薪的秘書，但作為一個崇拜者，一個「私淑」於徐遲先生的弟子，一個忘年的友人，我既要協助他編輯和校訂《徐遲文集》這套大書（它們全部完工將達到十二卷，約八百萬字，包括詩、小說、遊記、報告文學、散文、雜文、文論、音樂評論、自傳、書簡和日記等），也幫助他處理一些與報刊、出版社等方面的聯繫事宜，代寄一些稿件和代複一些信件，甚至處理一些日常生活中的雜事等等。我覺得，我能夠得到他的信任，為他做著這等事情，對我來說是極其光榮的。要知道，他是一位從三〇年代起就開始活躍在文壇上、和施蟄存、戴望舒這樣的文學家和詩人交往的老作家啊！自然，我同時還在認真地、一本不漏地通讀著他全部的作品，包括未發表過的手稿和書簡等等。我已經嘗試著，寫了不少的關於徐遲先生的文章，有的是他的生活事件和忠實的記錄，有的則是讀了他的某一部作品後的感想，有的是對他的某一本書或某一篇文章的考證，還有的就是他的談話錄……如果說文章是有血脈的，那麼，所有這些文字，則都是凝結著我對這位跨越了現代和當代兩個時期的老詩人、老作家的敬仰、愛以及同情與理解的。不是矯情，我覺得我對徐遲先生的感情裡，有一些成分是超過了兒子對父親的感情的。為了盡可能地幫助他做好某一件事情，我情願自己做出犧牲，無論是時間上還是創作上。

這一點，徐遲先生自己也感到了。我從他對我的信任、關心和愛護上，感到了他對我是懷有感激之情的。他在好幾次給我的信上，都說到了，我是他晚年裡遇到的，一個能夠使他感到安慰和快樂的「好人」。當然，這是老一輩作家的寬厚、善良的美德的表現，我只能把這樣的話當作是老人對我的鼓勵和期許。

徐遲先生晚年，心靈深處是極其孤獨的。這孤獨的原因，我在以後的記述裡，適當的時候，會寫到的，這裡暫且不說。我只說一個細節：每次我去他那兒之前，都要先打一個電話過去，告訴他，我今天上午或明天下午去看他，讓他把需要我做的或可以帶回家做的事準備好。但我沒有想到，我每次去時，他都會坐在他家二樓的那個可以望見小路的窗戶邊，望著和等待著我。有時我因別的事要遲到半個小時

或更長時間，那麼他就會在窗戶邊張望著，也許要等上半個小時或更長時間。有一次，我走到他家不遠處時，遠遠地看見他在窗戶邊向我招手，神情是那麼興奮，好像一個小孩子見到了久別的親人一般。我當時心裡一陣難過。我想像著，這老人的心裡，也許是非常孤獨和寂寞的，巴不得我每天都去陪他聊聊天，和他在一起的。然而這又是不可能的。我還有自己的工作呵！而同時，我也就下了決心：永遠忠實於徐遲先生，盡可能地為他多做一點點事情，讓他覺得，我是不會離開他，更不會有什麼怨言的。事實上，我和徐遲先生的生生死死之緣分，已經是越來越密不可分了。

這一點，也正如愛克曼和歌德的緣分一樣。愛克曼跟隨著歌德，忠心耿耿，從歌德那裡也學到了不少的東西，可以說，和歌德的結識，決定了他後來的全部的命運。我在想，跟隨著徐遲先生，我不也是深受其惠嗎？不說別的，單是我能自覺地通讀他的八百萬字之多的不同時期的作品，就彷彿是在挖掘一座鮮為人知的富礦了。我已經相信，我自己這一生的寫作，有一半的內容，恐怕是與徐遲先生有關的了。當然，我決沒有以徐遲先生來比歌德，而以愛克曼自比的意思。我還不至於狂妄自大到要貽笑大方的地步。歌德是世界文化巨人，愛克曼是有幸生活在巨人身邊的最幸福的德國青年，我輩之於他們，惟有崇敬與仰慕。但人類的感情是相通的。當我讀著愛克曼在《歌德談話錄》的第三部（即「補編」部分）的序言中寫下的這樣的句子：「……他（指歌德）的雋語妙言的聲音流播原野，比車輪滾滾聲還更洪亮。有時我又想起他坐在書齋的書桌旁，在燭光下看到他穿著白法蘭絨外衣，過了一天好日子，心情顯得和藹。我們談著一些偉大的和美好的事物。他向我展示出他性格中最高貴的品質，他的精神點燃了我的精神。」這時候，我的心靈，也為愛克曼和歌德的偉大的友情深深地感動和濡染著。我似乎更加理解了愛克曼對歌德的愛，對歌德的感念。因為我同時也想到了自己與徐遲先生的友誼，彷彿徐遲先生那「猶帶吳音」的語調，也迴響在我的耳邊了。寫到這兒，我準備暫且停頓一下了。我知道，我為自己定下的目標，到這裡還僅僅開了個頭。我將努力地使自己變得冷靜和平和一些，力爭客觀地回憶我和徐遲的交往，寫出我眼中的真實的徐遲先生來。

徐遲先生遺札簡注

收信人語

　　徐遲先生給我的書信大約有十五六封。他逝世後，上海《文學報》、天津《散文》月刊曾以「徐遲先生遺札」為題發表過幾封。為保留史料計，我感到不應任其湮沒。適逢《芳草》主編錢鵬喜兄誠懇約我撰文悼念徐遲先生，我說，讓我在心中悼念徐老吧，文章就不寫了。不過，徐遲先生的遺札，或許還有刊佈的必要。於是整理出這些對我來說是極其珍貴的書信，略加注釋和說明，並以此與《芳草》編輯部的朋友一起，祭念敬愛的徐遲先生辭世一周年。願他美麗、純淨的靈魂在天國裡安息！

徐魯　1997年11月15日

一

徐魯：

　　已知道你打電話給徐延了。這段時間，因在姐姐家中，比較寧靜度過，你可以放心。現寄去一短文，請幫助複印幾份，交給徐建，一份給我，寄到徐延那裡。

　　我的事不會順利。【……】①但我將盡力自我控制，希望能成功，而不受絲毫影響，繼續創作出一些較好的東西來。

徐延將來京接我去深圳。在徐延家中，我將埋頭寫作：我的後半生②。如果精神集中，明年夏天就可以寫出來的。

　　《文選》③卷五的散文稿件，我到深圳後就寄給你。請你逐步準備出一套《徐遲文選》第一、二、三、四、五、六、七、八卷，加上分為兩卷的《江南小鎮》，作為第九、十兩卷，再於明年加上後半生的（卷十一）和書簡（卷十二），湊成完整的一套，可以封存，也可以找到出版者時用來發稿。散文卷在編好後再補入。這樣你就幫了我大忙了。你是能使我安心和高興起來的好人。

　　祝好！

遲　　1994年9月12日晨

簡注：
① 此處由注者刪去數字。
② 指自傳體長篇小說《江南小鎮》下卷。
③ 指十二卷本的《徐遲文集》。注者當時正協助他編選此套文集。

二

徐魯：

　　來了一星期了，甚好。有一光亮的小室，大玻璃平板的寫字臺，放電腦的小書桌。天天工作，醞釀著一篇大中篇或小長篇①。還可寫點小東西。十分清靜，並不寂寞。

　　寄去（可能託人帶去給你，有一位彭先生大後天回武漢）散文卷資料一小包，大約四五十篇，缺的以後找出補上，可以先編成一卷。自序②也寫了一些。以後再作些加工，定稿。這樣你就基本上給我打一個基礎，立起一座十層樓房的建築物，工程初步竣工，就等稍加裝修而已。

　　沒有機會和你談話，只好等你的電話。講不了多少話，等待明年春暖以後，如果條件許可，我們還可談許多事。

　　你有空還來信。我的那件事，還有點拖，但決心已下，當然可以辦成功的。也就是時間而已。聽到什麼，來信告訴我。

祝你闔家安好！

　　　　　　　　　　遲　1994年9月26日

簡注：
① 指《江南小鎮》的第三十二章。
② 指為散文卷、雜文卷、音樂評論卷所寫的自序。

三

徐魯：

　　收到十月六日來信和對我生日的祝賀，謝謝你。讀到你寄來的毛姆文章，〈七十述懷〉和〈七五述懷〉，正是你說的，相當的「近似」。我正好可以添上他未寫（或未及寫的）〈八十述懷〉①了。再過三天②就是八十壽辰，也是感慨萬端。人老得這麼快，為始料所不及的。中國人喜歡長壽，而壽命多數並不長。百歲就了不得啦，其實百歲也不算什麼。我現在還能工作（寫作），別的都不能了。到失去工作能力之時，就應該退位，給後來人留下空間。近來常想到「安樂死」這個名詞。覺得很有意義。應當提倡。人代大會應當立法接受它，為它正名。理由是人口太多，地球已經滿載了，再裝不下去了。人越來越多，遞增率也越來越快。人，這種生物，不好對付，例如×××③就難對付。【……】④真沒有法子。人多得摩肩挨背，還無法和諧共處，所以亞洲、非洲、南美洲、歐洲都鬧翻了天。再下去，到二十一世紀三〇年代就無法共同生存了。廢物太多，廢人也太多。不用「安樂死」，處理不好，就靠自然規律制裁，那可不好玩兒呢。大災大難，死人無算。人類史上已經重複了多少遍。完全可以用「安樂死」來處理，不過反對的人並不理解，不能贊同，只好聽憑大災殃來時，乾瞪眼了。老人好靜，我現在很安靜，大白天只我一人，十分愉快。但也寂寞，沒有關係。白駒過隙，忽然消除不見了。留下一個靈魂，就是你幫我編輯的《文選》十二卷，「大致完備、疏朗和整齊」。所以我也不客氣要勞累你了。現在的中國人要留下靈魂的並不多。能留下一個靈魂的更少。我正在寫《小鎮》的第三十二章一九八節。過去已

寫過多少遍。武漢的那個電腦裡也有，不要了。這裡的一個，正寫著，天天寫一點，比較合我心意，就是把一九五〇至一九九九年五十年壓縮成為二十三萬字，壓縮得密度很大，共八十萬字⑤，占《文選》中七、八、九三冊或八、九兩冊。

　　一紙寫不盡心中的話，就不寫下去了。很想你給我再寫點什麼來。

　　祝好！

徐遲　1994年10月12日

簡注：
① 〈八十述懷〉不久即寫出了，刊於《書與人》一九九五年第三期（一九九五年五月一日出版）。
② 徐遲先生生辰為一九一四年十月十五日。
③ 人名由注者隱去。
④ 此處由注者刪去近百字。
⑤ 作家出版社一九九三年三月出版的《江南小鎮》（上卷）約五十七萬字。徐遲先生想用二十三萬字結束下卷，使全篇總計八十萬字。

四

徐魯弟：

　　信收到，我已度過了危機①。我最近情況好。《小鎮》第三十二章初稿出來，三萬字。明日外出一旬，下旬初必回深。寫小文數篇②，請看兩段，但弗外傳，還要改和續寫的，不要給我拋出去，請藏好。

　　祝好！請放心！問你、夫人和孩子好！

徐遲　1994年11月8日

簡注：
① 指前面兩信中提到的「我的事」「那件事」已經結束。
② 指《幻滅與幻夢集》，包括「論真理」、「論科學」、「文飯小品」和「論老年」數段。刊於《羊城晚報》一九九四年十一月二十日。徐遲先生寄給我看的是「論真理」和「論科學」兩段打印稿。

五

徐魯：

寫了幾個字①，看《書與人》可用與否？文一篇，《書與人》若要，請給它。很緊張地打字，寫詩，聊以自娛。

徐遲　1994年12月30日，14：20

簡注：
① 《書與人》雜誌主編江樹廉先生約我請徐遲先生為《書與人》扉頁題詞。徐遲先生寫了如下一段話：「中國和世界都處於不可抑的大動亂和大變動之中。只有電子電腦可以救中國，只有高科技可以拯救人類從各種各樣的大災難中脫穎而出。為書與人寫幾個字，敬贈。徐遲一九九四歲暮即一九九五新春。」此段話我和江先生商量後，沒有刊發。

六

徐魯：

九五年以來，特別是元月九日以後，我進入一種新的狀態，虛擬的真空。接電話和來信（因你把郵碼518026寫成了518020，大約我先寫錯，信就到另一個郵碼去打了一個轉，轉回來就遲了幾天，過一個春節。武漢一月二十五日發，深圳二月九日到，不知怎的又遲了幾天，結果是半個月以後的二月十五日才到我手上）。〈五十年前的《美文集》〉①讀了，才記起趙無極的事。那書是一九四八年他出國前借我的。你的文中引美文社②出版的書單中，後五本（包括楊剛兩本）均非美文版的，葉君健等五人的著譯也要考證一下。但關係都不大。

「別集」③可以把你提出的合攏到一起，因為都不是很多的。上海書店出了我一本《來自高能粒子的信息》④，也只印二千冊，是科技文選的九篇，見面時給你吧。冷僻的書。倒是沒有錯別字的，范泉和柯靈主編的。其實也可以屬於「別集」的書。以後也不會再寫這樣的東西了。

我自己想過編一本自選精品集，大概可選〈櫓〉、〈理想樹〉，及〈石油頭〉中的井噴一段，〈猜想〉裡的兩段三段，〈生命之樹〉裡的蒲公英、杜鵑及其他五六段，〈牡丹〉中的劇中人一段及其他的，〈祁連山下〉的滑竿兒、可佛顯聖，武鋼的鐵山的鐵畫等幾段，《小鎮》中的水晶晶一段，儘量的精選十段二十段，請畫家裝幀，加圖印出。不知你會不會喜歡這個想法。

　　我頗望早日回武漢的家裡看看，不知成了什麼樣子？不知那人走時，帶走了我的什麼東西沒有，要回去住下了若干天才能知道。要是能找一位會用遙控器檢查家裡那架三洋空調是否完好，還如初購時那樣，我三月就可以回武漢，否則得等到四月，以免受寒得病。家鄉南潯還以為我春分會回去的，我心裡想去，可去年出走時只帶一個包出門，過了個冬還只有三兩件毛衣，如何過得下去呢，所以得先回一趟武漢，等過了端午才能出門。這期間想和你試驗一下寫《小鎮》下半部的問題⑤，我自己寫已無力氣了。只有你能幫助我。

　　我聽説你要來深圳，你來這兒有地方住吃嗎？先告訴我。否則要找創作之家或蛇口聯繫一下的，然後才能由你伴我回漢。望來電話説説。那些地方因留下過不好意思的印象，現在沒有再去。信筆寫到這裡，下次再談吧。

　　祝好！

遲　95・2・17

另有一信給陽雲的，請代轉去，並給你先讀為快。

簡注：
① 注者所作〈五十年前的《美文集》〉刊於《中國圖書評論》一九九四年第六期，其中説到，徐遲先生贈我的一冊四〇年代出版的舊書《美文集》的扉頁上，蓋著一個「趙無極藏書」的圓形印章，推想這部初版書原主應是畫家趙無極的。
② 指一九四二年由袁水拍、馮亦代等在重慶創辦的「美學出版社」。徐遲先生在該社創辦之初參與了編輯工作。《美文集》即該社出版物。
③ 注者曾提出在編選《徐遲文集》的同時，也分類編輯幾部如隨筆選、序跋集、抒情小品集等等「別集」。這項工作已在進行中。由注者編選的《徐遲散文選集》、《徐遲報告文學選》、《網思想的小魚》（讀書隨筆選）等，已分別由幾家出版社出版問世了。
④ 徐遲先生的一部新的報告文學集。系范泉、柯靈主編的「文史探索書系」之一，上海書店出版社一九九四年版。

⑤指由徐遲先生口述、注者記錄和整理成文的方式。徐遲先生回漢後，我們果然用這種方式完成了十
餘萬字。

七

徐魯：

　　前曾寫一信而未寄出，現寄去。天氣還是很冷，今天是十四至十六
攝氏度。天陰，寒冷，我受不了。但畢竟比武漢要好得多。不知新世紀
裡會不會出現世界氣象方面的新危機？人口的猛烈增加（世界人口接近
於一年一個億人了），日子越來越不好過。生物品種不斷地陸續死亡。世
界正在備戰。美國類比了一場中美戰爭……香港電視中播出了第三次大
戰的危機。就算是我在做惡夢吧。

　　我有可能四月初回東湖路。你如三月底來深，必通知我。能陪我
回去，更能使我放心點。我住的蓮花北村四十七幢，【……】①你上來
就是，不算難找吧。我現在想回家，看看還能不能在東湖路住下去。
要你幫忙，還有徐建一家。如果不行，只好回南潯老家，也不是太想回
老家。熔冰說東湖路房子漏風，老得很了，總得想點辦法修修補補住下
去，住到今冬再說。望你給我研究一下，提點意見。好處是還有一台電
腦可用。這裡我也是有一台電腦，所以住得下去。最近又完成一篇小文
章，還可以寫成一小中篇。

　　就寫這點。祝好！

　　接此信後，打×××××電話，每天下午四時我必在電腦和電話
面前。

遲　95．2．25

簡注：
①此處由注者隱去數十字。

八

徐魯：

　　想在三月三十日（星期四）或三十一日（星期五）回武漢。現在每天看電視天氣預報，如果屆時天氣還太冷，相應延長幾天。反正一定要回一次家，能安排好生活就不一定很快再出門，好好的過上一段時間，可以寫點東西。這一星期裡完成了一篇〈談夸克〉①，寫高能粒子的文章，一萬五千字，全部列印出來。在家裡有我很多計畫中要寫的，寫了一大半的，開了頭的文章，可以完成它們，數量也不少的。就是怎麼在東湖路安定下來的一個問題，請幫助我。我也想過讓你來接我同行，你也可來完成你的約稿計畫。前次你說不來了，那就我自己飛回來好了。讓徐建接我一次吧。這本來是很簡單的事，而現在卻似乎相當困難。我進入老年後，也就難免的了。我近來有了一種「失落感」。向來過慣了一無所有的生活的，怎麼會有「失落感」了呢？不是什麼也沒有失落嗎？失落的只是鎖鏈而已。然而現在有「失落感」，也害怕回到武漢日子過不下去，如果這次能克服下來，那就萬事大吉了。就這樣寄給你這封信了。

　　祝好！

遲　95・3・15

簡注：
① 〈談夸克〉的一小部分已刊於《人民日報》一九九六年十二月四日第十版。編者配以〈贊文學家的科學感情〉的專文評論。

九

　　供徐魯參考①。子農②已去世，他對我很熱情，我亦然，卻略有少許的保留③，但寫信，信來並不露出來的。

遲　95・五月④

簡注：
① 原信無抬頭，寫在潘子農先生的一篇文章〈秋到江南念徐遲〉的前頭。
② 潘子農，三〇年代上海文藝界的一位老編輯。他主編的《矛盾》曾發表過不少徐遲先生早期的詩作，如〈寄（外五首）〉、〈沉重的BUS〉、〈春爛了時〉以及評論文章〈新土耳其詩人奈齊‧西克曼〉等。九〇年代，潘老寫的〈秋到江南念徐遲〉一文，刊於《文匯報》一九九〇年九月十三日。
③ 注者曾就這個問題請教過徐遲先生。他說過這樣的意思：三〇年代的左翼文藝家對潘子農以及他編的《矛盾》，好像都不太感興趣。不過，立場的不同，並不影響我和子農的友情。
④ 原信無日期。

魯：

　　不知在何刊物上發的①，時在一九八二，大約是在巫山題詞寫的。二〇〇二年將再去巫山，你幫我記著，到時如還在世，還能活動（八十八歲），你陪我去一趟吧。

遲　95‧5‧15

簡注：
① 指徐遲先生的一篇散文詩〈獻給巫山巫峽〉。其中有言：「二〇〇二年的夏天，我那時是一個八十八歲的人。將要，並且一定要再次來拜訪巫山縣城。我將要歡樂地讚賞，在新世紀到來的時候……」

徐魯：

　　此文①與〈唐小禾‧程犁的壁畫〉同時寫，將成為唐小禾的一本書②：自傳體散文的序，可收入《文選》散文卷六十，你看如何？

遲③

簡注：
① 指〈尼羅河與長江〉。
② 唐小禾著《重返埃及》，湖南美術出版社一九九六年二月版。徐遲先生的〈尼羅河與長江〉一文即為本書代序。
③ 原信無日期，約在一九九五年秋天。

十二

徐魯：

　　二月一日飛京。二月九日進安貞醫院，打了十八天的吊針。狂咳業已無聲，不是一命嗚呼了，而是面清目秀，格外精神，藥到病除，恢復青春了。《談藝書簡》①業已交給了發信人，過幾天再去聽她的評論，同意或否定，是否有什麼意見？我也該給你寫一封信了。還有想法，要告訴你。一是《文選》，我想出二十卷。序次如下：一詩選、二小說選、三報告文學選、四遊記選、五文論選、六音樂（評論）選、七散文選、八雜文選、九江南小鎮（一）、十江南小鎮（二）、十一江南小鎮（三）、十二江南小鎮（四）、十三日記選、十四書簡選、十五托爾斯泰傳（一）、十六托爾斯泰傳（二）、十七托爾斯泰傳（三）、十八瓦爾登湖、十九巴爾瑪修道院、二十補遺卷。你看怎麼樣？現在尚缺江

修建在美麗的江南小鎮上的「徐遲紀念館」。

南小鎮（四），看今年能補起來否？按理昨天已過了驚蟄，我應該回漢了。但天氣還沒有穩定，在北京我是不出門，只接待來客的，所以要回來只能到四月中。不過還得找一個護送的人，找不到只好等，等不到只好自己硬幹，那時才能回家。寫到這裡，光明日報韓小蕙寄來了〈偶讀〉②一文，她還附言：「文章寫得很好，反映一致。」讀一遍也覺得還可以，特別是最後一句③，前後呼應，如是妙手天成，向你致謝。她還向我約稿，以後一定不忘記給《文薈》寄稿。稿費我讓她寄你處轉，你收到後請再替我轉給徐建，或等我回來了再給我也行。五月以前，希望你能把《江南》四期用稿④寄出，最好把五期用稿也整理好。我打算這幾天起就寫牡丹和傅吉隆兩篇。這傅吉隆是沒有寫成的八萬字的電影劇本。說來好笑，一個大慶油田，功勳卓著，但沒有文學作品，幾乎一篇也沒有，實屬空白。最近在《××××》上讀到×××⑤一篇報告文學，看得垂頭傷（喪）氣，寫得莫名其妙。那個大慶油田比希臘神話還要神奇，粗眉大眼，簡直都是廟堂裡的四大金剛雕塑。我只好歎氣。這中間大有道理，值得很好研究的。那時我也寫了大慶油田一場地下地質的戲，是一出戲，矯揉造作的一出戲，費了好大的勁兒寫出來一無用處，稿子兩百張全是空口說白話。不過這是寫出來也登不出來的，此中秘密是不可以外露的。在「文革」中，要寫我的放牛四十頭四百天，可以寫得很美，當然也靠你最後加工。還有用基辛格式的穿梭旅行，寫我回江南活動退休回老家的一段經歷。以上就是四大塊，寫得好也會別出心裁，反映時代妙景一角。然後就可以寫黃聲孝，葛洲壩，我進京寫紀念堂賦、地質之光、猜想、生命之樹和渦漩，一展「庾信平生不得志，暮年辭賦傳天涯」（原句忘了，要查對）⑥的「轟動效應」和我的不好受的經歷。然後是結晶刑天舞干戚，插進一個法國的春天和一個美國的秋天，到陳松的癌擴散⑦。看來今年不一定能寫到這裡的。我的話到此也可以總結了。往後科技篇取代文藝學，我想換一個行業，當自然哲學家了。信就寫到這裡為止。

　　你怎樣？可以覆我一信，包括給我一點資訊，我等著。祝好。

徐遲　1996．3．6，11：07

簡注：

① 指注者編輯整理的郁風致徐遲書簡。

② 指徐遲先生發表於《光明日報》一九九六年二月二十八日的〈偶讀《蒲橋集》〉。

③ 文中最後一句話：「如果一定要找出它（指《蒲橋集》）的一點兒什麼缺點來，那就是，它實在也是太瑣碎了一點兒。」係注者所加。

④ 指《江南》擬從第三期開始刊用的《江南小鎮》下卷的部分章節。

⑤ 由注者隱去。

⑥ 杜甫詩〈詠懷古跡〉：「庚信平生最蕭瑟，暮年詩賦動江關」。

⑦ 指徐遲夫人陳松的逝世。

徐遲先生的幾個筆名

龍　八	「在那同一時候（一九三三年），我在《亞細亞》雜誌上看到了布克夫人，即賽珍珠的一篇小説，叫作〈二婦人〉。我也將它翻譯成了中文，寄給天津的《國聞週報》。該刊是大公報社出版的半月刊，文藝欄由沈從文編輯。他給我發表了，分十二月的上下兩期登完。不知為什麼他給我取了一個奇怪的筆名：龍八。這個筆名，我只用過兩三次。」（徐遲《江南小鎮》第一一二頁）一九三四年二月一日徐遲在上海《時代畫報》第五卷第七期上發表散文〈吸紙煙的人〉，署此筆名。
餘　生	一九三八年三月十五日，在上海《純文藝》（旬刊）創刊號上發表〈《荒原》評〉，署此筆名。
袁望雲	在《純文藝》創刊號上發表小説〈升C短調之夜〉，在《純文藝》第二期上發表小説〈約翰日〉，署此筆名。
錢獻之	在《純文藝》創刊號上發表散文〈我上了木刻家的當〉，署此筆名。
唐　琅	一九四一年九月一日，在香港《筆談》（半月刊）創刊號發表詩歌評論〈形象化──我將嘗試「形象化」之形象化〉，一九四一年十月十七日，在桂林《大公報》副刊《文藝》上發表〈一本未出版的譯詩集序──袁水拍譯《霍斯曼詩及彭斯詩歌選》〉等文章時，署此筆名。因為作者身形瘦長，曾被夏衍戲稱為「螳螂」，唐琅即「螳螂」之諧音。

史　綱　一九四三年二月二十三日，在重慶《新華日報》發表詩〈完全勝利望得見了〉等作品時，署此筆名。

密　青　一九四五年前後在重慶《新華日報》等報刊發表雜文時，署此筆名。

野　鷗　一九四七、一九四八年在上海《新民報》副刊發表雜文時，署此筆名。

余　犀　一九九五年十月在《長江文藝》第十期發表譯詩〈印第安美人朝露歌〉時，署此筆名。係從徐、遲（繁體字）二字中各取一半而得。

《談藝書簡》代跋

去年（一九九五年），我寫過一組短文，悼念了幾位離我而去的長者和老朋友。我想到的是，那個「文苑英華」的三〇年代呵，似英國人的香港淺水灣落日，很快就要結束了。多麼美好的三〇年代呵！如今只剩下三三兩兩的幾個人了，用不了多久，三〇年代就要完完全全地成為過去了。

我還說到，即便是倖存下來的這三三兩兩的幾個人，所剩的時間也微乎其微了。這當然包括我在內。之所以還沒離去，只因為手上尚有一

這是我喜愛的 Fern Tree
就是鳳尾華在這兒長成大樹。
在許多許多五彩繽紛的 Card 中
我選擇了它——
在森林中挺立的 Fern Tree

這是我愛的 Brooklands
就是我經常散步的森林旁的小溪
在許多許多美的珍奇的鮮花中
我喜愛這一片野花——
那紫色的神秘的 Melancholy

Andante:

May the beauty that
is nature be yours
today and always

Many Happy Returns
May your heart
Forever be in
Beautiful memories
and
Loving harmony

55

郁風寫給徐遲的一張詩柬。

些瑣瑣碎碎的小事情還沒處理清爽。一旦處理完了這些瑣瑣碎碎的小事情，我也會像蘭多爾詩裡所說的那樣的：「火一熄滅，我起身就走。」到那個遙遠的地方──航天機也飛不到的地方，去和先已到達的老朋友們重新團聚。

我所說的「一些瑣瑣碎碎的小事情」，自然也包括處理一下幾十年來積存在我這裡的一些老朋友的手札、文稿等等。這不，這位女畫家、散文家的一捆書簡，已經抄寫和整理出來了麼。遺憾的是，早年的，八〇年代以前的書簡都不知道丟失到什麼地方去了。幸得保存下來的只是八〇年代以來的若干書簡。自然，也還不是那麼完全無缺的。但主要的都在這裡了。按照時間順序編排起來，重讀一過，許多美好的往事又臨心頭。這裡且不去說它了吧。讓美好的往事永存在我的記憶之中。我要說的是，它們實在也是一篇篇文筆優雅的散文，所談多屬藝術話題以及世道人心等等。故為之取名《談藝書簡》。

這些書簡當初寫的時候，原本就是只給收信人看的。不擬公開的，更沒想到要出版的，所以其中的家常兒女、瑣瑣碎碎的敘述是不少的。說到底，寫信人和收信人都是飲食人間煙火的，而不是純然生活在藝術真空裡的。還有一些書簡中因為情性所至，而對一些人事有所臧否，如說「不擬公開」特指這一方面，倒也是事實。如今逢到此類話題，確實「不擬公開」的，我便越俎代庖，悉為刪去，而以【……】標示出來。

「二十一世紀轉眼就要到來，可是我們還在過著十九世紀的精神生活，甚至還有在十八世紀裏生活的人。這怎麼行呢？」一九九五年，徐遲在深圳寓所裏寫作。

想寫信人也不會不贊成的。如果未來的有「考據癖」的考據家們想來考據一番，那就大膽地考據去吧。那時，恐怕寫信人和收信人都已成為歷史，是非只好聽憑後人評說了。

　　還有一點技術性的處理，也應說明：由於寫信人和收信人的習慣，原信中夾雜著許多英文詞語和句子段落，我在整理它們時，全部代為譯成中文了。少數必要的則予以保留。

　　湖北人民出版社對這些「談藝書簡」有出版的興趣，又考慮到他們計畫中的整套書的體例和篇幅，故又選取了寫信人近幾年創作的一些書話、隨筆和散文（其中不少作品是發表在海外的報刊上，且隨同書簡陸續寄到我手上的）和書簡一起，輯為一書。所有的編選工作，包括書簡的整理、編選，幸得友人、弟子徐魯的幫助，才如期完成。在我，也總算了卻了一樁心事。作為「談藝書簡」的收信人，寫下這點簡要的說明文字，權充跋語，未知善否。

（附記：本文係應徐遲先生之約，代他而寫。《談藝書簡》，郁風著，出版時更名為《美比歷史更真實》。）

徐遲先生年表

1914	十月十五日，出生於浙江省湖州市南潯鎮德懋弄六號。
1922	十一月，父親徐一冰先生去世。
1927	在南潯中學唸書。
	讀到了早期白話詩人徐玉諾的詩集《將來之花園》。秋天，第一次去上海。
1928	在上海光華大學附中唸書。
	在該校的一個油畫展覽會上，第一次見到新月派詩人徐志摩。
1931	九月，由東吳大學附中升入東吳大學。
	「九・一八」事變發生。
	十二月參加學校愛國學生「援馬團」北上，擬出關抗日。滯留北平。
1932	一月入燕京大學借讀。
	在五月號《燕大月刊》發表散文處女作〈開演之前〉。寫出一些短詩。
	下半年失學回到江南小鎮，繼續寫詩投稿。
1933	五月四日收到《現代》雜誌主編施蟄存一封退稿短信。
	六月到上海見到施蟄存。
	八月回到燕大繼續學習。
	在十二月號《現代》發表譯詩〈聖達飛之旅程〉。
	在十二月份《國聞週報》（沈從文編輯）發表小說譯作〈二婦人〉。

1934	在《矛盾》、《時代畫報》、《婦人畫報》等發表詩和散文。
	與施蟄存周圍的杜衡、葉靈鳳、穆時英、劉吶鷗等多有交往。
	創作受到「新感覺派」的影響。買到T.S.艾略特《論文選
	集》。
1935	結識詩人鷗外鷗。
1936	夏天，作為男儐相參加詩人戴望舒的婚禮。
	九月，和詩人路易士一起協助戴望舒創辦《新詩》。
	下半年翻譯了海明威小說《永別了，戰爭》。
	十月，第一本詩集《二十歲人》由上海時代圖書公司出版。
	十一月，音樂散文集《歌劇素描》由上海商務印書館出版。
1937	元旦之日和陳松在上海結婚。
	上半年寫作《世界之名音樂家》及《音樂家和樂曲的故事》。
	「七七事變」爆發。
	九月，寫作警世幻想小說〈三大都會的毀滅〉。
1938	二月，寫作中篇小說〈武裝的農村〉。
	三月，寫作散文〈兵荒馬亂作父親〉。
	五月，和戴望舒一家流亡香港。在香港結識袁水拍和馮亦代。
1939	結識《時事晚報》主筆、國際述評家喬木（喬冠華）。
	聽袁水拍談馬克思主義。
	這年的最後一天，和郁風、葉淺予三人一起在淺水灣看落日。
	一起送走了二十世紀三〇年代。
1940	一月十一日，讀恩格斯的書豁然開朗，自稱為「覺醒之日」。
	二月，赴昆侖關抗戰前線採訪。參加馬克思主義讀書會。
	八月，參加魯迅誕生六十周年紀念會。
1941	十月，在桂林白虹書店出版詩集《最強音》。
	十一月，在桂林《詩創作》發表長詩〈一代一代又一代〉。
1943	二月，在桂林雅典書屋出版雪萊詩歌選譯《明天》。
	七月，在重慶美學出版社出版荷馬史詩《依利阿德選譯》。
	任郭沫若主編的《中原》季刊執行編輯。

1944　第一次聽到陝北秧歌劇《兄妹開荒》，為之振奮。

一月，在重慶國訊書店出版譯作《托爾斯泰傳》（第一部：青
年時期）。七月，在美學出版社出版《托爾斯泰散文集》（第
一冊）。

七月六日，母親在上海去世。

十一月，出版散文集《美文集》。

1945　翻譯〈巴黎的陷落〉、〈解放是榮耀的〉、〈我轟炸東京〉等。

八月三十日，在《新華日報》發表詩〈毛澤東頌〉。

九月，與馬思聰一起受到毛澤東接見，事後獲得「詩言志」的
題詞。

十一月，發表小說〈狂歡之夜〉。

1946　十月，在南潯中學擔任教導主任。

在上海新群出版社出版小說集《狂歡之夜》。

1947　翻譯司湯達小說《帕爾瑪宮闈秘史》（《巴瑪修道院》）。

1948　《帕爾瑪宮闈秘史》在上海圖書雜誌聯合發行所出版。

1949　三月，在晨光出版公司出版譯作《華爾騰》（後改譯名《瓦爾登
湖》）。

四月，創作詩歌〈江南〉。

四月，與南潯同仁維持地方治安，促成小鎮和平解放。

八月，到北平出席第一次全國文代會。

任英文刊物《人民中國》編輯。

1956　六月，在作家出版社出版特寫集《我們這時代的人》。

八月，在作家社出版詩集《戰爭、和平、進步》。

1957　四月，在作家社出版詩集《美麗、神奇、豐富》。

七月，在作家社出版特寫集《慶功宴》。

1958　七月，在作家社出版詩集《共和國的歌》。

十一月，在北京出版社出版評論集《詩與生活》。

1961　離開北京，舉家遷入武漢，到長江水利工地深入生活。

任湖北省文聯副主席，湖北省作家協會副主席。

1965	創作中篇小説〈牡丹〉，未及發表，「文革」到來。
1966	「文革」中住進「牛棚」，被剝奪寫作的權利，創作中斷。十年後得到平反，恢復專業創作。
1977	十月，在《人民文學》發表報告文學〈地質之光〉。
1978	一月，在《人民文學》發表報告文學〈哥德巴赫猜想〉。三月，相繼發表〈在湍流的渦漩中〉、〈生命之樹常綠〉等。四月，在人民文學出版社出版報告文學集《哥德巴赫猜想》。
1979	九月，在上海文藝出版社出版《徐遲散文選集》。
1980	五月，在上海文藝出版社出版論著《紅樓夢藝術論》。
1981	二月，在四川人民出版社出版文論集《文藝和現代化》。
1982	八月，在上海譯文出版社出版修訂本《瓦爾登湖》。十月，在上海文藝出版社出版遊記《法國，一個春天的旅行》。
1983	四月，在北京出版社出版《托爾斯泰傳》（全譯本）。七月，在上海文藝出版社出版報告文學集《結晶》。
1985	中國作家協會湖北分會單獨建制後，任該會名譽主席。十二月，在中國文聯出版公司出版《愉快的和不愉快的散文集》。
1989	開始用電腦寫作長篇自傳《江南小鎮》。開始編輯多卷本《徐遲文集》。十二月，在人民文學出版社出版遊記《美國，一個秋天的旅行》。
1992	四月，訪問希臘雅典。回國後開始重新翻譯荷馬史詩《依利阿德》。
1993	三月，在作家出版社出版《江南小鎮》。四月，《徐遲文集》前四卷在長江文藝出版社出版。
1995	開始寫作《江南小鎮》續篇。七月，在上海書店出版社出版報告文學集《來自高能粒子的信息》。
1996	六月，《江南小鎮》續篇部分章節在《江南》發表。

十一月，審定《生命之樹常綠──徐遲報告文學選》篇目。

十二月十二日，在武漢逝世。享年八十二歲。

世紀映像叢書

1. 百年記憶－中國近現代文人心靈的探尋
   蔡登山‧著

2. 青山有史－台灣史人物新論
   謝金蓉‧著

3. 雪泥鴻爪－近代史工作者的回憶
   陶英惠‧著

4. 大師的零玉－陳寅恪，胡適和林語堂的一些瑰寶遺珍
   劉廣定‧著

5. 玫瑰，在她如此盛開的時候－探索女性文學的綺麗世界
   朱嘉雯‧著

6. 錢鍾書與書的世界
   林耀椿‧著

7. 徐志摩與劍橋大學
   劉洪濤‧著

8. 魯迅愛過的人
   蔡登山‧著

世紀映像叢書

世紀映像叢書

世紀映像叢書

世紀映像叢書

世紀映像叢書

世紀映像叢書

世紀映像叢書

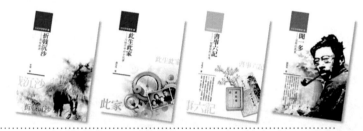

史地傳記類　PC0165　世紀映像叢書66

載不動，許多愁
——徐遲和他的同時代人

作　　　者 / 徐　魯
主　　　編 / 蔡登山
責任編輯 / 孫偉迪
圖文排版 / 鄭佳雯
封面設計 / 王嵩賀

發 行 人 / 宋政坤
法律顧問 / 毛國樑　律師
印製出版 / 秀威資訊科技股份有限公司
　　　　　114台北市內湖區瑞光路76巷65號1樓
　　　　　電話：+886-2-2796-3638　傳真：+886-2-2796-1377
　　　　　http://www.showwe.com.tw
劃撥帳號 / 19563868　戶名：秀威資訊科技股份有限公司
　　　　　讀者服務信箱：service@showwe.com.tw
展售門市 / 國家書店（松江門市）
　　　　　104台北市中山區松江路209號1樓
　　　　　電話：+886-2-2518-0207　傳真：+886-2-2518-0778
網路訂購 / 秀威網路書店：http://www.bodbooks.com.tw
　　　　　國家網路書店：http://www.govbooks.com.tw
圖書經銷 / 紅螞蟻圖書有限公司
　　　　　114台北市內湖區舊宗路二段121巷28、32號4樓
　　　　　電話：+886-2-2795-3656　傳真：+886-2-2795-4100

2011年7月BOD一版
定價：420元
版權所有　翻印必究
本書如有缺頁、破損或裝訂錯誤，請寄回更換

國家圖書館出版品預行編目

載不動，許多愁：徐遲和他的同時代人 / 徐魯作.-- 一版.
　-- 臺北市：秀威資訊科技, 2011.07
　　面；　公分.--(史地傳記類；PC0165)
BOD版
ISBN 978-986-221-754-2(平裝)

1. 徐遲　2. 作家　3. 傳記　4. 中國當代文學

782.887　　　　　　　　　　　　　　100008433

讀者回函卡

感謝您購買本書，為提升服務品質，請填妥以下資料，將讀者回函卡直接寄回或傳真本公司，收到您的寶貴意見後，我們會收藏記錄及檢討，謝謝！
如您需要了解本公司最新出版書目、購書優惠或企劃活動，歡迎您上網查詢或下載相關資料：http:// www.showwe.com.tw

您購買的書名：_____

出生日期：_____年_____月_____日

學歷：□高中 (含) 以下　　□大專　　□研究所 (含) 以上

職業：□製造業　□金融業　□資訊業　□軍警　□傳播業　□自由業
　　　□服務業　□公務員　□教職　　□學生　□家管　　□其它_____

購書地點：□網路書店　□實體書店　□書展　□郵購　□贈閱　□其他

您從何得知本書的消息？

　□網路書店　□實體書店　□網路搜尋　□電子報　□書訊　□雜誌
　□傳播媒體　□親友推薦　□網站推薦　□部落格　□其他_____

您對本書的評價：（請填代號　1.非常滿意　2.滿意　3.尚可　4.再改進）

　封面設計____　版面編排____　內容____　文／譯筆____　價格____

讀完書後您覺得：

　□很有收穫　□有收穫　□收穫不多　□沒收穫

對我們的建議：_____

_____

_____

_____

11466
台北市內湖區瑞光路 76 巷 65 號 1 樓

秀威資訊科技股份有限公司　　　收

BOD 數位出版事業部

....

（請沿線對折寄回，謝謝！）

姓　　名：＿＿＿＿＿＿＿＿　　年齡：＿＿＿　　性別：□女　□男

郵遞區號：□□□□□

地　　址：＿＿＿＿＿＿＿＿＿＿＿＿＿＿＿＿＿

聯絡電話：(日) ＿＿＿＿＿＿＿＿＿　(夜) ＿＿＿＿＿＿＿＿＿

E-mail：＿＿＿＿＿＿＿＿＿＿＿＿＿＿＿＿＿